व्हाट्सऐप विश्वविद्यालय

झूठी खबरें और बदलता सामाजिक विचार

योगेश संजय काकडे

प्रकाशक: नोशन प्रेस

२०२६

हक्क माहिती

व्हाट्सऐप विश्वविद्यालयः झूठी खबरें और बदलता सामाजिक विचार ("WhatsApp University": Fake News and Changing Social Thought)

योगेश संजय काकडे, २०२६

सर्वाधिकार सुरक्षित

प्रकाशकः नोशन प्रेस

मुखपृष्ठ संकल्पनाः योगेश संजय काकडे

संस्करणः प्रथम संस्करण, २०२६

अर्पित...

भारतीय समाज के उस सामान्य नागरिक को, जो तकनीक और परंपरा के द्वंद्व के बीच अपने मौलिक विवेक की रक्षा के लिए संघर्षरत है।

लक्ष्यित पाठक वर्ग

लक्षित पाठक वर्ग

यह शोधपरक पुस्तक निम्नलिखित श्रेणियों के लिए अत्यंत उपयोगी है:

- **विद्यार्थी एवं शोधार्थी:** समाजशास्त्र, राजनीति विज्ञान, समाजकार्य (BSW, MSW) और पत्रकारिता।
- **प्रशासन एवं कानून:** सिविल सेवा अभ्यर्थी, नीति-निर्माता और विधिक विशेषज्ञ।
- **शिक्षाविद:** मीडिया साक्षरता और आलोचनात्मक सोच को बढ़ावा देने वाले शिक्षक।

सजग नागरिक: डिजिटल दुनिया में सत्य की पहचान करने के इच्छुक उत्तरदायी नागरिक।

आभार

किसी भी शोधपरक कार्य की पूर्णता केवल एक व्यक्ति के प्रयासों का परिणाम नहीं होती, बल्कि यह अनेक अनुभवी मस्तिष्कों के मार्गदर्शन और स्नेही जनों के सहयोग का प्रतिफल होती है।

मैं अत्यंत कृतज्ञता के साथ अपने गुरुजनों और मार्गदर्शकों का आभार व्यक्त करता हूँ, जिनके बौद्धिक सान्निध्य और अनुभव ने इस पुस्तक को वैचारिक गहराई प्रदान की। मैं विशेष रूप से **डॉ. एम. एस. अली सर, डॉ. अरुण नन्हाई सर, डॉ. प्रशांत गावंडे सर, डॉ. एस. एस. खान सर, डॉ. अविनाश गेडाम सर, डॉ. हरीश साखरे सर, डॉ. अस्मिता ठोंबरे मैम, डॉ. मेघा पाटील मैम, प्रा. कृष्णा तेलंग्रे सर, प्रा. अर्जुन बोकडे सर** और **प्रा. संदीप मोठे सर** का ऋणी हूँ। आप सभी के निरंतर मार्गदर्शन, सुझावों और अकादमिक प्रोत्साहन के बिना *"व्हाट्सऐप विश्वविद्यालयः झूठी खबरें और बदलता सामाजिक विचार"* जैसे जटिल विषय पर यह शोधपूर्ण लेखन संभव नहीं हो पाता।

इस पुस्तक की निर्माण प्रक्रिया में मुझे अपने मित्रों का विशेष सहयोग प्राप्त हुआ। मैं अपने प्रिय मित्रों—**श्री गजानन लाघे, श्री महेश खरात, श्री कार्तिक थोरात, माधुरी खरात, कल्याणी काळे, श्री. उमेश सुरोशे** और **श्री. राम हिंगे** का सहृदय धन्यवाद करता हूँ, जिन्होंने शोध सामग्री के संकलन से लेकर वैचारिक विमर्श तक हर स्तर पर मेरी सक्रिय सहायता की। आप सभी का निरंतर साथ इस शैक्षणिक यात्रा में मेरी सबसे बड़ी शक्ति रहा है।

मैं उन सभी प्रत्यक्ष और अप्रत्यक्ष सहयोगियों के प्रति भी आभार प्रकट करता हूँ, जिन्होंने अपने विचारों और प्रेरणा से इस पुस्तक को आकार

देने में सहायता की। यह पुस्तक उन सभी की सामूहिक प्रेरणा और सत्य के प्रति साझा आग्रह का परिणाम है।

अंत में, मैं अपने माता-पिता **सौ. दुर्गा काकडे** एवं **श्री संजय काकडे** तथा उन सभी शुभचिंतकों का आभार मानता हूँ, जिनके धैर्य और विश्वास ने मुझे इस शैक्षणिक लक्ष्य को पूर्ण करने हेतु निरंतर संबल प्रदान किया।

— योगेश संजय काकडे

प्रास्ताविक

समकालीन युग में सूचना का लोकतंत्रीकरण जिस तीव्र गति से हुआ है, उसने ज्ञान के पारंपरिक स्रोतों और समाज के बीच के संबंधों को मौलिक रूप से परिवर्तित कर दिया है। 'व्हाट्सऐप विश्वविद्यालय' की संकल्पना केवल एक हास्यपूर्ण मुहावरा नहीं है, अपितु यह एक गंभीर समाजशास्त्रीय परिघटना है, जिसने सत्य की वस्तुनिष्ठता को व्यक्तिगत विश्वासों और समूह पहचान के अधीन कर दिया है। यह पुस्तक इसी वैचारिक संकट का एक व्यवस्थित, विश्लेषणात्मक और शोधपरक अन्वेषण प्रस्तुत करती है।

प्रस्तुत कार्य का उद्देश्य केवल भ्रामक सूचनाओं की आलोचना करना नहीं है, बल्कि उन अंतर्निहित सामाजिक, राजनीतिक और मनोवैज्ञानिक संरचनाओं को उजागर करना है, जो 'झूठी खबरों' को समाज में फलने-फूलने के लिए उर्वर भूमि प्रदान करती हैं। पुस्तक का ढांचा इस प्रकार निर्मित किया गया है कि पाठक सूचना के इस महाजाल के प्रत्येक तंतु को वैज्ञानिक दृष्टिकोण से समझ सके।

पुस्तक के प्रारंभिक अध्यायों में भ्रामक सूचनाओं की संकल्पनात्मक पृष्ठभूमि और उनके प्रसार के समाजशास्त्रीय कारणों पर प्रकाश डाला गया है। इसमें यह स्पष्ट किया गया है कि डिजिटल असमानता और भाषाई विविधता भारतीय परिप्रेक्ष्य में किस प्रकार सूचना के प्रभाव को वर्ग-विशिष्ट बनाती है। मध्य भाग में, राजनीतिक ध्रुवीकरण और सत्ता संरचनाओं द्वारा सूचना के रणनीतिक उपयोग का गंभीर विश्लेषण किया गया है, जहाँ यह दिखाया गया है कि कैसे पारंपरिक माध्यमों की गिरती साख ने इस नई सूचना-अराजकता को जन्म दिया है।

पुस्तक का उत्तरार्द्ध मनोवैज्ञानिक आयामों पर केंद्रित है, जहाँ 'पुष्टि पूर्वाग्रह' और भावनात्मक उत्तेजना जैसी प्रवृत्तियों का चिकित्सक विश्लेषण किया गया है। अंततः, यह शोध समाधान की ओर अग्रसर होता है, जहाँ डिजिटल साक्षरता, आलोचनात्मक सोच और नागरिक उत्तरदायित्व को लोकतंत्र की रक्षा हेतु अनिवार्य स्तंभों के रूप में प्रस्तुत किया गया है।

यह पुस्तक समाजशास्त्र, राजनीति विज्ञान, माध्यम अध्ययन और लोक प्रशासन के विद्यार्थियों के लिए एक दिशा-निर्देश के रूप में तैयार की गई है। आशा है कि यह विश्लेषण न केवल अकादमिक जगत में एक नई चर्चा को जन्म देगा, बल्कि प्रत्येक जागरूक नागरिक को सूचना के इस कोलाहल में सत्य को पहचानने हेतु एक तार्किक दृष्टि भी प्रदान करेगा।

— योगेश संजय काकडे

अनुक्रमणिका

सारांश

"व्हाट्सऐप विश्वविद्यालयः झूठी खबरें और बदलता सामाजिक विचार" इस निष्कर्ष को स्थापित करती है कि डिजिटल युग में सूचना का संकट केवल तकनीकी नहीं, बल्कि गहरे अर्थों में सामाजिक, राजनीतिक और मनोवैज्ञानिक है। इस शोध के माध्यम से यह स्पष्ट हुआ है कि 'व्हाट्सऐप विश्वविद्यालय' मात्र एक व्यंग्यात्मक शब्दावली नहीं है, बल्कि यह एक ऐसी अनौपचारिक शैक्षणिक और वैचारिक संरचना बन चुकी है, जिसने नागरिकों के 'यथार्थ बोध' को मौलिक रूप से परिवर्तित कर दिया है। पुस्तक का मूल निष्कर्ष यह है कि सूचना की सत्यता अब उसके 'तथ्यों' से नहीं, बल्कि प्रेषक के साथ प्राप्तकर्ता के 'भावनात्मक जुड़ाव' और 'समूह पहचान' से निर्धारित होने लगी है।

अध्ययन के प्रमुख निष्कर्षों को निम्नलिखित बिंदुओं में समेटा जा सकता है:

- **संरचनात्मक प्रहारः** डिजिटल माध्यमों की 'अंत से अंत तक सुरक्षित संदेश प्रणाली' और 'बंद समूहों' की बनावट ने सूचना के सार्वजनिक सत्यापन को लगभग समाप्त कर दिया है। इसने एक ऐसी समानांतर सूचना व्यवस्था खड़ी कर दी है, जहाँ अफवाहें आधिकारिक सूचनाओं से अधिक तीव्र और विश्वसनीय प्रतीत होती हैं।
- **लोकतांत्रिक संकटः** राजनीतिक दलों द्वारा 'कथानक निर्माण' के लिए डेटा विश्लेषण और सूक्ष्म-लक्ष्यीकरण का उपयोग जनमत को स्वतंत्र के बजाय 'अनुकूलित' बना रहा है।

संवैधानिक संस्थाओं के प्रति जानबूझकर पैदा किया गया अविश्वास लोकतंत्र की जड़ों को खोखला कर रहा है।

- **मनोवैज्ञानिक अनुकूलनः** 'पुष्टि पूर्वाग्रह' और 'संज्ञानात्मक आलस्य' के कारण नागरिक केवल उन्हीं सूचनाओं को स्वीकार कर रहा है जो उसके पूर्वग्रहों को पुष्ट करती हैं। तकनीक ने इन मानवीय कमजोरियों का लाभ उठाकर समाज को 'वैचारिक बुलबुलों' (फिल्टर बबल्स) में कैद कर दिया है।
- **तकनीकी भविष्यः** कृत्रिम बुद्धिमत्ता (AI), डीपफेक और आवाज़ की नकल जैसी तकनीकें आने वाले समय में 'सत्य' की पहचान को एक कठिन ज्ञानमीमांसीय युद्ध में बदल देंगी, जहाँ दृश्य और ध्वनि साक्ष्य भी संदेहास्पद होंगे।
- **समाधान का मार्गः** विधिक नियमन और तकनीकी अवरोध महत्वपूर्ण हैं, परंतु अंतिम समाधान 'नागरिक प्रबोधन' में निहित है। आलोचनात्मक सोच (Critical Thinking) और मीडिया साक्षरता को शिक्षा प्रणाली का अनिवार्य अंग बनाना ही इस डिजिटल अंधकार का एकमात्र विकल्प है।

अंततः, यह पुस्तक सिद्ध करती है कि डिजिटल लोकतंत्र का भविष्य 'सूचना की गति' पर नहीं, बल्कि 'सूचना की शुचिता' पर निर्भर करेगा। सत्य की रक्षा अब केवल संस्थानों की जिम्मेदारी नहीं, बल्कि प्रत्येक उस नागरिक का 'नैतिक दायित्व' है जिसके हाथ में स्मार्टफोन है। जब तक हम 'ठहरकर सोचने' और 'प्रमाण मांगने' की संस्कृति को पुनर्जीवित नहीं करेंगे, तब तक हमारा सामाजिक विवेक इन अदृश्य एल्गोरिदम और संगठित झूठ के जाल में उलझा रहेगा।

प्रस्तावना

वर्तमान युग को यदि सूचना–प्रौद्योगिकी का युग कहा जाए तो यह कोई अतिशयोक्ति नहीं होगी। आज सूचना केवल पुस्तकों, समाचार–पत्रों और औपचारिक माध्यमों तक सीमित नहीं रही, बल्कि वह हमारे हाथों में थमे छोटे से मोबाइल उपकरण के माध्यम से हर क्षण हमारे जीवन का हिस्सा बन चुकी है। इस परिवर्तन ने जहाँ ज्ञान को सुलभ बनाया है, वहीं इसके साथ अनेक नई चुनौतियाँ भी उत्पन्न की हैं। विशेष रूप से सोशल मीडिया प्लेटफॉर्म—जैसे कि व्हाट्सऐप—ने संचार की गति को अभूतपूर्व बना दिया है। परंतु इस तीव्र गति के साथ सत्य और असत्य के बीच की रेखा भी धुंधली होती जा रही है। इसी अत्यंत प्रासंगिक और गंभीर विषय को केंद्र में रखकर युवा और ऊर्जावान लेखक योगेश द्वारा लिखित यह पुस्तक "व्हाट्सऐप विश्वविद्यालयः झूठी खबरें और बदलता सामाजिक विचार" पाठकों के समक्ष प्रस्तुत हो रही है।

लेखक योगेश हमारे विभाग में तकनीकी सहयोगी (Technical Supporting Staff) के रूप में कार्यरत हैं। अपने कार्य के प्रति उनकी निष्ठा, अनुशासन और सतत सीखने की प्रवृत्ति सदैव प्रेरणादायक रही है। तकनीकी क्षेत्र में कार्य करते हुए उन्होंने सूचना–प्रौद्योगिकी के व्यावहारिक और सामाजिक दोनों पक्षों को निकट से देखा और समझा है। यह उनके व्यक्तित्व की विशेषता है कि वे केवल तकनीकी दक्षता तक ही सीमित नहीं रहते, बल्कि तकनीक के सामाजिक प्रभावों पर भी गंभीरता से चिंतन करते हैं। यही चिंतन उन्हें लेखन की दिशा में प्रेरित करता है।

यह अत्यंत प्रसन्नता और गर्व का विषय है कि यह उनकी दूसरी पुस्तक है। यह तथ्य न केवल उनके लेखन–समर्पण को दर्शाता है, बल्कि यह भी सिद्ध करता है कि वे समाज में व्याप्त महत्वपूर्ण विषयों पर अपनी जिम्मेदारी को समझते हैं और उन्हें अभिव्यक्त करने का साहस रखते हैं। एक तकनीकी सहयोगी के रूप में कार्य करते हुए, अपने व्यावसायिक दायित्वों के साथ–साथ इस प्रकार का चिंतनशील और शोधपरक लेखन करना निश्चय ही सराहनीय और प्रेरणास्पद है। यह उनकी जिज्ञासा, संवेदनशीलता और सामाजिक जागरूकता का परिचायक है।

आज "व्हाट्सऐप विश्वविद्यालय" शब्द केवल एक व्यंग्यात्मक अभिव्यक्ति नहीं रह गया है, बल्कि यह हमारे समय की एक सामाजिक सच्चाई बन चुका है। प्रतिदिन असंख्य संदेश, समाचार, चित्र और वीडियो हमारे मोबाइल पर पहुँचते हैं। इन संदेशों में से अनेक तथ्यात्मक और उपयोगी होते हैं, परंतु बड़ी संख्या में ऐसे संदेश भी होते हैं जो अप्रमाणित, भ्रामक या पूर्णतः असत्य होते हैं। चिंताजनक बात यह है कि लोग इन संदेशों की सत्यता की जाँच किए बिना ही उन्हें आगे प्रसारित कर देते हैं, जिससे झूठी खबरें तीव्र गति से समाज में फैलती जाती हैं।

इस प्रवृत्ति का प्रभाव केवल व्यक्तिगत स्तर तक सीमित नहीं रहता, बल्कि यह सामाजिक सोच, जनमत और सामूहिक व्यवहार को भी प्रभावित करता है। कई बार ऐसी झूठी खबरें सामाजिक तनाव, भय, भ्रम और अविश्वास का कारण बनती हैं। यह स्थिति केवल तकनीकी समस्या नहीं है, बल्कि यह एक सामाजिक, नैतिक और बौद्धिक चुनौती है। इस चुनौती का सामना करने के लिए केवल तकनीकी समाधान पर्याप्त नहीं हैं, बल्कि इसके लिए जागरूकता, विवेक और आलोचनात्मक सोच का विकास आवश्यक है।

इसी संदर्भ में यह पुस्तक अत्यंत महत्वपूर्ण और समयोचित है। लेखक ने इस विषय को केवल सतही दृष्टि से नहीं देखा है, बल्कि इसके सामाजिक, मनोवैज्ञानिक और वैचारिक प्रभावों को समझने और समझाने का प्रयास किया है। यह पुस्तक पाठकों को यह सोचने के लिए प्रेरित करती है कि हम जो पढ़ते हैं, देखते हैं या साझा करते हैं, उसकी सत्यता और उसके प्रभाव के प्रति हमारी क्या जिम्मेदारी है।

यह भी उल्लेखनीय है कि लेखक ने इस विषय को किसी आरोप या आलोचना के रूप में प्रस्तुत नहीं किया है, बल्कि एक जागरूक नागरिक के रूप में अपनी चिंता और विचारों को साझा किया है। उनका उद्देश्य केवल समस्या को उजागर करना नहीं है, बल्कि पाठकों में जागरूकता उत्पन्न करना और उन्हें सोचने के लिए प्रेरित करना है। यही इस पुस्तक की सबसे बड़ी विशेषता है।

आज आवश्यकता इस बात की है कि हम सूचना के उपभोक्ता मात्र न बनें, बल्कि सजग और जिम्मेदार नागरिक के रूप में उसका मूल्यांकन करना सीखें। हमें यह समझना होगा कि हर प्राप्त सूचना सत्य नहीं होती, और उसे बिना जाँच के आगे बढ़ाना अनजाने में समाज को नुकसान पहुँचा सकता है। विवेकपूर्ण सोच, तथ्य–जाँच और जिम्मेदार व्यवहार ही इस समस्या का समाधान हो सकते हैं।

लेखक योगेश का यह प्रयास न केवल सराहनीय है, बल्कि अत्यंत प्रेरणादायक भी है। उन्होंने एक ऐसे विषय को उठाया है, जो हमारे दैनिक जीवन से गहराई से जुड़ा हुआ है, परंतु जिस पर गंभीर चिंतन अपेक्षाकृत कम होता है। उनका यह लेखन न केवल पाठकों को

जागरूक करेगा, बल्कि उन्हें जिम्मेदार डिजिटल नागरिक बनने की दिशा में भी प्रेरित करेगा।

मुझे पूर्ण विश्वास है कि यह पुस्तक पाठकों के बीच व्यापक सराहना प्राप्त करेगी और उन्हें इस महत्वपूर्ण विषय पर गंभीरता से विचार करने के लिए प्रेरित करेगी। यह पुस्तक केवल एक साहित्यिक कृति नहीं है, बल्कि यह एक सामाजिक संदेश भी है—एक ऐसा संदेश, जो हमें सत्य और असत्य के बीच अंतर करने की क्षमता विकसित करने के लिए प्रेरित करता है।

अंत में, मैं लेखक योगेश को इस महत्वपूर्ण और सार्थक कृति के लिए हार्दिक बधाई देता हूँ और उनके उज्ज्वल भविष्य की कामना करता हूँ। आशा है कि वे भविष्य में भी इसी प्रकार सामाजिक रूप से प्रासंगिक विषयों पर अपनी लेखनी के माध्यम से समाज को जागरूक करते रहेंगे और ज्ञान—विस्तार में अपना अमूल्य योगदान देते रहेंगे।

— डॉ. प्रशांत श्रीराम गावंडे
विभाग प्रमुख, कंप्यूटर विज्ञान एवं इंजीनियरिंग
अनुराधा कॉलेज ऑफ इंजीनियरिंग एंड
टेक्नोलॉजी, चिखली

अध्याय 1: सूचना क्रांति से सूचना-अराजकता तक

भारत में सस्ती इंटरनेट सेवा का विस्तार

भारत में सूचना प्रौद्योगिकी के विकास क्रम में पिछले दशक को एक युगांतरकारी मोड़ के रूप में देखा जाना चाहिए। यह वह समय था जब इंटरनेट एक विलासिता की वस्तु से निकलकर मूलभूत आवश्यकता और सामाजिक विमर्श के प्राथमिक माध्यम के रूप में स्थापित हुआ। भारत में इंटरनेट सेवाओं के विस्तार की प्रक्रिया को केवल तकनीकी सुगमता या संचार के साधनों की उपलब्धता के रूप में देखना इसकी व्यापकता को कमतर आंकना होगा। वास्तव में, डेटा दरों में हुई ऐतिहासिक गिरावट ने भारतीय समाज की सूचनात्मक संरचना को समूल परिवर्तित कर दिया है। दूरसंचार कंपनियों के मध्य उपजे तीव्र व्यावसायिक संघर्ष और प्रतिस्पर्धा ने एक ऐसी स्थिति निर्मित की, जहाँ डेटा की लागत वैश्विक स्तर पर न्यूनतम स्तर पर आ गई। इस आर्थिक परिवर्तन ने उस 'डिजिटल विभाजन' की खाई को पाटने का प्रयास किया, जो दशकों से भारतीय समाज के संपन्न और विपन्न वर्गों के बीच विद्यमान थी। सस्ती इंटरनेट सेवाओं के इस आकस्मिक विस्फोट ने सूचना के उपभोग की प्रकृति को बदलकर रख दिया, जिससे न केवल संचार के तरीके बदले, बल्कि सामाजिक व्यवहार और सत्ता संरचनाओं के साथ नागरिक के संबंधों में भी मूलभूत परिवर्तन आए।

इस परिवर्तन की गहराई को समझने के लिए दूरसंचार क्षेत्र में हुए संरचनात्मक बदलावों का विश्लेषण अनिवार्य है। बाजार में नई कंपनियों

के प्रवेश और उनके द्वारा अपनाई गई आक्रामक मूल्य निर्धारण नीतियों ने पारंपरिक दूरसंचार ढाँचे को चुनौती दी। इसके परिणामस्वरूप, डेटा जो पहले किलोबाइट और मेगाबाइट में मापा जाता था और जिसका उपयोग अत्यंत सीमित और सचेत था, वह अचानक असीमित उपलब्धता के क्षेत्र में प्रविष्ट हो गया। डेटा दरों में आई इस भारी गिरावट ने निम्न-मध्यम वर्ग और श्रमिक वर्ग के लिए डिजिटल दुनिया के द्वार खोल दिए। सामाजिक दृष्टि से, यह केवल सूचना तक पहुँच का विस्तार नहीं था, बल्कि उन करोड़ों लोगों का 'डिजिटल समावेशन' था, जो अब तक मुख्यधारा के विमर्श से बाहर थे। इंटरनेट की इस सर्वव्यापकता ने भौगोलिक दूरियों को निरस्त कर दिया, जिससे ग्रामीण क्षेत्रों और छोटे कस्बों के युवा भी वैश्विक और राष्ट्रीय सूचना तंत्र का हिस्सा बनने लगे। हालांकि, इस समावेशन के साथ ही सूचना की गुणवत्ता और उसकी सत्यता की जांच करने वाली पारंपरिक छलनियां भी कमजोर पड़ने लगीं।

ग्रामीण क्षेत्रों में इंटरनेट की पहुँच के विस्तार में सरकारी योजनाओं और डिजिटल अभियानों की भूमिका अत्यंत महत्वपूर्ण रही है। 'डिजिटल इंडिया' जैसे कार्यक्रमों ने न केवल अधोसंरचना के विकास पर बल दिया, बल्कि नागरिकों में डिजिटल साक्षरता की आकांक्षा को भी जन्म दिया। ऑप्टिकल फाइबर नेटवर्क का गांवों तक पहुँचना और पंचायत स्तर पर इंटरनेट सेवाओं की उपलब्धता ने एक ऐसी सूचना-पारिस्थितिकी का निर्माण किया, जिसमें सूचना का प्रवाह अब एकतरफा नहीं रहा। पूर्व में, सूचना का उत्पादन और वितरण कुछ गिने-चुने केंद्रों और संभ्रांत वर्गों के नियंत्रण में था, जिसे पारंपरिक माध्यमों द्वारा संचालित किया जाता था। सस्ती इंटरनेट सेवा ने इस एकाधिकार

को चुनौती दी और सूचना उत्पादन की प्रक्रिया का 'लोकतंत्रीकरण' किया। अब एक साधारण नागरिक भी केवल सूचना का उपभोक्ता नहीं रहा, बल्कि वह स्वयं एक प्रकाशक और प्रसारक बन गया। इस लोकतंत्रीकरण ने सामाजिक शक्ति संतुलन को प्रभावित किया है, जहाँ हाशिए पर पड़े समुदायों को अपनी आवाज उठाने का मंच मिला, लेकिन साथ ही इसने 'सूचना-अराजकता' के बीज भी बो दिए।

इंटरनेट की पहुँच का सामाजिक वर्गों के अनुसार वितरण एक जटिल परिदृश्य प्रस्तुत करता है। यद्यपि डेटा सस्ता हुआ है, परंतु डिजिटल साक्षरता और सूचना के विवेकपूर्ण विश्लेषण की क्षमता अभी भी वर्ग-आधारित असमानताओं से प्रभावित है। शहरी और शिक्षित वर्ग के पास जहाँ सूचना के स्रोतों की विविधता और उनकी विश्वसनीयता को परखने के साधन उपलब्ध हैं, वहीं नव-साक्षर डिजिटल उपयोगकर्ताओं के लिए इंटरनेट पर उपलब्ध प्रत्येक सामग्री सत्य का प्रतिमान बनकर उभरती है। इस असमानता ने एक नए प्रकार के सामाजिक स्तरभेद को जन्म दिया है, जिसे 'सूचनात्मक असमानता' कहा जा सकता है। इसमें डेटा की उपलब्धता तो समान है, परंतु उस डेटा को ज्ञान में परिवर्तित करने की क्षमता भिन्न-भिन्न है। यही वह बिंदु है जहाँ से 'व्हाट्सऐप विश्वविद्यालय' जैसी अवधारणाएं अपनी जड़ें जमाना शुरू करती हैं। सूचना के इस विशाल सागर में, जहाँ गुणवत्ता नियंत्रण का अभाव है, वहाँ वह वर्ग सबसे अधिक असुरक्षित हो जाता है जो पहली बार डिजिटल दुनिया के संपर्क में आया है।

डेटा की लागत कम होने का सबसे प्रत्यक्ष और व्यापक प्रभाव वीडियो आधारित सामग्री की अभूतपूर्व वृद्धि के रूप में परिलक्षित हुआ। जब डेटा महंगा था, तब सूचना का आदान-प्रदान मुख्यतः लिखित संदेशों या

स्थिर चित्रों तक सीमित था, जिसके लिए साक्षरता और एक निश्चित मानसिक एकाग्रता की आवश्यकता होती थी। वीडियो सामग्री के उदय ने भाषाई और साक्षरता संबंधी बाधाओं को तोड़ दिया। अब सूचना प्राप्त करने के लिए पढ़ना अनिवार्य नहीं रहा; दृश्य-श्रव्य माध्यमों ने सूचना को अधिक आकर्षक, सुपाच्य और भावनात्मक रूप से प्रभावित करने वाला बना दिया। दृश्य सामग्री की यह प्रधानता मानव मस्तिष्क की उस प्रवृत्ति का लाभ उठाती है, जहाँ वह देखी गई वस्तु पर अधिक सहजता से विश्वास कर लेता है। इसी प्रवृत्ति ने झूठी खबरों और भ्रामक प्रचार को एक उर्वर जमीन प्रदान की। जटिल सामाजिक-राजनीतिक मुद्दों को छोटे, उत्तेजक और सरलीकृत वीडियो के माध्यम से प्रस्तुत करने की होड़ ने गंभीर विमर्श की जगह सनसनीखेज सामग्री को प्रतिस्थापित कर दिया।

सूचना क्रांति से सूचना-अराजकता की ओर संक्रमण केवल एक तकनीकी विफलता नहीं है, बल्कि यह सूचना के उत्पादन और वितरण की गति तथा समाज की उसे ग्रहण करने की क्षमता के बीच के असंतुलन का परिणाम है। सस्ती इंटरनेट सेवा ने जिस तेजी से करोड़ों लोगों को एक-दूसरे से जोड़ा, उतनी तेजी से डिजिटल विवेक और उत्तरदायित्व की संस्कृति विकसित नहीं हो पाई। जब सूचना का प्रवाह अबाध और अनियंत्रित हो जाता है, तो सत्य और असत्य के बीच की रेखा धुंधली होने लगती है। पारंपरिक माध्यमों में जहाँ संपादक और द्वारपाल होते थे, वहीं डिजिटल मंचों पर यह भूमिका एल्गोरिदम और व्यक्तिगत पसंद-नापसंद ने ले ली है। इसके परिणामस्वरूप, सूचना अब केवल जानकारी देने का साधन नहीं रही, बल्कि वह पहचान के निर्माण, समूह की संबद्धता और राजनीतिक ध्रुवीकरण का हथियार बन गई है। सस्ती

सेवाओं ने इस हथियार को हर हाथ में पहुँचा दिया है, जिससे समाज में एक निरंतर चलने वाला सूचनात्मक संघर्ष उत्पन्न हो गया है।

भारत में इंटरनेट विस्तार की इस गाथा को एक सामाजिक-राजनीतिक बदलाव के रूप में देखा जाना चाहिए। यह एक ऐसी प्रक्रिया है जिसने सत्ता के केंद्रों को विकेंद्रीकृत तो किया, परंतु उत्तरदायित्व के अभाव में समाज को असुरक्षित भी बना दिया। डेटा की सुलभता ने जनमत निर्माण की प्रक्रिया को प्रत्यक्ष रूप से प्रभावित किया है, जहाँ तर्कों के स्थान पर भावनाओं और तथ्यों के स्थान पर निर्मित धारणाओं को वरीयता मिलने लगी है। सूचना के इस प्रलयंकारी विस्तार ने यह अनिवार्य कर दिया है कि हम इंटरनेट की पहुँच को केवल विकास के मापदंड के रूप में न देखें, बल्कि इसके द्वारा समाज के मनोवैज्ञानिक और संरचनात्मक ताने-बाने पर पड़ने वाले प्रभावों क। भी सूक्ष्म विश्लेषण करें। सूचना-क्रांति का यह चरण, जहाँ पहुँच की समस्या का समाधान हो चुका है, अब हमें सूचना की सत्यता, गुणवत्ता और सामाजिक प्रभाव के अधिक गंभीर प्रश्नों की ओर ले जाता है। यह स्पष्ट है कि सस्ता इंटरनेट एक ऐसी दोधारी तलवार सिद्ध हुआ है, जिसने जहाँ एक ओर सशक्तिकरण के नए द्वार खोले हैं, वहीं दूसरी ओर सामाजिक सद्भाव और तार्किक विमर्श के समक्ष गंभीर चुनौतियां भी खड़ी कर दी हैं।

मोबाइल फ़ोन का व्यापक प्रसार और सामाजिक रूपांतरण

भारत में सूचना प्रौद्योगिकी के विकास क्रम में मोबाइल फोन का आगमन केवल एक तकनीकी उपकरण का प्रवेश नहीं था, बल्कि इसने एक गहरी सामाजिक और सांस्कृतिक क्रांति की आधारशिला रखी। प्रारंभ में संचार का यह माध्यम केवल ध्वनि आधारित संदेशों और सीमित पाठ्य

सामग्री तक सीमित था, जिसे हम 'सामान्य फोन' या 'फीचर फोन' के युग के रूप में पहचानते हैं। उस समय मोबाइल फोन एक विशिष्ट आर्थिक वर्ग की पहचान था और इसका उपयोग मुख्यतः त्वरित व्यक्तिगत संचार के लिए किया जाता था। परंतु, 'स्मार्टफोन' के उदय और उसके साथ जुड़ी स्पर्श-संवेदी तकनीक ने इस उपकरण की परिभाषा को ही बदल दिया। स्मार्टफोन ने कंप्यूटर की जटिलता को एक छोटी सी हथेली में समाहित कर दिया, जिससे सूचना तक पहुँच का माध्यम अब केवल साक्षरता या तकनीकी विशेषज्ञता पर निर्भर नहीं रहा। इस संक्रमण ने भारतीय समाज के उन वर्गों को भी डिजिटल मुख्यधारा में ला खड़ा किया, जो पारंपरिक रूप से सूचना के अधिकार और संसाधनों से वंचित थे। स्मार्टफोन अब केवल बात करने का यंत्र नहीं, बल्कि एक बहु-आयामी खिड़की बन गया है, जिसके माध्यम से व्यक्ति संसार को देखता है और संसार उसे देखता है।

बहु-माध्यमीय संचार की सुविधा ने सूचना के स्वरूप और उसके उपभोग की पद्धति में आमूलचूल परिवर्तन किया है। चित्रों, ध्वनि संदेशों और विशेषकर वीडियो सामग्री की सुलभता ने भाषाई बाधाओं को न्यूनतम कर दिया है। जहाँ लिखित समाचारों के लिए एक निश्चित स्तर की साक्षरता और एकाग्रता की आवश्यकता होती थी, वहीं दृश्य-श्रव्य सामग्री ने सूचना को 'अनुभवात्मक' बना दिया है। भारतीय संदर्भ में, जहाँ भाषाई विविधता और साक्षरता दर में क्षेत्रीय असमानताएं विद्यमान हैं, वहाँ वीडियो आधारित संचार ने एक ऐसा साझा धरातल तैयार किया है जहाँ सूचना सीधे भावनाओं को स्पर्श करती है। यह सुविधा जहाँ ज्ञान के प्रसार में सहायक हुई है, वहीं इसने सूक्ष्म और जटिल विषयों को सरलीकृत और उत्तेजक रूप में प्रस्तुत करने की प्रवृत्ति को भी बढ़ावा

दिया है। जब कोई सूचना चित्र या वीडियो के साथ प्रस्तुत की जाती है, तो मानव मस्तिष्क की संज्ञानात्मक प्रक्रिया उसे अधिक विश्वसनीय मान लेती है, भले ही वह संदर्भ से कटी हुई या कृत्रिम रूप से निर्मित ही क्यों न हो। इस प्रकार, स्मार्टफोन ने सूचना के 'दृश्यीकरण' के माध्यम से सत्य की धारणा को प्रभावित करना प्रारंभ कर दिया है।

व्यक्तिगत उपकरण के रूप में मोबाइल के निजी प्रभाव ने सार्वजनिक और निजी जीवन के बीच की रेखा को धुंधला कर दिया है। टेलीविजन या समाचार पत्र जैसे पारंपरिक माध्यम सामूहिक या पारिवारिक उपभोग के साधन थे, जहाँ सूचना पर चर्चा और उसका सामूहिक विश्लेषण संभव था। इसके विपरीत, स्मार्टफोन एक अत्यंत 'निजी' उपकरण है। यह व्यक्ति के एकांत का हिस्सा है, जिससे प्राप्त होने वाली सूचनाएं सीधे उपयोगकर्ता के व्यक्तिगत पूर्वाग्रहों और रुचियों को संबोधित करती हैं। इस 'निजीकरण' ने सूचना के उपभोग को एक 'इको चैम्बर' या प्रतिध्वनि कक्ष में बदल दिया है, जहाँ व्यक्ति केवल वही देखना और सुनना चाहता है जो उसके पहले से बने हुए विचारों की पुष्टि करता हो। परिवारों के भीतर भी, जहाँ पहले एक साझा सूचना तंत्र होता था, अब प्रत्येक सदस्य के पास अपना स्वतंत्र उपकरण है। एक ही घर में रहते हुए भी परिवार के अलग-अलग सदस्य अलग-अलग सूचनात्मक संसारों में जीवित रहते हैं। यह स्थिति न केवल वैचारिक मतभेदों को गहरा करती है, बल्कि सूचना के सामूहिक सत्यापन की प्रक्रिया को भी कमजोर करती है, जिससे भ्रामक सूचनाओं के लिए व्यक्ति को प्रभावित करना अधिक सुलभ हो जाता है।

ग्रामीण युवाओं के जीवन में स्मार्टफोन की भूमिका एक अत्यंत महत्वपूर्ण शोध का विषय है। भारत के ग्रामीण अंचलों में जहाँ भौतिक बुनियादी

ढांचे, जैसे सड़क, बिजली या बेहतर शिक्षण संस्थानों की उपलब्धता अभी भी चुनौतीपूर्ण बनी हुई है, वहाँ स्मार्टफोन ने एक 'डिजिटल छलांग' लगाई है। ग्रामीण युवाओं के लिए यह उपकरण केवल मनोरंजन का साधन नहीं, बल्कि उनकी आकांक्षाओं और सामाजिक गतिशीलता का प्रतीक है। इसके माध्यम से वे वैश्विक प्रवृत्तियों से जुड़ रहे हैं, नए कौशल सीख रहे हैं और अपनी पहचान को विस्तृत कर रहे हैं। हालाँकि, यही वर्ग सूचना के इस विस्फोट के प्रति सबसे अधिक संवेदनशील भी है। रोजगार के अवसरों की कमी और सामाजिक असुरक्षा के बीच, स्मार्टफोन पर आने वाली पहचान-आधारित या उत्तेजक सूचनाएं इन युवाओं को प्रभावित करने का सबसे सशक्त माध्यम बन जाती हैं। ग्रामीण क्षेत्रों में जहाँ सूचना के अन्य वैकल्पिक और विश्वसनीय स्रोत सीमित हैं, वहाँ व्हाट्सएप जैसे मंचों पर प्रसारित होने वाली सामग्री ही 'अंतिम सत्य' का रूप ले लेती है। यह डिजिटल समावेशन जहाँ उन्हें सशक्त बनाता है, वहीं उन्हें संगठित प्रचार तंत्रों का सुगम लक्ष्य भी बना देता है।

महिलाओं और हाशिये के समूहों की डिजिटल भागीदारी ने भारतीय सामाजिक संरचना के भीतर नए शक्ति-संतुलन को जन्म दिया है। ऐतिहासिक रूप से जिन समूहों को सार्वजनिक विमर्श और सूचना के अधिकार से दूर रखा गया था, उनके लिए मोबाइल फोन एक 'मुक्तिदाता' के रूप में उभरा है। घर की चारदीवारी के भीतर रहने वाली महिलाएं अब स्वास्थ्य, शिक्षा और अधिकारों से जुड़ी सूचनाएं स्वयं प्राप्त कर रही हैं। दलित, आदिवासी और अन्य हाशिये के समुदायों ने अपने संघर्षों और संस्कृति को अभिव्यक्त करने के लिए इन डिजिटल मंचों का उपयोग किया है। यह 'सूचना द्वार' उन्हें अपनी आवाज स्वयं उठाने की शक्ति देता है, जो पहले केवल मध्यस्थों या पारंपरिक मीडिया के

माध्यम से ही संभव था। परंतु, इस भागीदारी के साथ ही डिजिटल क्षेत्र में इन समूहों के प्रति हिंसा और घृणा-प्रचार के नए स्वरूप भी विकसित हुए हैं। डिजिटल असमानता अब केवल पहुँच की नहीं, बल्कि इस बात की भी है कि कौन सी आवाज को एल्गोरिदम द्वारा सुना जा रहा है और किसे संगठित रूप से दबाया जा रहा है।

मोबाइल आधारित समाचार उपभोग की वर्तमान प्रवृत्ति ने पत्रकारिता के पारंपरिक प्रतिमानों को संकट में डाल दिया है। आज समाचार केवल 'सूचना' नहीं रहे, बल्कि वे 'सूचना-मनोरंजन' के रूप में विकसित हुए हैं। समाचारों की विश्वसनीयता अब उनके स्रोत से नहीं, बल्कि उनके प्रसार की गति और उनकी साझा करने की योग्यता से तय होने लगी है। स्मार्टफोन की छोटी स्क्रीन और उस पर आने वाली सूचनाओं की निरंतर बमबारी ने मनुष्य की ध्यान केंद्रित करने की क्षमता को कम कर दिया है। इसके परिणामस्वरूप, गहन विश्लेषण वाले लंबे लेखों की जगह 'हेडलाइन' संस्कृति और संक्षिप्त वीडियो ने ले ली है। यह प्रवृत्ति जटिल सामाजिक और राजनीतिक समस्याओं को केवल 'ब्लैक एंड व्हाइट' या द्वैतवादी नजरिए से देखने के लिए प्रेरित करती है। जब समाचारों का प्राथमिक स्रोत मोबाइल ऐप बन जाते हैं, तो सूचना का संपादन समाप्त हो जाता है और सामग्री सीधे राजनीतिक या व्यावसायिक हितों द्वारा संचालित होने लगती है।

भारत में मोबाइल फोन का व्यापक प्रसार केवल एक उपभोक्तावादी क्रांति नहीं है, बल्कि यह एक ऐसी संरचनात्मक क्रांति है जिसने नागरिक की चेतना और सामाजिक संबंधों को पुनर्परिभाषित किया है। यह उपकरण एक 'सूचना द्वार' बन गया है जिसके माध्यम से आधुनिक भारत का नागरिक अपनी पहचान और विश्वदृष्टि का निर्माण कर रहा

है। स्मार्टफोन ने जहाँ सूचना के लोकतंत्रीकरण के द्वार खोले हैं, वहीं इसने सूचना के प्रदूषण और मनोवैज्ञानिक हेरफेर की संभावनाओं को भी असीमित बना दिया है। सूचना प्रौद्योगिकी का यह प्रभाव समाज के सभी वर्गों पर समान नहीं है; यह एक ओर प्रगति का वाहक है तो दूसरी ओर गहरी सामाजिक दरारों को और अधिक स्पष्ट करने वाला उपकरण भी। अतः मोबाइल क्रांति के इस दौर में, डिजिटल साक्षरता और सूचना के विवेकपूर्ण विश्लेषण की आवश्यकता पहले से कहीं अधिक अनिवार्य हो गई है, ताकि यह 'सूचना द्वार' समाज को प्रबुद्ध बनाने का माध्यम बने, न कि उसे भ्रम और अराजकता के अंधकार में धकेलने का साधन।

सूचना की अधिकता और सत्य की कमी

सूचना प्रौद्योगिकी के समकालीन युग में 'सूचना की प्रचुरता' को प्रायः ज्ञान के लोकतंत्रीकरण के रूप में देखा गया था, परंतु भारतीय सामाजिक-राजनीतिक परिप्रेक्ष्य में यह प्रचुरता अब 'सूचना-अराजकता' की स्थिति में परिवर्तित हो चुकी है। सूचना-अराजकता एक ऐसी व्यवस्थागत स्थिति है जहाँ सूचना का उत्पादन और प्रवाह उसकी ग्रहण करने की मानवीय क्षमता और सत्यापन के संस्थागत ढाँचे से कहीं अधिक तीव्र हो जाता है। ऐतिहासिक रूप से सूचना एक दुर्लभ संसाधन थी, जिसके कारण उसका मूल्य और विश्वसनीयता अधिक थी। वर्तमान में, डिजिटल माध्यमों ने सूचना की उपलब्धता को असीमित बना दिया है, जिसके परिणामस्वरूप सूचना के 'मूल्य' और 'सत्यता' के बीच का संतुलन भंग हो गया है। यह संकट केवल तकनीकी नहीं है, बल्कि यह एक गंभीर संज्ञानात्मक और सामाजिक चुनौती है, जहाँ सूचना की बाढ़ व्यक्ति को अधिक प्रबुद्ध बनाने के स्थान पर उसके विवेक को कुंठित

करने का कार्य कर रही है। जब समाज में सूचना का घनत्व एक निश्चित सीमा से अधिक बढ़ जाता है, तो सत्य की पहचान करना एक दुष्कर कार्य बन जाता है, क्योंकि असत्य और अर्ध-सत्य भी उसी वेग और चमक के साथ प्रस्तुत किए जाते हैं जैसे कि वास्तविक तथ्य।

सूचना की इस निरंतर बमबारी का मनोवैज्ञानिक प्रभाव मानव मस्तिष्क की संज्ञानात्मक भार वहन करने की क्षमता पर पड़ता है। मनोविज्ञान की दृष्टि से जब किसी व्यक्ति को उसकी प्रसंस्करण क्षमता से अधिक डेटा प्राप्त होता है, तो वह 'सूचना अतिभार' (इन्फॉर्मेशन ओवरलोड) का शिकार हो जाता है। इस अवस्था में मस्तिष्क जटिल और गहन विश्लेषण के स्थान पर 'मानसिक संक्षिप्त मार्ग' (ह्यूरिस्टिक्स) अपनाने लगता है। लोग सूचना की गहराई में जाने के बजाय उसके सतही आकर्षण और अपनी पूर्व-स्थापित मान्यताओं के अनुकूल होने के आधार पर उसे स्वीकार या अस्वीकार करने लगते हैं। यह स्थिति 'पूर्वधारणा पुष्टिकरण' को जन्म देती है, जहाँ व्यक्ति केवल उसी सूचना को सत्य मानता है जो उसके सामाजिक, धार्मिक या राजनीतिक पूर्वाग्रहों को संतुष्ट करती है। भारतीय समाज में, जहाँ सामुदायिक पहचान और समूह-संबद्धता अत्यंत प्रबल है, वहाँ सूचना की अधिकता ने लोगों को अधिक कट्टर और संकुचित वैचारिक घेरों में बंद कर दिया है। यहाँ अधिक सूचना का अर्थ अधिक जागरूकता नहीं, बल्कि संशय और भ्रम का एक ऐसा वातावरण है जहाँ 'सत्य' एक व्यक्तिपरक धारणा बनकर रह गया है।

सत्यापन की प्रक्रिया में आई भारी गिरावट इस अराजकता का एक मुख्य संरचनात्मक कारण है। पारंपरिक माध्यमों में 'द्वारपाल' (गेटकीपिंग) की एक सुव्यवस्थित प्रणाली होती थी, जिसमें सूचना के सार्वजनिक

होने से पूर्व उसकी सत्यता, स्रोत और संदर्भ की जाँच की जाती थी। डिजिटल क्रांति ने इन द्वारों को ढहा दिया है। अब सूचना का सृजनकर्ता और उपभोक्ता एक ही व्यक्ति है, जिसके पास प्रायः सत्यापन के न तो संसाधन हैं और न ही धैर्य। व्हाट्सएप जैसे मंचों पर सूचना एक ऐसे संवृत (क्लोज्ड) नेटवर्क में घूमती है, जहाँ उसे साझा करने वाला व्यक्ति स्वयं एक 'विश्वसनीय स्रोत' (जैसे मित्र या संबंधी) माना जाता है। इस सामाजिक विश्वास का लाभ उठाकर असत्य सूचनाएं बिना किसी अवरोध के प्रसारित होती हैं। जब एक ही सूचना विभिन्न समूहों के माध्यम से बार-बार व्यक्ति के पास पहुँचती है, तो 'भ्रमपूर्ण सत्य प्रभाव' (इल्युजरी ट्रुथ इफेक्ट) के कारण मस्तिष्क उस पर विश्वास करने लगता है। यह बार-बार का दोहराव किसी भी झूठ को सामाजिक स्वीकृति दिलाने का सबसे सशक्त उपकरण बन गया है।

सूचना के इस दौर में 'गति बनाम सटीकता' का संघर्ष एक अपरिहार्य त्रासदी के रूप में उभरा है। डिजिटल माध्यमों की प्रकृति तात्कालिकता पर आधारित है; यहाँ सबसे पहले सूचना देना, उसे साझा करना और उस पर प्रतिक्रिया देना ही प्राथमिक लक्ष्य बन गया है। इस प्रतिस्पर्धा में 'सटीकता' की बलि चढ़ा दी जाती है। पत्रकारिता से लेकर व्यक्तिगत संवाद तक, हर स्तर पर 'ब्रेकिंग न्यूज' की संस्कृति हावी है। यह गतिशीलता शोधपरक और धैर्यपूर्ण विश्लेषण के लिए कोई स्थान नहीं छोड़ती। जब कोई घटना घटती है, तो उसके वास्तविक तथ्यों के सामने आने से पहले ही उससे जुड़े हजारों कल्पित वृत्तांत (नैरेटिव) इंटरनेट पर तैरने लगते हैं। यह 'तात्कालिक प्रतिक्रिया संस्कृति' समाज में एक ऐसी अधीरता पैदा करती है जहाँ लोग तथ्य की प्रतीक्षा करने के बजाय अपनी भावना व्यक्त करने को अधिक महत्व देते हैं। यही कारण है कि

भारतीय राजनीतिक परिवेश में किसी भी संवेदनशील मुद्दे पर वास्तविक चर्चा होने से पहले ही डिजिटल माध्यमों पर ध्रुवीकरण की प्रक्रिया पूरी हो चुकी होती है।

अपुष्ट संदेशों का तीव्र प्रसार केवल संयोग नहीं है, बल्कि इसके पीछे 'ध्यान अर्थव्यवस्था' (अटेंशन इकोनॉमी) का एक जटिल ढांचा कार्य कर रहा है। वर्तमान डिजिटल बाजार में 'ध्यान' ही सबसे मूल्यवान मुद्रा है। सोशल मीडिया प्लेटफॉर्म के एल्गोरिदम इस तरह से डिजाइन किए गए हैं कि वे ऐसी सामग्री को अधिक बढ़ावा देते हैं जो उपयोगकर्ता को उत्तेजित करे, उसे डराए या उसे क्रोधित करे। चूँकि नकारात्मक और सनसनीखेज सूचनाएं सकारात्मक सूचनाओं की तुलना में अधिक तेजी से ध्यान खींचती हैं और अधिक साझा की जाती हैं, इसलिए 'सूचना-अराजकता' को इन मंचों से आर्थिक प्रोत्साहन मिलता है। यह एक ऐसी विडंबना है जहाँ तकनीकी कंपनियाँ अपनी लाभप्रदता के लिए समाज में भ्रम और उत्तेजना के प्रसार को मूक सहमति देती हैं। इस व्यवस्था में 'सत्य' प्रायः नीरस और कम साझा करने योग्य होता है, जबकि 'झूठ' आकर्षक और त्वरित प्रतिक्रिया देने वाला होता है।

सूचना के इस संकट में 'आधी सच्चाई और भ्रामक संदर्भ' का उपयोग सबसे घातक अस्त्र के रूप में किया जाता है। पूर्णतः असत्य सूचना को पकड़ना फिर भी सरल हो सकता है, लेकिन जब सत्य के एक छोटे से अंश को तोड़-मरोड़कर या उसके मूल संदर्भ से अलग करके प्रस्तुत किया जाता है, तो वह अधिक विश्वसनीय और विनाशकारी हो जाता है। उदाहरण के तौर पर, किसी पुरानी घटना के वीडियो को वर्तमान की किसी अन्य घटना से जोड़कर दिखाना या किसी भाषण के एक छोटे से हिस्से को काटकर उसे विपरीत अर्थ में प्रस्तुत करना। भारतीय

माध्यम संस्कृति में इस प्रकार के 'संदर्भ-च्युत' (डी-कॉन्टेक्स्टुअलाइज्ड) संदेशों ने सामाजिक विद्वेष और धार्मिक ध्रुवीकरण को हवा देने में बड़ी भूमिका निभाई है। ये संदेश व्यक्ति के तार्किक मस्तिष्क को निष्क्रिय कर देते हैं और उसकी भावनाओं को सीधे उकसाते हैं। यहाँ सूचना का उद्देश्य ज्ञानवर्धन नहीं, बल्कि एक निश्चित विचारधारा या दृष्टिकोण के पक्ष में मनोवैज्ञानिक वातावरण तैयार करना होता है।

संस्थागत अविश्वास ने भी इस सूचना-अराजकता को खाद-पानी दिया है। जब पारंपरिक समाचार माध्यमों, सरकारी तंत्रों और शैक्षणिक संस्थानों की विश्वसनीयता पर प्रश्नचिह्न लगते हैं, तो लोग सूचना के लिए वैकल्पिक और प्रायः अविश्वसनीय स्रोतों की ओर झुकते हैं। यह अविश्वास अक्सर सत्ता संरचनाओं द्वारा जानबूझकर भी पैदा किया जाता है ताकि स्वतंत्र विमर्श को कमजोर किया जा सके। जब नागरिकों को यह लगने लगता है कि 'सब कुछ झूठ है' या 'सत्य तक पहुँचना असंभव है', तो वे उस सूचना को चुन लेते हैं जो उनके संवेगात्मक तंत्र को सुकून देती है। सूचना की इस अधिकता ने एक 'सत्य-पश्चात' (पोस्ट-ट्रुथ) समाज की रचना की है, जहाँ वस्तुनिष्ठ तथ्यों की तुलना में भावनाओं और व्यक्तिगत विश्वासों का महत्व अधिक हो गया है।

निष्कर्ष की दिशा में बढ़ते हुए, यह समझना आवश्यक है कि सूचना का यह विस्फोट केवल एक तकनीकी प्रगति नहीं है, बल्कि यह एक सामाजिक संकट है जो लोकतंत्र की नींव, यानी 'तार्किक नागरिक', को प्रभावित कर रहा है। भारत जैसे विविधतापूर्ण और जटिल समाज में, जहाँ डिजिटल साक्षरता का अभाव है और सामाजिक स्तरभेद गहरा है, सूचना की अराजकता सीधे तौर पर लोक प्रशासन और सामाजिक

शांति के लिए चुनौती प्रस्तुत करती है। डिजिटल असमानता का अर्थ अब केवल इंटरनेट तक पहुँच न होना नहीं है, बल्कि यह भी है कि किसके पास सूचना के इस शोर में से सत्य को छानने की क्षमता है और कौन इस शोर का शिकार बन रहा है। सूचना की अधिकता ने मनुष्य को एक ऐसे भ्रामक संसार में ढकेल दिया है जहाँ वह यह तो सोचता है कि वह सब कुछ जान रहा है, परंतु वास्तव में वह एक निर्मित आभासी वास्तविकता का बंदी बनता जा रहा है। अतः, यह अध्याय यह रेखांकित करता है कि सूचना-क्रांति का अगला चरण पहुँच के बारे में नहीं, बल्कि इस अराजकता के भीतर सत्य को पुनः प्राप्त करने और मानवीय विवेक को सुरक्षित रखने के संघर्ष के बारे में होगा।

पारंपरिक समाचार माध्यमों और सामाजिक माध्यमों का अंतर

सूचना के प्रसार और जनमत के निर्माण में पारंपरिक समाचार माध्यमों और उभरते सामाजिक माध्यमों के बीच का अंतर केवल तकनीकी नहीं, बल्कि गहरा संरचनात्मक और दार्शनिक है। ऐतिहासिक रूप से, पारंपरिक माध्यमों—जिनमें समाचार पत्र, पत्रिकाएं, रेडियो और टेलीविजन शामिल हैं—ने समाज में 'सूचना के द्वारपाल' की भूमिका निभाई है। इनकी कार्यप्रणाली एक निश्चित 'संपादकीय प्रक्रिया' और 'तथ्य-जाँच व्यवस्था' पर आधारित रही है। किसी भी सूचना को सार्वजनिक करने से पूर्व उसे कई स्तरों पर परखा जाता था, जहाँ संपादक और संवाददाताओं का समूह उसकी सत्यता, प्रासंगिकता और सामाजिक प्रभाव का आकलन करता था। यह व्यवस्था इस मान्यता पर टिकी थी कि सूचना का सार्वजनिक होना एक बड़ी जिम्मेदारी है, जिसके लिए एक संस्थागत जवाबदेही अनिवार्य है। इसके विपरीत, सामाजिक माध्यमों का उदय 'सूचना के विकेंद्रीकरण' और 'असंपादित

अभिव्यक्ति' के विचार के साथ हुआ, जहाँ प्रत्येक उपयोगकर्ता स्वयं में एक प्रकाशक है। यहाँ पारंपरिक द्वारपालों का अभाव है, जिसके कारण सूचना अपनी कच्ची और अपुष्ट अवस्था में ही करोड़ों लोगों तक पहुँच जाती है।

पारंपरिक और सामाजिक माध्यमों के बीच 'जवाबदेही की संरचना' का अंतर सबसे महत्वपूर्ण है। पारंपरिक मीडिया संस्थान एक स्पष्ट कानूनी और नैतिक ढांचे के भीतर कार्य करते हैं। यदि कोई समाचार पत्र या चैनल असत्य सूचना प्रसारित करता है, तो उसके विरुद्ध मानहानि, प्रेस परिषद की कार्यवाही या अन्य विधिक उपचार उपलब्ध होते हैं। इसकी एक भौतिक उपस्थिति होती है जिसे उत्तरदायी ठहराया जा सकता है। इसके उलट, सामाजिक माध्यमों पर प्रसारित सूचना का कोई स्पष्ट स्वामी नहीं होता। व्हाट्सएप जैसे 'गोपनीय संदेश माध्यमों' (इनक्रिप्टेड प्लेटफॉर्म) पर सूचना का मूल स्रोत प्रायः अज्ञात रहता है। यह 'स्रोत की अस्पष्टता' भ्रामक सूचना फैलाने वालों के लिए एक सुरक्षा कवच का कार्य करती है। जब सूचना का स्रोत अदृश्य हो, तो उसकी जवाबदेही तय करना लगभग असंभव हो जाता है, जिससे अफवाहों और दुष्प्रचार को पनपने के लिए एक जोखिम-मुक्त वातावरण मिलता है।

स्वामित्व और नियंत्रण के आयाम भी इन दोनों माध्यमों की कार्यशैली को प्रभावित करते हैं। पारंपरिक मीडिया में स्वामित्व प्रायः बड़े व्यावसायिक घरानों या कुछ मामलों में राज्य के पास होता है, जिससे उनके वैचारिक झुकाव और 'एजेंडा सेटिंग' की पहचान करना अपेक्षाकृत सरल होता है। समाजशास्त्रीय दृष्टिकोण से, पाठक या दर्शक को पता होता है कि वह किस 'संस्थागत दृष्टिकोण' को पढ़ या देख रहा है। सामाजिक माध्यमों में नियंत्रण का स्वरूप अधिक जटिल

और अदृश्य है। यहाँ नियंत्रण संपादक के पास नहीं, बल्कि 'एल्गोरिदम' के पास है, जिसे लाभ कमाने के उद्देश्य से इस तरह बनाया गया है कि वह उपयोगकर्ता को उसकी रुचि की सामग्री अधिक दिखाए। यह व्यवस्था 'निजी संचार' और 'सार्वजनिक विमर्श' के अंतर को समाप्त कर देती है। पारंपरिक माध्यमों में दी गई सूचना एक सार्वजनिक दस्तावेज होती थी जिस पर समाज के विभिन्न वर्ग सामूहिक बहस कर सकते थे, जबकि सामाजिक माध्यमों पर सूचना एक 'व्यक्तिगत फीड' के रूप में आती है, जो व्यक्ति को उसके अपने वैचारिक बुलबुले में कैद कर देती है।

गति का अंतर इन दोनों माध्यमों की गुणवत्ता और प्रभाव को सीधे तौर पर प्रभावित करता है। पारंपरिक मीडिया की एक निश्चित 'प्रकाशन चक्र' या 'प्रसारण समय' होता था, जो तथ्यों की पुष्टि के लिए आवश्यक समय प्रदान करता था। सामाजिक माध्यमों के युग में, गति ही सबसे बड़ी शक्ति और सबसे बड़ी कमजोरी बन गई है। यहाँ 'सत्य' होने से अधिक महत्वपूर्ण 'प्रथम' होना है। सूचना के इस तीव्र प्रवाह में गहन विश्लेषण और ऐतिहासिक परिप्रेक्ष्य पीछे छूट जाते हैं और केवल तात्कालिकता ही शेष बचती है। यह तीव्र गति समाज में एक ऐसी अधीरता पैदा करती है, जहाँ लोग घटना के पूर्ण तथ्यों की प्रतीक्षा करने के बजाय उस पर तुरंत अपनी भावनात्मक प्रतिक्रिया देना चाहते हैं। पारंपरिक माध्यमों की प्रस्तुति शैली संस्थागत और अपेक्षाकृत संयमित होती थी, जबकि सामाजिक माध्यमों की शैली अनिवार्य रूप से 'भावात्मक' और 'उत्तेजक' होती है, क्योंकि यहाँ प्रतिस्पर्धा ध्यान खींचने की है।

भारतीय सामाजिक संदर्भ में, पारंपरिक माध्यमों के प्रति बढ़ता अविश्वास एक गंभीर चिंता का विषय है। पिछले कुछ वर्षों में, पारंपरिक मीडिया के एक बड़े हिस्से पर सत्ता के प्रति अत्यधिक झुकाव, व्यावसायिक हितों के लिए पत्रकारिता के मूल्यों से समझौते और सनसनीखेज शैली अपनाने के आरोप लगे हैं। जब मुख्यधारा की मीडिया अपनी 'तटस्थ सूचना प्रदाता' की भूमिका से भटकती है, तो जनता के बीच एक वैचारिक रिक्तता पैदा होती है। इसी रिक्तता को सामाजिक माध्यमों ने भरा है। लोगों को लगने लगा है कि "जो मुख्यधारा का मीडिया नहीं दिखा रहा, वह हमें व्हाट्सएप या यूट्यूब पर मिलेगा।" यह धारणा अत्यंत घातक सिद्ध हुई है, क्योंकि वैकल्पिक सूचना की खोज में लोग अनजाने में संगठित प्रचार तंत्रों के जाल में फँस जाते हैं। यहाँ विडंबना यह है कि पारंपरिक माध्यमों की कमियों ने उन अनियंत्रित सामाजिक माध्यमों को वैधता प्रदान कर दी है जिनके पास न तो कोई संपादकीय नैतिकता है और न ही सत्य के प्रति कोई प्रतिबद्धता।

सामाजिक माध्यमों की सबसे बड़ी शक्ति उनका 'लोकतंत्रीकरण' और 'सहभागिता' है। इन्होंने उन समुदायों और आवाजों को मंच दिया है जिन्हें पारंपरिक मीडिया ने दशकों तक हाशिए पर रखा था। ग्रामीण क्षेत्रों की स्थानीय समस्याएं, छोटे आंदोलनों की खबरें और व्यक्तिगत रचनात्मकता के लिए ये मंच वरदान सिद्ध हुए हैं। परंतु, यही शक्ति उनकी सबसे बड़ी सीमा भी है। जहाँ कोई भी व्यक्ति सूचना दे सकता है, वहाँ सूचना का प्रमाणीकरण एक बड़ी चुनौती बन जाता है। पारंपरिक माध्यम अपनी सीमाओं (जैसे सीमित स्थान, विज्ञापन का दबाव, सत्ता का प्रभाव) के बावजूद एक 'सूचनात्मक अनुशासन' का पालन करते थे, जो सामाजिक माध्यमों के शोर में लुप्त होता जा रहा है। सामाजिक

माध्यमों में स्रोत की अस्पष्टता और 'कॉपी-पेस्ट' संस्कृति के कारण एक ही झूठ को सत्य का चोला पहनाकर बार-बार दोहराया जाता है, जिससे सार्वजनिक विमर्श का स्तर गिरता जा रहा है।

राजनीति विज्ञान के दृष्टिकोण से, पारंपरिक माध्यम 'प्रतिनिधि लोकतंत्र' की तरह थे जहाँ सूचना के विशेषज्ञ जनता की ओर से फिल्टर का काम करते थे, जबकि सामाजिक माध्यम 'प्रत्यक्ष लोकतंत्र' के उस स्वरूप की तरह हैं जहाँ बिना किसी नियम या अनुशासन के भीड़ का स्वर ही निर्णायक हो जाता है। यह संक्रमण समाज को 'सूचनात्मक अराजकता' की ओर ले जा रहा है। सत्य की खोज अब एक सामूहिक प्रयास के बजाय एक व्यक्तिगत संघर्ष बन गई है। जहाँ पारंपरिक मीडिया एक साझा राष्ट्रीय विमर्श (नेशनल नैरेटिव) तैयार करता था, वहीं सामाजिक माध्यमों ने समाज को छोटे-छोटे वैचारिक गुटों में बाँट दिया है जो एक-दूसरे की बात सुनने को तैयार नहीं हैं।

पारंपरिक और सामाजिक माध्यमों का अंतर केवल साधन का नहीं, बल्कि साध्य का भी है। पारंपरिक माध्यमों का आदर्श (भले ही वह व्यवहार में पूर्णतः न हो) 'सार्वजनिक सेवा और सूचना' था, जबकि सामाजिक माध्यमों का प्राथमिक चालक 'उपयोगकर्ता जुड़ाव और डेटा का मुद्रीकरण' है। दोनों माध्यमों की अपनी शक्तियां और सीमाएं हैं। भविष्य के लोक प्रशासन और सजग नागरिकता के लिए यह आवश्यक है कि हम पारंपरिक माध्यमों की 'जवाबदेही' और 'संपादकीय गंभीरता' को सामाजिक माध्यमों की 'पहुँच' और 'सहभागिता' के साथ जोड़ने का प्रयास करें। सूचना के इस बदलते परिदृश्य में, विद्यार्थियों और शोधकर्ताओं को यह समझना होगा कि समस्या केवल माध्यम में नहीं, बल्कि उस 'सूचना संस्कृति' में है जहाँ सत्य की बलि गति और स्वार्थ के

वेदी पर दी जा रही है। पारंपरिक मीडिया को अपना खोया हुआ विश्वास पुनः प्राप्त करने के लिए अपनी स्वायत्तता और गुणवत्ता पर ध्यान देना होगा, अन्यथा सामाजिक माध्यमों का अनियंत्रित प्रसार समाज को एक ऐसे अंधकार की ओर ले जाएगा जहाँ सूचना तो बहुत होगी, पर विवेक लुप्त हो जाएगा।

भारत में इंटरनेट उपयोगकर्ताओं के आँकड़े: एक सामाजिक-सांख्यिकीय विश्लेषण

भारत में इंटरनेट उपयोगकर्ताओं के बढ़ते आँकड़े केवल दूरसंचार क्षेत्र की सफलता की कहानी नहीं हैं, बल्कि ये भारतीय सामाजिक व्यवहार, राजनीतिक लामबंदी और सूचनात्मक उपभोग में आ रहे गहरे परिवर्तनों के संकेतक हैं। यदि हम हाल के वर्षों के अनुमानों का अवलोकन करें, तो भारत विश्व के सबसे बड़े डिजिटल बाज़ारों में से एक बनकर उभरा है। वर्तमान में सक्रिय इंटरनेट उपयोगकर्ताओं की संख्या अस्सी करोड़ की सीमा को पार कर चुकी है, जो कुल जनसंख्या के आधे से अधिक हिस्से को वैश्विक सूचना तंत्र से जोड़ती है। यह संख्यात्मक वृद्धि उस 'डिजिटल छलांग' को दर्शाती है, जहाँ समाज का एक बड़ा हिस्सा पारंपरिक संचार माध्यमों को दरकिनार कर सीधे आधुनिकतम डिजिटल साधनों की ओर बढ़ा है। सांख्यिकीय दृष्टि से यह विस्तार प्रभावशाली लग सकता है, परंतु इसका समाजशास्त्रीय विश्लेषण यह प्रकट करता है कि यह वृद्धि केवल 'कनेक्टिविटी' की नहीं, बल्कि सूचना के एक नए और अनियंत्रित प्रवाह की है, जिसने भारतीय जनमानस की विचार प्रक्रिया को प्रभावित करना प्रारंभ कर दिया है।

ग्रामीण बनाम शहरी उपयोग के आँकड़े भारतीय डिजिटल परिदृश्य के एक अत्यंत रोचक और महत्वपूर्ण पहलू को उजागर करते हैं। पिछले कुछ वर्षों तक इंटरनेट का उपयोग मुख्य रूप से शहरी केंद्रों तक सीमित था, परंतु हालिया आंकड़े दर्शाते हैं कि ग्रामीण भारत में इंटरनेट उपयोगकर्ताओं की संख्या शहरी क्षेत्रों की तुलना में कहीं अधिक तीव्र गति से बढ़ी है। आज ग्रामीण क्षेत्रों में सक्रिय उपयोगकर्ताओं की संख्या शहरी क्षेत्रों के लगभग बराबर या कई सर्वेक्षणों के अनुसार उनसे अधिक हो चुकी है। यह परिवर्तन ग्रामीण भारत के सामाजिक ताने-बाने के लिए युगांतरकारी है। जहाँ पहले सूचना का अभाव ग्रामीण जीवन की एक बड़ी चुनौती थी, वहीं अब सूचना की अधिकता और उसकी प्रामाणिकता का संकट वहां की प्राथमिक समस्या बन गई है। ग्रामीण और शहरी क्षेत्रों के बीच 'पहुँच' का अंतर तो कम हुआ है, लेकिन 'उपयोग की प्रकृति' और 'सूचनात्मक विवेक' के स्तर पर एक गहरी खाई अभी भी विद्यमान है, जो सीधे तौर पर शिक्षा और डिजिटल साक्षरता के असमान वितरण से जुड़ी हुई है।

आयु वर्ग के अनुसार इंटरनेट के वितरण का विश्लेषण करने पर यह स्पष्ट होता है कि युवा जनसंख्या, विशेषकर पंद्रह से उनतीस वर्ष की आयु के बीच के लोग, इस डिजिटल पारिस्थितिकी तंत्र के सबसे सक्रिय घटक हैं। हालांकि, ध्यान देने योग्य बात यह है कि पिछले पाँच वर्षों में पैंतालीस वर्ष से अधिक आयु वर्ग के उपयोगकर्ताओं की संख्या में भी अप्रत्याशित वृद्धि हुई है। सांख्यिकीय रूप से युवा वर्ग जहाँ इंटरनेट का उपयोग मनोरंजन, शिक्षा और रोज़गार के लिए अधिक करता है, वहीं वृद्ध आयु वर्ग के लिए यह मुख्य रूप से सामाजिक जुड़ाव और सूचना प्राप्ति का साधन बना है। मनोवैज्ञानिक और सामाजिक दृष्टिकोण से,

आयु वर्ग के इस वितरण का प्रभाव 'व्हाट्सऐप विश्वविद्यालय' जैसी प्रवृत्तियों पर स्पष्ट रूप से देखा जा सकता है। सूचना की जाँच करने की क्षमता और डिजिटल माध्यमों की बारीकियों को समझने के मामले में विभिन्न आयु वर्गों के बीच का अंतर अक्सर भ्रामक सूचनाओं के प्रसार का कारण बनता है। वरिष्ठ नागरिकों के बीच सूचनाओं को बिना जाँचे साझा करने की प्रवृत्ति अधिक देखी गई है, जिसका मूल कारण डिजिटल उपकरणों के प्रति उनका नया परिचय और स्रोत की विश्वसनीयता को परखने के कौशल का अभाव है।

संदेश मंचों (इंस्टेंट मैसेजिंग प्लेटफॉर्म) के उपयोग का प्रतिशत इस विश्लेषण का वैचारिक केंद्र है। भारत में व्हाट्सऐप जैसे मंचों का उपयोग करने वालों की संख्या सत्तर करोड़ से अधिक होने का अनुमान है, जो इसे केवल एक ऐप नहीं बल्कि एक 'समानांतर सूचना तंत्र' के रूप में स्थापित करता है। आँकड़े बताते हैं कि औसतन एक भारतीय इंटरनेट उपयोगकर्ता अपने दिन का एक बड़ा हिस्सा इन्हीं संदेश मंचों पर व्यतीत करता है। इन मंचों का उपयोग केवल व्यक्तिगत संचार तक सीमित नहीं है, बल्कि ये समाचार प्राप्ति, राजनीतिक चर्चा और धार्मिक प्रचार के मुख्य केंद्र बन गए हैं। संदेश मंचों की पहुँच का यह व्यापक स्तर ही 'सूचना-अराजकता' का प्राथमिक स्रोत है, क्योंकि यहाँ सूचना का प्रवाह 'वन-टू-वन' (एक से एक) या 'वन-टू-मैनी' (एक से अनेक) के ऐसे बंद समूहों में होता है जहाँ सार्वजनिक निगरानी या तथ्यों का सत्यापन असंभव हो जाता है। यही कारण है कि भारतीय राजनीतिक और सामाजिक विमर्श में इन मंचों की सांख्यिकीय प्रधानता ने पारंपरिक पत्रकारिता की प्रासंगिकता को गंभीर चुनौती दी है।

प्रतिदिन औसत डेटा उपयोग के बढ़ते आँकड़े उपभोक्ता व्यवहार में आए क्रांतिकारी बदलाव की पुष्टि करते हैं। भारत वर्तमान में प्रति उपयोगकर्ता डेटा खपत के मामले में वैश्विक स्तर पर शीर्ष देशों में शामिल है। प्रति माह प्रति उपयोगकर्ता औसतन बीस गीगाबाइट से अधिक डेटा का उपयोग इस तथ्य की ओर संकेत करता है कि भारतीय उपयोगकर्ता इंटरनेट पर केवल सूचना नहीं खोज रहे, बल्कि वे एक ऐसी सामग्री-प्रधान संस्कृति का हिस्सा बन चुके हैं जो निरंतर उपभोग पर आधारित है। यह डेटा उपयोग मुख्य रूप से वीडियो सामग्री की खपत में हुई वृद्धि से संचालित है। आँकड़ों के अनुसार, कुल इंटरनेट ट्रैफ़िक का लगभग सत्तर से अस्सी प्रतिशत हिस्सा वीडियो सामग्री के माध्यम से आता है। वीडियो आधारित सामग्री की इस विशाल खपत ने समाज में 'दृश्य-प्रधान सत्य' की अवधारणा को बल दिया है। जब सूचना लिखित पाठ के बजाय गतिशील चित्रों और प्रभावशाली ध्वनियों के माध्यम से प्रवाहित होती है, तो उसकी विश्वसनीयता का स्तर बढ़ जाता है, भले ही वह सूचना तथ्यात्मक रूप से गलत ही क्यों न हो। वीडियो सामग्री की यह प्रधानता डिजिटल साक्षरता की कमी वाले क्षेत्रों में झूठी खबरों के प्रसार को और अधिक सुगम बनाती है।

आँकड़ों और विश्लेषण के मध्य सबसे बड़ी चुनौती 'डिजिटल साक्षरता और वास्तविक उपयोग' के बीच का गहरा अंतर है। सरकार और निजी कंपनियों के दावों के अनुसार 'डिजिटल साक्षरता' का अर्थ अक्सर केवल स्मार्टफोन चलाने या इंटरनेट का उपयोग करने की क्षमता तक सीमित मान लिया जाता है। परंतु, एक शोधपरक दृष्टिकोण से, वास्तविक डिजिटल साक्षरता का अर्थ सूचना के स्रोत को पहचानना, एल्गोरिदम के प्रभाव को समझना और भ्रामक सामग्री को अलग करना

है। आँकड़े बताते हैं कि जहाँ अस्सी प्रतिशत लोगों के पास इंटरनेट की पहुँच है, वहीं उनमें से बीस प्रतिशत से भी कम लोगों के पास सूचना के सत्यापन के लिए आवश्यक तकनीकी या बौद्धिक कौशल मौजूद है। यह अंतराल ही वह स्थान है जहाँ सत्ता संरचनाएँ और राजनीतिक प्रचार तंत्र अपने हितों को साधते हैं। जब एक विशाल जनसंख्या तकनीकी रूप से तो जुड़ी हो परंतु सूचनात्मक रूप से जागरूक न हो, तो वह 'सूचना-युद्ध' (इन्फॉर्मेशन वारफेयर) का एक आसान हथियार बन जाती है।

भारतीय सामाजिक संरचना में डिजिटल असमानता का एक और महत्वपूर्ण आयाम लैंगिक विभाजन है। हालांकि महिला इंटरनेट उपयोगकर्ताओं की संख्या में वृद्धि हुई है, परंतु डेटा खपत और उपकरणों के स्वामित्व के मामले में अभी भी पुरुषों का वर्चस्व बना हुआ है। ग्रामीण क्षेत्रों में महिलाओं की इंटरनेट तक पहुँच अक्सर परिवार के पुरुष सदस्यों के माध्यम से या उनके नियंत्रण में होती है। यह डिजिटल जेंडर गैप (लैंगिक अंतर) सूचना के प्रवाह को एकतरफा और पुरुष-केंद्रित बनाता है, जिससे सामाजिक दृष्टिकोणों में रूढ़िवादिता को और अधिक बढ़ावा मिलता है। सांख्यिकीय रूप से, यदि हम इन सभी कारकों को जोड़कर देखें, तो भारत का डिजिटल परिदृश्य एक ऐसी जटिल तस्वीर पेश करता है जहाँ पहुँच का विस्तार तो हो गया है, परंतु सुरक्षा, सत्यापन और तार्किक विश्लेषण का ढाँचा अभी भी निर्माण की अवस्था में है।

अतः, भारत में इंटरनेट उपयोगकर्ताओं के ये आँकड़े केवल संख्यात्मक वृद्धि नहीं, बल्कि एक व्यापक सामाजिक रूपांतरण का प्रतिबिंब हैं। ये आँकड़े हमें सचेत करते हैं कि सूचना क्रांति का लाभ उठाने के लिए केवल डेटा का सस्ता होना पर्याप्त नहीं है, बल्कि एक 'सूचनात्मक

विवेक' युक्त समाज का निर्माण करना अनिवार्य है। जब तक डिजिटल साक्षरता को केवल तकनीकी कौशल से ऊपर उठाकर एक नागरिक दायित्व और आलोचनात्मक सोच के रूप में विकसित नहीं किया जाएगा, तब तक ये बढ़ते हुए आँकड़े समाज में जागरूकता के बजाय भ्रम और ध्रुवीकरण को ही विस्तार देते रहेंगे। लोक प्रशासन और नीति निर्माताओं के लिए ये आँकड़े यह समझने का आधार होने चाहिए कि सूचना के इस विशाल प्रवाह को कैसे एक सकारात्मक सामाजिक शक्ति में बदला जाए और कैसे 'व्हाट्सऐप विश्वविद्यालय' के इस युग में सत्य की शुचिता को बनाए रखा जाए।

संदेश आदान-प्रदान मंचों के बढ़ते उपयोग का सामाजिक प्रभाव

भारत में डिजिटल क्रांति के उपरांत संदेश आदान-प्रदान मंचों, विशेषकर व्हाट्सएप जैसे त्वरित संदेश प्रदाताओं ने न केवल संचार के माध्यमों को बदला है, बल्कि सामाजिक संबंधों की आधारभूत संरचना को भी पुनर्गठित किया है। इन मंचों के सामाजिक प्रभाव को समझने के लिए सर्वप्रथम उस 'संदेश संस्कृति' का विश्लेषण आवश्यक है जिसने पारंपरिक संवाद की सीमाओं को समाप्त कर दिया है। ये मंच केवल संदेश भेजने के साधन नहीं रह गए हैं, बल्कि एक समानांतर सामाजिक जगत बन गए हैं जहाँ सूचना, भावना और विचारधारा का निरंतर प्रवाह होता रहता है। समाजशास्त्रीय दृष्टिकोण से, इन मंचों ने 'स्थायी उपलब्धता' और 'त्वरित प्रत्युत्तर' की एक ऐसी संस्कृति विकसित की है, जिसने व्यक्ति के निजी और सार्वजनिक जीवन के मध्य की विभाजक रेखा को अत्यंत धुंधला कर दिया है। निजी मंचों पर होने वाली चर्चाएं अब व्यक्तिगत न रहकर व्यापक सामाजिक और राजनीतिक परिणाम

उत्पन्न करने की क्षमता रखती हैं, जिससे भारतीय समाज में एक नए प्रकार का 'डिजिटल सार्वजनिक क्षेत्र' निर्मित हुआ है।

पारिवारिक समूहों की डिजिटल संरचना ने पारंपरिक पारिवारिक संवाद के स्वरूप को समूल परिवर्तित कर दिया है। पूर्व में परिवार के भीतर सूचना का प्रवाह पदानुक्रमित और संवादात्मक होता था, जहाँ बड़ों के अनुभवों और युवाओं के तर्कों के बीच एक संतुलन बना रहता था। डिजिटल पारिवारिक समूहों के उदय ने भौगोलिक रूप से दूर रहने वाले सदस्यों को एक आभासी मंच पर तो एकत्र कर दिया, परंतु यहाँ संवाद की गुणवत्ता में ह्रास हुआ है। इन समूहों में 'गुड मॉर्निंग' संदेशों से लेकर धार्मिक और राजनीतिक प्रचार सामग्री का जो निरंतर प्रवाह होता है, उसने परिवार को एक अनौपचारिक 'सूचना उपभोग केंद्र' में बदल दिया है। अक्सर देखा गया है कि इन समूहों में साझा की गई सामग्री को उसकी भावनात्मक अपील के कारण बिना किसी तार्किक विवेचन के सत्य मान लिया जाता है। परिवार के भीतर की यह 'डिजिटल एकजुटता' कभी-कभी बाहरी सूचनाओं के प्रति एक प्रतिरोधी वातावरण निर्मित करती है, जहाँ व्यक्ति अपने निकटस्थ समूह द्वारा समर्थित विचारों को ही परम सत्य स्वीकार कर लेता है।

सामाजिक नेटवर्क के विस्तार और निजी संदेशों के सार्वजनिक प्रभाव ने सूचना के प्रसार की गति को अप्रत्याशित बना दिया है। संदेश मंचों की प्रकृति ऐसी है कि यहाँ 'एक-से-एक' संवाद बहुत शीघ्रता से 'एक-से-अनेक' और फिर 'अनेक-से-जनसमूह' में परिवर्तित हो जाता है। जब कोई सूचना किसी निजी संदेश के रूप में प्राप्त होती है, तो प्राप्तकर्ता के मन में उस सूचना के प्रति एक मनोवैज्ञानिक सुरक्षा और विश्वसनीयता का भाव होता है, क्योंकि वह सूचना किसी परिचित या

मित्र द्वारा भेजी गई होती है। यही 'निजी विश्वसनीयता' ही अफवाहों के प्रसार का सबसे बड़ा ईंधन बनती है। एक निजी कक्ष में साझा की गई कोई भी उत्तेजक सामग्री पल भर में हजारों समूहों तक पहुँच जाती है, जिससे उसका प्रभाव निजी न रहकर व्यापक सामाजिक अशांति या जनमत निर्माण का कारण बन जाता है। इस प्रक्रिया में सूचना का मूल स्रोत अदृश्य हो जाता है और केवल उसका प्रभाव ही शेष बचता है।

अफवाह प्रसार की गति और भावनात्मक रूप से उकसाने वाली सामग्री के मध्य एक गहरा अंतर्संबंध है। संदेश मंचों पर वही सामग्री सबसे अधिक प्रसारित होती है जो व्यक्ति के भीतर भय, क्रोध, गर्व या घृणा जैसी तीव्र संवेदनाएं जाग्रत करती है। मनोवैज्ञानिक दृष्टि से, मनुष्य उन सूचनाओं के प्रति अधिक संवेदनशील होता है जो उसके अस्तित्व, पहचान या समुदाय के प्रति किसी काल्पनिक संकट का आभास कराती हैं। भारतीय सामाजिक संरचना में, जहाँ धार्मिक और जातीय पहचान अत्यंत संवेदनशील विषय हैं, वहाँ इन मंचों का उपयोग संगठित रूप से 'पहचान-आधारित असुरक्षा' उत्पन्न करने के लिए किया जाता है। सनसनीखेज शीर्षकों, भ्रामक चित्रों और काट-छाँट कर बनाए गए वीडियो के माध्यम से ऐसी सामग्री तैयार की जाती है जो तार्किक मस्तिष्क को निष्क्रिय कर भावनात्मक प्रतिक्रिया को सक्रिय कर देती है। यह भावनात्मक उकसावा ही है जो एक सामान्य नागरिक को बिना सोचे-समझे किसी भी अपुष्ट संदेश को आगे भेजने (फॉरवर्ड करने) के लिए विवश करता है।

समुदाय आधारित ध्रुवीकरण इन संदेश मंचों का एक अत्यंत चिंताजनक सामाजिक परिणाम है। भारतीय राजनीति और समाज में विद्यमान पूर्वग्रहों को डिजिटल मंचों ने एक नया विस्तार दिया है। ये मंच

'प्रतिध्वनि कक्ष' (इको चैम्बर) के रूप में कार्य करते हैं, जहाँ व्यक्ति केवल अपने ही समुदाय या विचारधारा से जुड़े लोगों के समूहों का हिस्सा बनता है। इसके परिणामस्वरूप, भिन्न विचारों या समुदायों के प्रति सहानुभूति और संवाद की गुंजाइश समाप्त हो जाती है। ध्रुवीकरण की यह प्रक्रिया धीरे-धीरे समाज को 'हम' और 'वे' के खांचों में विभाजित कर देती है। जब किसी विशेष समुदाय के विरुद्ध निरंतर भ्रामक सूचनाएं किसी व्यक्ति के फोन पर 'निजी संदेश' के रूप में पहुँचती हैं, तो वह अनजाने में ही उन पूर्वाग्रहों को आत्मसात करने लगता है। यह ध्रुवीकरण केवल चुनावों तक सीमित नहीं रहता, बल्कि यह पड़ोस, कार्यस्थल और सार्वजनिक स्थलों पर सामाजिक अंतःक्रियाओं को भी विषाक्त कर देता है।

स्थानीय घटनाओं का राष्ट्रीय विमर्श में बदलना संदेश मंचों की उस शक्ति का परिचायक है जो सूचना की प्राथमिकता को निर्धारित करती है। पहले किसी सुदूर ग्रामीण क्षेत्र की छोटी घटना मुख्यधारा की मीडिया के माध्यम से ही राष्ट्रीय स्तर पर पहुँचती थी, जहाँ उसका संपादन और सत्यापन होता था। अब, एक स्थानीय विवाद या छोटी सी हिंसक घटना का वीडियो व्हाट्सएप के माध्यम से कुछ ही घंटों में पूरे देश में प्रसारित हो जाता है। अक्सर ऐसी घटनाओं को व्यापक संदर्भों से काटकर एक विशेष राजनीतिक या धार्मिक रंग दे दिया जाता है। इससे एक छोटी स्थानीय समस्या अचानक राष्ट्रीय सुरक्षा या अस्मिता का प्रश्न बन जाती है। इस प्रक्रिया ने लोक प्रशासन के समक्ष गंभीर चुनौतियां उत्पन्न की हैं, क्योंकि प्रशासन को अब केवल धरातल पर ही नहीं, बल्कि डिजिटल मंचों पर फैल रही उत्तेजना को भी नियंत्रित करना पड़ता है।

भीड़ मनोविज्ञान और सामूहिक प्रतिक्रिया का विश्लेषण इस अध्याय का सबसे महत्वपूर्ण हिस्सा है। संदेश मंचों ने 'डिजिटल भीड़' (डिजिटल मॉब) को जन्म दिया है। जब बड़ी संख्या में लोग एक ही प्रकार की उत्तेजक और भ्रामक सूचनाओं से घिरे होते हैं, तो उनमें एक 'सामूहिक चेतना' विकसित होती है जो तर्क से अधिक भावना और प्रतिक्रिया पर आधारित होती है। भारत में 'मॉब लिंचिंग' (भीड़ द्वारा हत्या) जैसी दुखद घटनाएं अक्सर व्हाट्सएप पर फैली बच्चा चोरी या गौ-तस्करी जैसी अफवाहों का ही परिणाम रही हैं। यहाँ भीड़ का मनोविज्ञान इस विश्वास पर टिका होता है कि यदि 'सब लोग' ऐसा कह रहे हैं या 'फोन पर आया है' तो यह सत्य ही होगा। यह सामूहिक प्रतिक्रिया व्यक्ति की अपनी नैतिक जिम्मेदारी के बोध को समाप्त कर देती है और उसे एक हिंसक या उन्मादी भीड़ के हिस्से के रूप में कार्य करने के लिए प्रेरित करती है। सूचना क्रांति का यह अंधकारमय पक्ष है, जहाँ संचार के साधन समाज को जोड़ने के बजाय उसे हिंसक बनाने का उपकरण बन जाते हैं।

डिजिटल असमानता और भाषाई विविधता के कारण इन मंचों का प्रभाव अलग-अलग वर्गों पर भिन्न होता है। शहरी शिक्षित वर्ग जहाँ कुछ हद तक 'तथ्य-जाँच' (फैक्ट चेक) के साधनों से परिचित है, वहीं ग्रामीण और अर्ध-शिक्षित वर्ग इन भ्रामक सूचनाओं के प्रति अधिक असुरक्षित है। भारतीय भाषाओं में उपलब्ध कीबोर्ड और वॉयस टाइपिंग की सुविधा ने उन लोगों को भी संदेश भेजने की शक्ति दी है जो औपचारिक रूप से साक्षर नहीं हैं। इस भाषाई पहुँच ने सूचना के प्रसार को तो तेज किया है, लेकिन साथ ही क्षेत्रीय भाषाओं में उपलब्ध भ्रामक सामग्री की निगरानी को असंभव बना दिया है। भाषाई विविधता यहाँ एक ढाल का काम करती है जिसके पीछे नफरत और झूठ के व्यापारी छिपे रहते हैं, क्योंकि

अधिकांश तथ्य-जाँच एजेंसियां और तकनीकी कंपनियाँ मुख्य रूप से अंग्रेजी या कुछ बड़ी भाषाओं तक ही सीमित हैं।

पारंपरिक संस्थानों के प्रति बढ़ता अविश्वास भी इन मंचों की लोकप्रियता का एक बड़ा कारण है। जब मुख्यधारा की मीडिया, न्यायपालिका या शैक्षणिक संस्थानों पर पक्षपाती होने के आरोप लगते हैं, तो सामान्य जन इन 'निजी संदेशों' को अधिक विश्वसनीय विकल्प के रूप में देखने लगता है। सत्ता संरचनाएं अक्सर इस अविश्वास का लाभ उठाती हैं और आधिकारिक चैनलों के बजाय इन 'अनौपचारिक चैनलों' के माध्यम से अपना प्रचार तंत्र संचालित करती हैं। राजनीति विज्ञान के दृष्टिकोण से यह 'संस्थागत क्षरण' की स्थिति है, जहाँ प्रमाणित ज्ञान के स्थान पर 'लोकप्रिय राय' (पॉपुलर ओपिनियन) को अधिक महत्व मिलने लगता है। यह स्थिति अंततः लोकतंत्र के लिए घातक है, क्योंकि लोकतंत्र की सफलता तार्किक और सूचित नागरिक पर निर्भर करती है, न कि भ्रामक सूचनाओं से संचालित भीड़ पर।

निष्कर्ष के रूप में यह कहा जा सकता है कि संदेश आदान-प्रदान मंचों ने भारतीय समाज में एक 'सूचनात्मक संक्रमण' पैदा किया है। इन मंचों की शक्ति और पहुँच ने जहाँ एक ओर संवाद को सुलभ बनाया है, वहीं दूसरी ओर सामाजिक सद्भाव, व्यक्तिगत विवेक और तार्किक विमर्श के लिए गंभीर संकट खड़ा कर दिया है। निजी मंचों का सार्वजनिक प्रभाव अब एक ऐसी वास्तविकता है जिसे नजरअंदाज नहीं किया जा सकता। यह स्पष्ट है कि मोबाइल फोन केवल एक संचार उपकरण नहीं है, बल्कि यह एक ऐसी प्रयोगशाला है जहाँ निरंतर सामाजिक प्रयोग हो रहे हैं। इन प्रयोगों का उद्देश्य अक्सर समाज को जोड़ना नहीं, बल्कि उसे विभाजित कर राजनीतिक और आर्थिक लाभ प्राप्त करना होता है। अतः,

संदेश मंचों के इस व्यापक सामाजिक प्रभाव का अध्ययन केवल तकनीकी सुधारों तक सीमित नहीं रहना चाहिए, बल्कि इसके लिए एक व्यापक सामाजिक, मनोवैज्ञानिक और शैक्षणिक अभियान की आवश्यकता है जो नागरिक को इस 'डिजिटल मायाजाल' से बाहर निकलकर सत्य की पहचान करने में सक्षम बनाए।

अध्याय 2: "व्हाट्सऐप विश्वविद्यालय" – व्यंग्य से सामाजिक वास्तविकता तक

"व्हाट्सऐप विश्वविद्यालय" शब्द का अर्थ और सामाजिक संदर्भ

"व्हाट्सऐप विश्वविद्यालय" शब्द की उत्पत्ति भारतीय भाषाई और डिजिटल विमर्श में एक तीखे व्यंग्य के रूप में हुई थी, जिसका उद्देश्य उन सूचनाओं और दावों का उपहास करना था जो बिना किसी वैज्ञानिक या ऐतिहासिक आधार के इस त्वरित संदेश माध्यम पर प्रसारित किए जाते हैं। प्रारंभ में, इस शब्द का प्रयोग मुख्यधारा के बुद्धिजीवियों और जागरूक नागरिकों द्वारा उन हास्यास्पद या स्पष्ट रूप से झूठी सूचनाओं को रेखांकित करने के लिए किया गया जो अक्सर अतिशयोक्तिपूर्ण गौरव, छद्म विज्ञान या निर्मित इतिहास से जुड़ी होती थीं। हालांकि, समय के साथ यह व्यंग्यात्मक शब्दावली एक गंभीर समाजशास्त्रीय वास्तविकता के रूप में परिवर्तित हो गई है। आज यह शब्द केवल एक मजाक नहीं है, बल्कि यह औपचारिक शैक्षणिक संस्थानों के समानांतर खड़ी एक ऐसी 'अनौपचारिक डिजिटल ज्ञान संरचना' का प्रतीक बन गया है, जो करोड़ों लोगों की विश्वदृष्टि, उनके राजनीतिक रुझानों और उनके सामाजिक व्यवहार को आकार दे रही है। यह शब्द ज्ञान के उस अराजक विकेंद्रीकरण की ओर संकेत करता है जहाँ सूचना की वैधता उसके तर्क या प्रमाण से नहीं, बल्कि उसकी प्रसार संख्या और भावनात्मक अपील से तय होती है।

औपचारिक शिक्षा और इस अनौपचारिक डिजिटल ज्ञान के मध्य का संघर्ष आधुनिक समाज की एक प्रमुख बौद्धिक त्रासदी है। पारंपरिक शिक्षा पद्धति में ज्ञान के अर्जन की एक व्यवस्थित प्रक्रिया होती है, जिसमें संदर्भों की जाँच, आलोचनात्मक विश्लेषण और विशेषज्ञों द्वारा प्रमाणीकरण अनिवार्य चरण होते हैं। इसके विपरीत, व्हाट्सऐप विश्वविद्यालय की ज्ञान प्रणाली 'अपुष्ट संवेगात्मकता' पर आधारित है। यहाँ ज्ञान की कसौटी सत्यता नहीं, बल्कि प्राप्तकर्ता की वैचारिक सुविधा है। जब एक व्यक्ति को वर्षों की औपचारिक पढ़ाई के बाद प्राप्त जटिल सूचना के स्थान पर एक सरल, आकर्षक और उसकी भावनाओं को सहलाने वाला डिजिटल संदेश प्राप्त होता है, तो वह उसे अधिक स्वीकार्य पाता है। यह प्रक्रिया धीरे-धीरे प्रमाणित ज्ञान के प्रति एक प्रकार की वितृष्णा और अविश्वास पैदा करती है। समाजशास्त्र के दृष्टिकोण से, यह 'विशेषज्ञता की मृत्यु' (डेथ ऑफ एक्सपर्टीज) का दौर है, जहाँ एक प्रमाणित इतिहासकार या वैज्ञानिक के शोध की तुलना में एक 'अग्रेषित संदेश' (फॉरवर्डेड मैसेज) को अधिक प्रमाणिक मान लिया जाता है क्योंकि वह संदेश किसी परिचित द्वारा भेजा गया है और पढ़ने में सुखद है।

प्रमाणित ज्ञान और अग्रेषित संदेश के बीच का अंतर केवल उनकी सत्यता तक सीमित नहीं है, बल्कि यह सूचना की 'शुचिता' से भी जुड़ा है। औपचारिक ज्ञान में सूचना का एक स्पष्ट 'स्रोत' होता है, जिसकी उत्तरदेही तय की जा सकती है। व्हाट्सऐप विश्वविद्यालय की सबसे बड़ी विशेषता और शक्ति इसके 'स्रोत की अस्पष्टता' में निहित है। संदेश मंचों पर प्रसारित होने वाली अधिकांश सामग्री का कोई मूल लेखक या उत्तरदायी प्रकाशक नहीं होता। यह अस्पष्टता भ्रामक

सूचनाओं को एक रहस्यमयी और अधिकारपूर्ण स्वर प्रदान करती है। जब किसी संदेश पर "अग्रेषित कई बार" (फॉरवर्डेड मेनी टाइम्स) का टैग लगा होता है, तो उपयोगकर्ता का मस्तिष्क उसे एक 'लोकप्रिय सत्य' के रूप में ग्रहण करने लगता है। उसे लगता है कि यदि यह सूचना इतनी व्यापक रूप से साझा की जा रही है, तो इसमें अवश्य ही कुछ सत्य होगा। यह प्रवृत्ति सामूहिक मनोविज्ञान के उस सिद्धांत पर आधारित है जहाँ सत्य का पैमाना तर्क के बजाय बहुमत की सहमति बन जाता है। इस प्रकार, अग्रेषित संदेश केवल सूचना नहीं रहते, बल्कि वे एक ऐसी 'वैकल्पिक ज्ञान संरचना' का निर्माण करते हैं जो औपचारिक संस्थानों के बाहर सक्रिय है।

पारंपरिक बौद्धिक संस्थाओं—जैसे विश्वविद्यालय, संग्रहालय और मुख्यधारा की मीडिया—पर बढ़ता अविश्वास व्हाट्सऐप विश्वविद्यालय की सफलता का एक मुख्य कारण है। राजनीति विज्ञान और लोक प्रशासन के विद्यार्थी के लिए यह समझना अनिवार्य है कि जब राज्य की संस्थाएं या शैक्षणिक जगत आम जनता की भाषा में संवाद करने में विफल रहते हैं, तो एक वैचारिक शून्य पैदा होता है। इस शून्य को डिजिटल प्रचार तंत्र बहुत कुशलता से भरता है। व्हाट्सऐप विश्वविद्यालय यह नैरेटिव गढ़ता है कि "मुख्यधारा की संस्थाओं ने आपसे सत्य छिपाया है" या "इतिहास को षड्यंत्र के तहत बदला गया है।" यह अविश्वास की भावना सूचना के राजनीतिक उपयोग के लिए एक उपजाऊ भूमि तैयार करती है। यहाँ सूचना का उद्देश्य ज्ञानवर्धन नहीं, बल्कि उस संस्थागत ज्ञान को चुनौती देना है जो वर्तमान सत्ता या वैचारिक हितों के अनुकूल नहीं है। इस प्रकार, व्हाट्सऐप विश्वविद्यालय केवल झूठ का प्रसार नहीं करता, बल्कि यह 'सत्य' की परिभाषा को ही

बदल देता है, जहाँ व्यक्तिगत विश्वास और समूह की पहचान को तथ्यों से ऊपर रखा जाता है।

राजनीतिक और वैचारिक संघर्षों में इस शब्द का उपयोग एक दोधारी तलवार की तरह हुआ है। जहाँ एक ओर इसका उपयोग भ्रामक प्रचार पर प्रहार करने के लिए किया जाता है, वहीं दूसरी ओर इसे एक ठप्पे (लेबल) की तरह विपक्षी विचारधाराओं को खारिज करने के लिए भी इस्तेमाल किया जाता है। भारतीय राजनीतिक वातावरण में, व्हाट्सऐप विश्वविद्यालय एक ऐसा रणक्षेत्र बन गया है जहाँ संगठित प्रचार तंत्र (आईटी सेल) अपनी कहानियों को 'लोक ज्ञान' के रूप में स्थापित करने का प्रयास करते हैं। यहाँ जटिल राजनीतिक मुद्दों को अत्यंत सरल, अक्सर धार्मिक या राष्ट्रवादी चश्मे से पेश किया जाता है। यह सरलीकरण जनमानस में जटिलताओं के प्रति एक प्रकार की अरुचि पैदा करता है। जब किसी समाज में गंभीर विमर्श का स्थान छोटे, उत्तेजक और भ्रामक संदेश ले लेते हैं, तो वहाँ नीतिगत बहस की जगह भावनात्मक टकराव हावी हो जाता है। यह शब्द इस अराजकता का प्रतीक है कि कैसे सूचना प्रौद्योगिकी ने ज्ञान के प्रसार को तो सुलभ बनाया, लेकिन ज्ञान के सार और उसकी गंभीरता को खंडित कर दिया।

भारतीय समाज की जटिल संरचना को देखते हुए, व्हाट्सऐप विश्वविद्यालय का प्रभाव डिजिटल साक्षरता और सामाजिक स्तरभेद के अनुसार अलग-अलग रूप में प्रकट होता है। ग्रामीण क्षेत्रों और भाषाई विविधता वाले अंचलों में, जहाँ सूचना के वैकल्पिक स्रोत सीमित हैं, वहाँ यह डिजिटल ज्ञान तंत्र एक निर्णायक शक्ति बन जाता है। शिक्षा में असमानता के कारण, एक बड़ा वर्ग उस आलोचनात्मक दृष्टि से वंचित है जो किसी सूचना को परखने के लिए आवश्यक होती है। ऐसे में,

व्हाट्सऐप पर प्राप्त सूचना केवल ज्ञान नहीं रहती, बल्कि वह सामाजिक संबंधों और सामुदायिक गौरव का आधार बन जाती है। यह स्पष्ट करना आवश्यक है कि यह केवल एक तकनीकी समस्या नहीं है, बल्कि यह सत्ता संरचनाओं, सामाजिक पूर्वाग्रहों और आर्थिक हितों का एक सुनियोजित गठजोड़ है। डिजिटल मंचों को केवल तकनीकी खराबी मान लेना भूल होगी; वास्तव में ये मंच उन गहरी सामाजिक दरारों को प्रतिबिंबित और विस्तृत कर रहे हैं जो हमारे समाज में पहले से मौजूद थीं।

"व्हाट्सऐप विश्वविद्यालय" की संकल्पना हमें यह समझने के लिए विवश करती है कि हम एक ऐसे युग में हैं जहाँ सूचना ही सूचना का सबसे बड़ा शत्रु बन गई है। यह शब्द ज्ञान के उस अव्यवस्थित प्रसार को दर्शाता है जहाँ सत्य की सत्ता को 'साझा करने की संख्या' (नंबर ऑफ शेयर्स) से चुनौती दी जा रही है। यह एक ऐसी सामाजिक वास्तविकता है जहाँ हम सूचना की अधिकता के बीच ज्ञान के संकट से जूझ रहे हैं। विद्यार्थियों के लिए यह प्रकरण इस विश्लेषण के साथ समाप्त होना चाहिए कि ज्ञान का विकेंद्रीकरण यदि उत्तरदेही और तार्किक चिंतन के बिना होता है, तो वह समाज को जागरूक बनाने के बजाय उसे एक ऐसी सूचना-अराजकता की ओर धकेलता है जहाँ सत्य की पहचान करना एक असंभव चुनौती बन जाता है। व्हाट्सऐप विश्वविद्यालय की यह वैकल्पिक ज्ञान संरचना भविष्य की राजनीति और समाजशास्त्र के लिए एक गंभीर चेतावनी है, क्योंकि यह सीधे तौर पर मनुष्य की सोचने और समझने की स्वायत्त क्षमता पर प्रहार करती है।

पारिवारिक समूहों की भूमिका – विचार निर्माण का निजी केंद्र

भारतीय समाज की आधारभूत इकाई परिवार है, और डिजिटल युग में पारिवारिक समूहों (व्हाट्सऐप ग्रुप) का उदय केवल संचार की सुगमता मात्र नहीं है, बल्कि यह पारंपरिक पारिवारिक संरचना के भीतर सूचना के उपभोग और विचार निर्माण की प्रक्रिया में एक मौलिक बदलाव है। समाजशास्त्रीय दृष्टिकोण से, ये समूह एक ऐसे 'भावनात्मक पारिस्थितिकी तंत्र' का निर्माण करते हैं, जहाँ सूचना का आदान-प्रदान बौद्धिक मापदंडों के बजाय पारस्परिक स्नेह, सम्मान और रक्त-संबंधों के आधार पर होता है। पारिवारिक समूहों का भावनात्मक आधार इस प्रकार का होता है कि यहाँ साझा की गई कोई भी सामग्री एक अंतर्निहित 'विश्वसनीयता के प्रमाण' के साथ आती है। जब कोई संदेश किसी सगे संबंधी या वरिष्ठ सदस्य द्वारा भेजा जाता है, तो प्राप्तकर्ता का मस्तिष्क स्वतः ही उस सूचना के प्रति अपनी आलोचनात्मक रक्षा प्रणाली को शिथिल कर देता है। यहाँ सूचना का 'सत्य' होना उतना महत्वपूर्ण नहीं रहता, जितना उसे भेजने वाले व्यक्ति के साथ हमारे संबंधों की गहराई।

पारिवारिक समूहों में बुजुर्ग सदस्यों की सक्रिय भूमिका इस डिजिटल संक्रमण का एक अत्यंत महत्वपूर्ण आयाम है। भारतीय संस्कृति में वयस्कों और बुजुर्गों को ज्ञान और अनुभव का भंडार माना जाता रहा है, और डिजिटल मंचों पर भी वे अपनी इस नेतृत्वकारी भूमिका को बनाए रखने का प्रयास करते हैं। मोबाइल क्रांति के माध्यम से इंटरनेट से पहली बार जुड़ने वाली यह पीढ़ी अक्सर सूचना के 'डिजिटल व्याकरण' से अपरिचित होती है। उनके लिए किसी लिखित शब्द या दृश्य सामग्री का डिजिटल स्वरूप में उपलब्ध होना ही उसकी प्रमाणिकता का पर्याप्त

साक्ष्य बन जाता है। ये सदस्य अपनी पारिवारिक और सामाजिक उत्तरदेही के वशीभूत होकर 'लोक-कल्याण' या 'धार्मिक रक्षा' के भाव से प्रेरित होकर संदेशों को अग्रेषित करते हैं। उनके लिए यह केवल एक फॉरवर्ड नहीं, बल्कि अपनों के प्रति चिंता और मार्गदर्शन का एक तरीका होता है। इस प्रक्रिया में, वे अनजाने में ही भ्रामक सूचनाओं के सबसे बड़े वितरक बन जाते हैं, क्योंकि परिवार के अन्य सदस्य सम्मानवश उनकी साझा की गई सामग्री पर प्रश्न खड़ा करना उचित नहीं समझते।

परिवार के भीतर अधिकार और विश्वास का संबंध इस सूचनात्मक विमर्श को और अधिक जटिल बना देता है। पारंपरिक भारतीय परिवारों में पदानुक्रमित संरचना होने के कारण कनिष्ठ सदस्यों के लिए वरिष्ठों द्वारा साझा की गई किसी सूचना को 'गलत' या 'झूठ' कहना एक नैतिक और शिष्टाचार संबंधी चुनौती बन जाता है। यदि कोई युवा सदस्य किसी भ्रामक संदेश का वैज्ञानिक या तार्किक खंडन करने का प्रयास करता है, तो उसे अक्सर 'पारिवारिक परंपरा' या 'बड़ों के अपमान' के रूप में देखा जाता है। यह स्थिति एक ऐसी मूक सहमति का वातावरण निर्मित करती है, जहाँ असत्य सूचनाएं निर्बाध रूप से अपनी जड़ें जमा लेती हैं। यहाँ विश्वास का अर्थ तथ्यों की सत्यता नहीं, बल्कि प्रेषक की पारिवारिक सत्ता के प्रति समर्पण बन जाता है। इस प्रकार, पारिवारिक समूह एक ऐसे 'बंद विमर्श केंद्र' में बदल जाते हैं, जहाँ सूचना के सत्यापन की संभावना सामाजिक संकोच और मर्यादा के कारण समाप्त हो जाती है।

परंपरा और आधुनिकता का टकराव इन डिजिटल समूहों के माध्यम से एक नई धरातल पर प्रकट हो रहा है। व्हाट्सऐप विश्वविद्यालय अक्सर ऐसी सामग्री परोसता है जो खोए हुए गौरव, प्राचीन चिकित्सा पद्धतियों

या सांस्कृतिक श्रेष्ठता के दावों से भरी होती है। ये संदेश बुजुर्गों के पारंपरिक ज्ञान और युवाओं की आधुनिक शिक्षा के बीच एक वैचारिक पुल बनाने का छद्म प्रयास करते हैं। उदाहरण के तौर पर, आधुनिक वैज्ञानिक शोधों को प्राचीन ग्रंथों से जोड़कर प्रस्तुत करने वाले भ्रामक संदेश परिवार के विभिन्न आयु वर्गों को एक कृत्रिम वैचारिक एकता में बांधने का कार्य करते हैं। यह 'निर्मित गौरव' व्यक्ति को तार्किक विश्लेषण से दूर ले जाता है और उसे एक ऐसे काल्पनिक अतीत की ओर धकेलता है जिसका उद्देश्य वर्तमान की जटिल समस्याओं का सरलीकृत समाधान प्रस्तुत करना होता है। यह प्रक्रिया शिक्षा और वैज्ञानिक चेतना के प्रभाव को पारिवारिक दायरे के भीतर सीमित कर देती है।

राजनीतिक और धार्मिक विचारों का निजी दायरे में प्रसार इन समूहों का सबसे प्रभावी और खतरनाक पहलू है। पारिवारिक समूह अब केवल त्यौहारों की शुभकामनाओं तक सीमित नहीं हैं; वे सक्रिय रूप से राजनीतिक ध्रुवीकरण के औजार बन गए हैं। चूँकि ये समूह बाहरी दुनिया से छिपे होते हैं और यहाँ का संवाद अत्यंत निजी होता है, इसलिए राजनीतिक दल और उनके प्रचार तंत्र इन मंचों का उपयोग अत्यधिक पक्षपाती, घृणास्पद या उत्तेजक सामग्री फैलाने के लिए करते हैं। जब कोई राजनीतिक एजेंडा 'पारिवारिक सलाह' या 'धार्मिक चेतावनी' के रूप में प्राप्त होता है, तो उसका प्रभाव किसी भी सार्वजनिक विज्ञापन या भाषण से कहीं अधिक गहरा होता है। व्यक्ति इसे सार्वजनिक प्रचार न मानकर एक निजी सत्य के रूप में ग्रहण करता है। इस तरह, परिवार का निजी स्थान एक सूक्ष्म राजनीतिक प्रयोगशाला में बदल जाता है,

जहाँ नागरिक के मत और विचार का निर्माण उसके अपनों के बीच ही गुपचुप तरीके से कर दिया जाता है।

पीढ़ियों के बीच डिजिटल समझ का अंतर (डिजिटल नेटिव बनाम डिजिटल इमिग्रेंट) इस समस्या को और अधिक स्पष्ट करता है। जहाँ युवा पीढ़ी एल्गोरिदम, डीप-फेक और सूचना की हेरफेर की संभावनाओं को समझती है, वहीं वृद्ध पीढ़ी के लिए सूचना का यह प्रवाह एक चमत्कार की तरह है। यह अंतर परिवार के भीतर एक विचित्र विरोधाभास पैदा करता है। एक ओर युवा सदस्य सूचना को संदिग्ध मानता है, वहीं दूसरी ओर वह परिवार के भीतर इस पर बहस करने से बचता है। यह 'डिजिटल अंतर' केवल तकनीकी कौशल का नहीं है, बल्कि यह सूचना के प्रति दृष्टिकोण का है। यह स्थिति धीरे-धीरे परिवार के भीतर वैचारिक ध्रुवीकरण को जन्म देती है। अक्सर देखा गया है कि विभिन्न राजनीतिक विचारधाराओं के प्रति झुकाव के कारण एक ही परिवार के सदस्य अलग-अलग व्हाट्सएप समूहों से सूचनाएं प्राप्त करते हैं और फिर घर के भीतर ही एक-दूसरे के प्रति संशय या विरोध का भाव रखने लगते हैं।

पारिवारिक समूहों की यह भूमिका स्पष्ट करती है कि ये मंच केवल बातचीत के स्थान नहीं हैं, बल्कि ये विचार निर्माण के ऐसे कारखाने हैं जो लोक प्रशासन और राजनीति विज्ञान के पारंपरिक सिद्धांतों को चुनौती दे रहे हैं। पहले जनमत का निर्माण सार्वजनिक सभाओं, समाचार पत्रों और रेडियो के माध्यम से होता था, लेकिन अब यह प्रक्रिया रसोई और बैठक कक्षों तक सिमट गई है जहाँ व्हाट्सएप का एक नोटिफिकेशन किसी व्यक्ति की सदियों पुरानी मान्यताओं को बदल सकता है या सुदृढ़ कर सकता है। पारिवारिक समूहों में संदेशों पर

सवाल न उठाने की प्रवृत्ति अंततः समाज में आलोचनात्मक चिंतन की हत्या करती है। यह केवल एक नैतिक पतन नहीं है, बल्कि एक संरचनात्मक समस्या है जहाँ सूचना का राजनीतिक उपयोग पारिवारिक स्नेह की आड़ में किया जा रहा है।

पारिवारिक समूहों के माध्यम से सूचना-अराजकता का प्रसार भारतीय समाज की उस संवेदनशीलता का लाभ उठाता है जो रिश्तों की प्रगाढ़ता पर टिकी है। इन समूहों ने निजी जीवन को एक ऐसे सूचना युद्ध का हिस्सा बना दिया है, जहाँ 'सत्य' की बलि 'संबंधों' की रक्षा के लिए दी जा रही है। डिजिटल साक्षरता के प्रयासों को जब तक पारिवारिक परिवेश और पीढ़ियों के बीच के संवाद की जटिलताओं के साथ नहीं जोड़ा जाएगा, तब तक 'व्हाट्सऐप विश्वविद्यालय' की यह वैकल्पिक ज्ञान संरचना हमारे सामाजिक और राजनीतिक विवेक को प्रभावित करती रहेगी। विद्यार्थियों के लिए यह समझना अनिवार्य है कि सूचना क्रांति का सबसे बड़ा प्रभाव वैश्विक स्तर पर नहीं, बल्कि हमारे अपने परिवारों के उन समूहों में पड़ रहा है जहाँ हम बिना सोचे-समझे 'फॉरवर्ड' के बटन को दबाकर एक अनजाने वैचारिक संघर्ष का हिस्सा बन जाते हैं।

बिना जाँच के संदेश आगे भेजने की प्रवृत्ति – मनोवैज्ञानिक और सामाजिक विश्लेषण

डिजिटल संचार के युग में सूचना का केवल प्राप्तकर्ता होना ही पर्याप्त नहीं रह गया है, बल्कि उपयोगकर्ता अब सूचना के सक्रिय वितरक की भूमिका में आ चुका है। इस संक्रमणकालीन अवस्था में 'बिना जाँच के संदेश आगे भेजने की प्रवृत्ति' एक ऐसी व्यापक सामाजिक परिघटना बन

चुकी है, जिसने पारंपरिक संवाद के सिद्धांतों को हिलाकर रख दिया है। समाजशास्त्रीय और मनोवैज्ञानिक दृष्टि से, इस प्रवृत्ति का मूल आधार केवल तकनीकी सरलता नहीं है, बल्कि यह मानवीय व्यवहार की उन परतों से जुड़ा है जहाँ सामाजिक जुड़ाव, पहचान की रक्षा और भावनात्मक उत्तेजना एक साथ कार्य करते हैं। सत्यापन की आदत का अभाव आधुनिक समाज में कोई आकस्मिक घटना नहीं है, बल्कि यह उस सूचनात्मक दबाव का परिणाम है जहाँ मस्तिष्क को निरंतर नई और तीव्र संवेदनाओं से घेरे रखा जाता है। जब सूचना का प्रवाह उसकी विश्लेषण क्षमता से अधिक हो जाता है, तो व्यक्ति संज्ञानात्मक आलस्य का शिकार होकर बिना किसी तर्क के 'फॉरवर्ड' या अग्रेषित करने के विकल्प को चुन लेता है।

इस प्रवृत्ति के पीछे एक प्रमुख कारण 'समय का अभाव' और उससे उपजी विशिष्ट मानसिकता है। डिजिटल जीवन की गति ने नागरिक के भीतर एक ऐसी अधीरता पैदा की है, जहाँ किसी भी सूचना को गहराई से पढ़ने या उसके स्रोत की पड़ताल करने को एक अतिरिक्त और अनावश्यक बोझ माना जाने लगा है। उपयोगकर्ता अक्सर संदेश के शीर्षक या उसके साथ संलग्न उत्तेजक चित्र को देखकर ही उसके सार का अनुमान लगा लेता है। यह 'सतही उपभोग' की संस्कृति व्यक्ति को इस भ्रम में रखती है कि वह सूचना से अपडेट या अद्यतन हो रहा है, जबकि वास्तव में वह केवल सूचना के बोझ का संवाहक बन रहा होता है। यह मानसिकता इस तर्क पर टिकी है कि "मेरे पास जाँचने का समय नहीं है, लेकिन यह जानकारी महत्वपूर्ण लग रही है, इसलिए दूसरों को बता देना बेहतर है।" यही 'परोपकार का छद्म भाव' भ्रामक सूचनाओं के प्रसार का प्राथमिक माध्यम बन जाता है।

भावनात्मक उत्तेजना इस पूरी प्रक्रिया का सबसे शक्तिशाली चालक है। संदेश मंचों पर प्रसारित होने वाली सामग्री को इस प्रकार अभिकल्पित किया जाता है कि वह सीधे मानवीय संवेदनाओं, विशेषकर डर, क्रोध या गर्व पर प्रहार करे। जब कोई सूचना व्यक्ति के धार्मिक गौरव, राष्ट्रीय अस्मिता या व्यक्तिगत सुरक्षा के प्रति किसी काल्पनिक खतरे का संकेत देती है, तो मस्तिष्क का तार्किक हिस्सा निष्क्रिय हो जाता है और भावनात्मक प्रतिक्रिया तंत्र सक्रिय हो जाता है। भय आधारित संदेश, जैसे किसी बीमारी का प्रकोप या बच्चों की सुरक्षा से जुड़ी अफवाहें, व्यक्ति को तत्काल प्रतिक्रिया देने के लिए विवश करती हैं। यहाँ संदेश भेजने का उद्देश्य जानकारी साझा करना नहीं, बल्कि उस तात्कालिक बेचैनी या उत्तेजना से मुक्ति पाना होता है जो सूचना प्राप्त करने पर उत्पन्न हुई थी। क्रोध और गर्व पर आधारित संदेश समूह की एकजुटता को बढ़ाते हैं, जिससे व्यक्ति को लगता है कि वह संदेश आगे भेजकर अपने समुदाय की रक्षा या सेवा कर रहा है।

सामाजिक मान्यता पाने की इच्छा और 'डिजिटल स्वीकृति' की भूख इस व्यवहार को और अधिक सुदृढ़ करती है। मनुष्य मूलतः एक सामाजिक प्राणी है और वह निरंतर अपने समूह के भीतर अपनी प्रासंगिकता और प्रतिष्ठा की तलाश करता है। व्हाट्सएप जैसे समूहों में सबसे पहले 'विशिष्ट' या 'ब्रेकिंग' जानकारी साझा करना एक प्रकार के सामाजिक नेतृत्व का बोध कराता है। प्रेषक को लगता है कि सूचना साझा करने से वह समूह की दृष्टि में जागरूक और जानकार सिद्ध होगा। यहाँ सूचना की सत्यता गौण हो जाती है और प्रेषक की 'पहचान' प्रमुख हो जाती है। जब उस संदेश पर समूह के अन्य सदस्यों द्वारा प्रतिक्रियाएं या 'लाइक' प्राप्त होते हैं, तो मस्तिष्क में डोपामाइन नामक

रसायन का स्राव होता है, जो उस व्यवहार को दोहराने की प्रेरणा देता है। यह पुरस्कार प्रणाली व्यक्ति को बिना जाँच के संदेश भेजने के चक्र में फँसा देती है, जहाँ सामाजिक जुड़ाव का सुख सूचना की शुचिता पर हावी हो जाता है।

“सब भेज रहे हैं तो सही होगा” की सोच सामूहिक व्यवहार के उस 'भेड़चाल' सिद्धांत को पुष्ट करती है जिसे सामाजिक मनोविज्ञान में 'सहमति का प्रमाण' कहा जाता है। जब कोई उपयोगकर्ता देखता है कि एक ही संदेश विभिन्न समूहों और संपर्कों से उसके पास पहुँच रहा है, तो वह उसे सामाजिक सर्वसम्मति मान लेता है। उसे लगता है कि इतने अधिक लोग गलत नहीं हो सकते। यह प्रवृत्ति व्यक्तिगत जिम्मेदारी के बोध को समाप्त कर देती है। व्यक्ति को लगता है कि यदि सूचना गलत भी निकली, तो इसके लिए वह अकेला दोषी नहीं है, क्योंकि यह तो हर जगह उपलब्ध है। यह 'सामूहिक गैर-जिम्मेदारी' का भाव ही है जो डिजिटल मंचों पर किसी भी तर्कहीन अफवाह को 'लोकप्रिय सत्य' में बदल देता है। यहाँ सत्यता का पैमाना प्रमाण नहीं, बल्कि प्रसार की व्यापकता बन जाता है।

डिजिटल साक्षरता की कमी और जिम्मेदारी की भावना का अभाव इस समस्या को संरचनात्मक गहराई प्रदान करते हैं। भारत जैसे देश में, जहाँ डिजिटल माध्यमों तक पहुँच बहुत तेजी से बढ़ी है, वहां साक्षरता का अर्थ केवल तकनीकी संचालन तक सीमित रह गया है। लोगों को फोन चलाना तो आ गया, लेकिन उन्हें यह नहीं सिखाया गया कि डिजिटल सामग्री का आलोचनात्मक विश्लेषण कैसे किया जाए। सूचना प्रौद्योगिकी का प्रभाव समाज के सभी वर्गों पर समान नहीं पड़ता; कम शिक्षित या पहली बार इंटरनेट का उपयोग करने वाले वर्ग अक्सर यह

नहीं समझ पाते कि दृश्य सामग्री या वीडियो को भी कृत्रिम रूप से बदला जा सकता है। इसके साथ ही, प्रेषक में इस बोध की कमी होती है कि उसके द्वारा आगे भेजा गया एक गलत संदेश समाज में हिंसा, भ्रम या किसी की प्रतिष्ठा को हानि पहुँचा सकता है। जिम्मेदारी के इस अभाव को 'दूरी का प्रभाव' भी बल देता है; चूँकि प्रेषक को सूचना के परिणाम प्रत्यक्ष रूप से अपनी आँखों के सामने नहीं दिखते, इसलिए वह स्वयं को उसके नकारात्मक प्रभाव से मुक्त महसूस करता है।

मनोवैज्ञानिक रूप से, बिना जाँच के संदेश भेजना एक प्रकार की 'संज्ञानात्मक सुरक्षा' प्रदान करता है। व्यक्ति उन सूचनाओं को अधिक तेजी से साझा करता है जो उसकी पहले से बनी हुई धारणाओं (कंफर्मेशन बायस) को पुष्ट करती हैं। यदि कोई संदेश उसकी विचारधारा या धार्मिक विश्वास के अनुकूल है, तो उसे जाँचना उसे अपने ही विश्वास पर संदेह करने जैसा लगता है। इसलिए, वह बिना किसी हिचकिचाहट के उसे आगे बढ़ा देता है। यह प्रक्रिया समाज में ध्रुवीकरण को और गहरा करती है, क्योंकि लोग केवल अपने 'वैचारिक बुलबुले' को ही सच मानते हैं और उसे खाद-पानी देते रहते हैं। अंततः, यह प्रवृत्ति एक ऐसे समाज का निर्माण करती है जहाँ तथ्य मर जाते हैं और केवल धारणाएँ जीवित रहती हैं।

निष्कर्ष की दिशा में देखें तो, बिना जाँच के संदेश आगे भेजने की यह प्रवृत्ति एक गंभीर सामाजिक व्याधि है जो सूचना क्रांति के अंधेरे पक्ष को उजागर करती है। यह केवल एक व्यक्तिगत गलती नहीं है, बल्कि यह उस तंत्र की उपज है जो मनुष्य के ध्यान और भावनाओं का व्यापार करता है। जब तक नागरिक समाज में सूचनात्मक उत्तरदायित्व और आलोचनात्मक सोच को एक संस्कार के रूप में विकसित नहीं किया

जाएगा, तब तक 'फॉरवर्ड' का एक बटन सामाजिक शांति और तार्किक विमर्श के लिए निरंतर खतरा बना रहेगा। लोक प्रशासन और समाजशास्त्र के विद्यार्थियों के लिए यह अध्ययन यह समझने का आधार है कि डिजिटल युग में 'मौन' और 'धैर्य' भी एक प्रकार का बौद्धिक प्रतिरोध है, जो सूचना-अराजकता के विरुद्ध सबसे सशक्त हथियार सिद्ध हो सकता है।

निजी समूहों के सार्वजनिक परिणाम – सूक्ष्म संवाद का व्यापक प्रभाव

सूचना प्रौद्योगिकी के विकास ने संचार के क्षेत्र में जिस 'निजी क्षेत्र' का विस्तार किया है, वह समाजशास्त्रीय दृष्टि से पूर्णतः निजी नहीं रह गया है। व्हाट्सऐप जैसे कूटबद्ध (एन्क्रिप्टेड) मंचों पर होने वाले संवाद तकनीकी रूप से दो व्यक्तियों या एक सीमित समूह के बीच होते हैं, परंतु उनके परिणाम सार्वजनिक, व्यापक और कभी-कभी विनाशकारी होते हैं। इस परिघटना को समझने के लिए 'निजी संदेश' और 'सामूहिक व्यवहार' के मध्य के जटिल संबंध का विश्लेषण करना आवश्यक है। जब कोई सूचना किसी निजी समूह में प्राप्त होती है, तो प्राप्तकर्ता उसे एक व्यक्तिगत परामर्श या विश्वसनीय जानकारी के रूप में ग्रहण करता है। यही व्यक्तिगत विश्वास जब लाखों उपयोगकर्ताओं के माध्यम से एक साथ सक्रिय होता है, तो वह एक प्रचंड सामूहिक शक्ति का रूप ले लेता है। यहाँ यह स्पष्ट करना अनिवार्य है कि 'निजी मंच' का उपयोग केवल निजी उद्देश्यों के लिए नहीं हो रहा, बल्कि यह सूक्ष्म स्तर पर की जाने वाली वह लामबंदी है जो सार्वजनिक विमर्श की दिशा और समाज के सुरक्षा ढांचे को सीधे तौर पर प्रभावित करती है।

निजी संदेशों का सामूहिक व्यवहार पर प्रभाव एक ऐसी मनोवैज्ञानिक प्रक्रिया है जिसमें व्यक्तिगत विवेक का स्थान समूह की पहचान ले लेती है। जब समाज के विभिन्न वर्गों के लोग अपने-अपने निजी समूहों में एक ही प्रकार की उत्तेजक सामग्री प्राप्त करते हैं, तो उनमें एक 'काल्पनिक सामूहिकता' का जन्म होता है। यह सामूहिकता उन्हें सार्वजनिक स्थानों पर एक विशेष प्रकार के व्यवहार के लिए प्रेरित करती है। उदाहरण के लिए, यदि किसी निजी समूह में किसी विशेष समुदाय के प्रति भय उत्पन्न करने वाला संदेश प्रसारित किया जाता है, तो उस समूह का सदस्य सार्वजनिक जीवन में उस समुदाय के प्रति संशय और अविश्वास का व्यवहार करने लगता है। इस प्रकार, निजी स्क्रीन पर दिखने वाले अक्षर और चित्र सड़क पर होने वाली अंतःक्रियाओं को नियंत्रित करने लगते हैं। यह सूक्ष्म नियंत्रण तंत्र पारंपरिक मीडिया की तुलना में कहीं अधिक प्रभावी है क्योंकि यह व्यक्ति के सबसे विश्वसनीय दायरे—मित्रों और परिवार—के माध्यम से प्रवेश करता है, जहाँ रक्षात्मक तर्क (डिफेंसिव मैकेनिज्म) सबसे कमजोर होते हैं।

अफवाहों से उत्पन्न सामाजिक तनाव इस निजी-सार्वजनिक अंतर्संबंध का सबसे प्रत्यक्ष और दुखद परिणाम है। भारतीय सामाजिक संदर्भ में, जहाँ विभिन्न जातियों और धर्मों के बीच एक संवेदनशील संतुलन बना रहता है, वहाँ निजी समूहों में फैलाई गई एक छोटी सी अफवाह भी इस संतुलन को बिगाड़ने के लिए पर्याप्त होती है। ऐसी अफवाहें अक्सर स्थानीय स्तर पर शुरू होती हैं और निजी संदेशों के माध्यम से जंगल की आग की तरह फैल जाती हैं। चूँकि प्रशासन या बाहरी पर्यवेक्षकों के लिए इन निजी समूहों की सामग्री की निगरानी करना संभव नहीं होता, इसलिए जब तक तनाव सार्वजनिक हिंसा या टकराव के रूप में प्रकट

होता है, तब तक स्थिति नियंत्रण से बाहर हो चुकी होती है। यह 'सूचनात्मक अदृश्यता' उपद्रवियों को एक सुरक्षित मार्ग प्रदान करती है जहाँ वे बिना किसी सार्वजनिक जवाबदेही के सामाजिक विद्वेष का बीजारोपण कर सकते हैं।

स्थानीय घटनाओं का राष्ट्रीय विमर्श में बदलना इस माध्यम की वह शक्ति है जो सूक्ष्म को वृहद में परिवर्तित कर देती है। पहले किसी सुदूर ग्राम की घटना को राष्ट्रीय स्तर पर पहुँचने के लिए एक लंबी प्रक्रिया से गुजरना पड़ता था, परंतु अब निजी समूहों की 'साझा करने की प्रवृत्ति' (फॉरवर्डिंग कल्चर) ने इस दूरी को समाप्त कर दिया है। अक्सर किसी स्थानीय विवाद के आधे-अधूरे वीडियो को निजी समूहों में एक व्यापक 'साजिश' या 'खतरे' के रूप में पेश किया जाता है। जब यह वीडियो एक समूह से दूसरे समूह में जाता है, तो इसके साथ स्थानीय संदर्भ समाप्त हो जाते हैं और यह एक राष्ट्रीय अस्मिता या धार्मिक गौरव का प्रश्न बन जाता है। इस प्रक्रिया में सत्य की बलि चढ़ा दी जाती है और केवल वह 'कथा' (नैरेटिव) शेष रहती है जो ध्रुवीकरण में सहायक हो। यह रूपांतरण लोक प्रशासन के लिए एक बड़ी चुनौती है क्योंकि एक छोटी सी चिंगारी जो स्थानीय स्तर पर बुझाई जा सकती थी, वह डिजिटल प्रसार के कारण पूरे राष्ट्र के विमर्श को विषाक्त कर देती है।

सामुदायिक अविश्वास का निर्माण इन निजी मंचों के माध्यम से बहुत व्यवस्थित तरीके से किया जाता है। समाजशास्त्र में 'पूँजीगत सामाजिक अविश्वास' की संकल्पना यह बताती है कि कैसे निरंतर नकारात्मक सूचनाओं के प्रवाह से दो समुदायों के बीच के ऐतिहासिक संबंधों को खंडित किया जा सकता है। निजी समूहों में अक्सर ऐसी सामग्री भेजी जाती है जो दूसरे समुदाय को 'शत्रु' या 'आक्रांता' के रूप में चित्रित

करती है। चूँकि ये संदेश निजी होते हैं, इसलिए इन पर सार्वजनिक रूप से कोई खंडन या बहस नहीं होती, जिससे ये व्यक्ति के अवचेतन में स्थायी पूर्वाग्रह बनकर बैठ जाते हैं। यह अविश्वास केवल दंगों या हिंसा के समय ही नहीं दिखता, बल्कि यह दैनिक जीवन के आर्थिक व्यवहार, आवासीय चयन और सामाजिक मेलजोल में भी स्पष्ट रूप से झलकता है। निजी समूहों ने समाज को ऐसे वैचारिक द्वीपों में विभाजित कर दिया है जहाँ 'दूसरे' के प्रति सहानुभूति की कोई जगह नहीं बची है।

भीड़ व्यवहार और भावनात्मक उन्माद के पीछे इन निजी समूहों का बहुत बड़ा योगदान होता है। जब कोई भीड़ किसी हिंसक कृत्य को अंजाम देती है, तो उसके पीछे हफ्तों या महीनों से निजी समूहों में तैयार किया जा रहा मनोवैज्ञानिक धरातल होता है। इसे 'डिजिटल कंडीशनिंग' कहा जा सकता है। बार-बार दोहराई गई उत्तेजक सूचनाएं व्यक्ति के भीतर एक ऐसे उन्माद को जन्म देती हैं जो किसी भी क्षण भौतिक हिंसा में परिवर्तित हो सकता है। भारत में मॉब लिंचिंग जैसी घटनाओं के अध्ययन से यह स्पष्ट हुआ है कि हमलावर भीड़ के सदस्यों को निजी संदेशों के माध्यम से यह विश्वास दिलाया गया था कि वे अपनी रक्षा के लिए कानून को हाथ में ले रहे हैं। यहाँ निजी संदेश एक 'नैतिक आदेश' का कार्य करते हैं, जो व्यक्ति को कानून और मानवीय संवेदनाओं से ऊपर उठकर कार्य करने के लिए उकसाते हैं।

चुनावी माहौल में निजी संदेशों का प्रभाव राजनीति विज्ञान के विद्यार्थियों के लिए एक गंभीर शोध का विषय है। आधुनिक चुनाव अब केवल जनसभाओं या टेलीविजन विज्ञापनों से नहीं जीते जाते, बल्कि वे व्हाट्सएप समूहों के सूक्ष्म प्रबंधन (माइक्रो-मैनेजमेंट) से तय होते हैं। राजनीतिक दलों के सूचना तंत्र (आईटी सेल) मतदाता की जाति, क्षेत्र

और धार्मिक प्राथमिकताओं के आधार पर विशिष्ट सामग्री तैयार करते हैं। ये संदेश अक्सर आधिकारिक चुनावी प्रचार से भिन्न और अधिक आक्रामक होते हैं क्योंकि इन्हें सार्वजनिक रूप से ट्रैक नहीं किया जा सकता। निजी समूहों में फैलाई गई भ्रामक सूचनाएं मतदाता के निर्णय को अंतिम क्षणों में प्रभावित करने की क्षमता रखती हैं। यह प्रक्रिया 'प्रतिनिधि लोकतंत्र' के सिद्धांतों के विरुद्ध है क्योंकि यहाँ मतदाता को स्वतंत्र और निष्पक्ष सूचना के बजाय एक निर्मित और पक्षपाती सूचना तंत्र के भीतर रखा जाता है। यह 'अदृश्य चुनाव प्रचार' लोकतांत्रिक संस्थाओं की पारदर्शिता पर गंभीर प्रश्नचिह्न खड़ा करता है।

संस्थाओं के प्रति अविश्वास का फैलाव और कानून व्यवस्था पर प्रभाव इस परिघटना का अंतिम और सबसे चिंताजनक परिणाम है। जब निजी समूहों में निरंतर यह प्रचार किया जाता है कि पुलिस, न्यायपालिका या चुनाव आयोग किसी विशेष दल या विचारधारा के पक्ष में काम कर रहे हैं, तो आम नागरिक का राज्य की संस्थाओं से मोहभंग होने लगता है। यह अविश्वास कानून व्यवस्था को बनाए रखने में सबसे बड़ी बाधा बनता है। यदि नागरिक को यह विश्वास दिला दिया जाए कि संस्थाएं उसकी रक्षा करने में असमर्थ हैं, तो वह निजी समूहों द्वारा सुझाए गए 'वैकल्पिक समाधानों' या 'स्वयं की सुरक्षा' के हिंसक रास्तों की ओर मुड़ता है। लोक प्रशासन के लिए यह स्थिति एक दुःस्वप्न की तरह है जहाँ उसे केवल भौतिक अपराधों से नहीं लड़ना है, बल्कि उस 'सूचनात्मक विद्रोह' का भी सामना करना है जो करोड़ों मोबाइल स्क्रीनों पर शांत लेकिन सक्रिय है।

निष्कर्ष के रूप में, यह समझना अनिवार्य है कि निजी संदेशों के परिणाम कभी निजी नहीं होते। डिजिटल युग ने संचार के एक ऐसे हाइब्रिड

मॉडल को जन्म दिया है जहाँ संदेश तो निजी है लेकिन उसका प्रभाव सार्वजनिक और राजनीतिक है। व्हाट्सऐप जैसे मंचों ने समाज को एक ऐसे 'कांच के घर' में तब्दील कर दिया है जहाँ हर निजी हलचल बाहर की दीवारों को हिला रही है। झूठी खबरों को केवल एक तकनीकी दोष मानना भारी भूल होगी; यह सत्ता की वह नई संरचना है जो गोपनीयता की आड़ में सार्वजनिक विमर्श को नियंत्रित कर रही है। विद्यार्थियों और शोधकर्ताओं के लिए यह प्रकरण यह स्पष्ट करता है कि भविष्य की सामाजिक चुनौतियों का सामना करने के लिए हमें निजी और सार्वजनिक के बीच के इस नए और खतरनाक संतुलन को समझना होगा। जब तक निजी मंचों पर होने वाले इस सूचनात्मक प्रहार के प्रति सामाजिक जागरूकता और विधिक उत्तरदेही सुनिश्चित नहीं की जाएगी, तब तक हमारे सार्वजनिक जीवन की स्थिरता इन अदृश्य संदेशों के रहमोकरम पर रहेगी।

"जैसा प्राप्त हुआ वैसा भेज दिया" – डिजिटल उत्तरदायित्व का संकट

समकालीन भारतीय डिजिटल विमर्श में "जैसा प्राप्त हुआ वैसा भेज दिया" (एज रिसीव्ड) केवल एक वाक्य मात्र नहीं है, बल्कि यह उस उभरती हुई 'गैर-जिम्मेदार सूचना संस्कृति' का परिचायक है जो आधुनिक संचार प्रणालियों की जड़ें खोखली कर रही है। समाजशास्त्रीय दृष्टिकोण से, यह मानसिकता सूचना के संवाहक और उसके स्रोत के बीच के नैतिक संबंधों के विच्छेद को दर्शाती है। पारंपरिक संचार सिद्धांतों में प्रेषक को अपनी सूचना की सत्यता के लिए उत्तरदायी माना जाता था, परंतु डिजिटल मंचों पर सक्रिय सामान्य नागरिक अब स्वयं को केवल एक निष्पक्ष माध्यम के रूप में प्रस्तुत करने लगा है। यह प्रवृत्ति

नागरिक उत्तरदायित्व से बचने का एक सुगम मार्ग प्रदान करती है, जहाँ व्यक्ति सूचना के व्यापक सामाजिक परिणामों से स्वयं को भावनात्मक और विधिक रूप से अलग कर लेता है। यह मानसिकता इस धारणा पर टिकी है कि यदि सूचना का निर्माण मैंने नहीं किया है, तो उसके सत्य या असत्य होने की जिम्मेदारी भी मेरी नहीं है। यह सोच लोकतांत्रिक समाज में उस 'सजग नागरिक' की अवधारणा पर प्रहार करती है जो सूचना को छानने और उसे विवेकपूर्ण तरीके से प्रसारित करने के लिए बाध्य है।

स्रोत की अस्पष्टता को ढाल बनाना इस मानसिकता का सबसे प्रबल संरचनात्मक आयाम है। डिजिटल मंचों, विशेषकर व्हाट्सएप पर प्रसारित होने वाली सामग्री प्रायः 'अनाम' होती है। जब किसी संदेश का कोई ज्ञात लेखक या उत्तरदायी प्रकाशक नहीं होता, तो वह एक लावारिस सूचना की भांति एक हाथ से दूसरे हाथ में घूमती रहती है। प्रेषक इसी अस्पष्टता को अपनी प्रतिरक्षा के रूप में उपयोग करता है। वह यह मान लेता है कि चूंकि सूचना पहले से ही 'सार्वजनिक डोमेन' या विभिन्न समूहों में उपलब्ध थी, इसलिए उसे आगे बढ़ाने में कोई नैतिक दोष नहीं है। यह स्थिति सूचना के 'अदृश्य उत्पादन' को बढ़ावा देती है, जहाँ संगठित प्रचार तंत्र जानबूझकर ऐसी सामग्री का निर्माण करते हैं जिनका कोई स्रोत नहीं होता, ताकि कोई भी व्यक्तिगत रूप से पकड़ा न जा सके। इस प्रक्रिया में, सामान्य नागरिक अनजाने में उस प्रचार मशीनरी का अवैतनिक श्रमिक बन जाता है, जो उसकी 'जैसा प्राप्त हुआ' वाली सरलता का लाभ उठाकर अपना एजेंडा सिद्ध करती है।

नैतिक उत्तरदायित्व का यह क्षरण केवल व्यक्तिगत स्तर पर नहीं है, बल्कि यह सूचना के सामूहिक उत्पादन की एक नई और विकृत विधा है। अब सूचना किसी एक मस्तिष्क की उपज न रहकर हजारों 'फॉरवर्ड' या अग्रेषित संदेशों के माध्यम से निर्मित एक 'सामूहिक सत्य' बन गई है। जब कोई व्यक्ति "जैसा प्राप्त हुआ" कहकर संदेश भेजता है, तो वह वास्तव में उस सूचना को अपनी सामाजिक विश्वसनीयता का एक अंश प्रदान कर रहा होता है। प्राप्तकर्ता के लिए वह संदेश केवल इंटरनेट की सामग्री नहीं, बल्कि उसके परिचित द्वारा भेजा गया एक 'उपहार' या 'चेतावनी' बन जाता है। इस प्रकार, सूचना का लेखक कौन है, यह प्रश्न गौण हो जाता है और 'उत्तरदायी कौन है' का उत्तर सामूहिक शून्य में खो जाता है। यह सामूहिक उत्तरदायित्वहीनता समाज में एक ऐसी असुरक्षा पैदा करती है जहाँ किसी भी अनिष्टकारी अफवाह के लिए किसी को भी अपराधी नहीं ठहराया जा सकता, क्योंकि प्रत्येक व्यक्ति स्वयं को केवल एक माध्यम मात्र बताता है।

सत्य की जगह प्रसार को प्राथमिकता देना इस मानसिकता का एक और खतरनाक पहलू है। डिजिटल युग की अर्थव्यवस्था 'ध्यान खींचने' (अटेंशन) पर आधारित है, और यही सिद्धांत व्यक्तिगत स्तर पर भी लागू होता जा रहा है। लोगों के लिए यह महत्वपूर्ण नहीं है कि जो वे भेज रहे हैं वह कितना सटीक है, बल्कि यह अधिक महत्वपूर्ण है कि वे कितनी जल्दी और कितनी व्यापक रूप से उसे भेज सकते हैं। "जैसा प्राप्त हुआ वैसा भेज दिया" की मानसिकता में एक प्रकार की बौद्धिक आलस्यता छिपी होती है। यह व्यक्ति को शोध करने, संदर्भ जाँचने और विपरीत तथ्यों पर विचार करने के कठिन कार्य से मुक्ति दिला देती है। यह प्राथमिकता सत्य की खोज के बजाय केवल 'प्रवाह में बने रहने' की

है। जब समाज का एक बड़ा हिस्सा सत्य के प्रति उदासीन होकर केवल प्रसार का सहभागी बन जाता है, तो उस समाज की तार्किक नींव कमजोर होने लगती है और वह संगठित हेरफेर (मैनिपुलेशन) का आसान शिकार बन जाता है।

"मैंने तो केवल भेजा है" की सोच का सामाजिक खतरा अत्यंत व्यापक और बहुआयामी है। यह सोच उस 'बाइस्टैंडर इफेक्ट' या 'दर्शक प्रभाव' का डिजिटल संस्करण है, जहाँ व्यक्ति किसी दुर्घटना को देखते हुए भी इसलिए हस्तक्षेप नहीं करता क्योंकि उसे लगता है कि अन्य लोग भी तो देख रहे हैं। डिजिटल क्षेत्र में, यह हस्तक्षेप न करना नहीं, बल्कि सक्रिय रूप से नकारात्मकता को आगे बढ़ाना है। यह मानसिकता लोकतांत्रिक विमर्श के लिए घातक है क्योंकि यह नागरिक की 'आलोचनात्मक विवेक' (क्रिटिकल थिंकिंग) को कुंठित करती है। यदि नागरिक स्वयं को सूचना के प्रति उत्तरदायी नहीं मानेगा, तो सत्ता संरचनाएं और निहित स्वार्थ वाले समूह बड़ी सरलता से समाज में घृणा, अविश्वास और अराजकता फैला सकेंगे। लोक प्रशासन के दृष्टिकोण से, यह स्थिति कानून-व्यवस्था बनाए रखने में बड़ी बाधा बनती है, क्योंकि जब तक कोई अफवाह भौतिक हिंसा का रूप लेती है, तब तक उसे फैलाने वाले करोड़ों लोग अपनी इस मासूमियत की आड़ ले चुके होते हैं कि "हमने तो केवल वैसा ही भेजा जैसा मिला था।"

भारत जैसे जटिल और विविधतापूर्ण समाज में, जहाँ डिजिटल साक्षरता का स्तर असमान है, यह मानसिकता सामाजिक दरारों को और गहरा करती है। ग्रामीण और अर्ध-शिक्षित क्षेत्रों में, जहाँ लोग अभी भी मुद्रित या डिजिटल शब्दों को 'अंतिम सत्य' मानने की प्रवृत्ति रखते हैं, वहाँ "जैसा प्राप्त हुआ" की आड़ में भेजी गई सूचना एक पत्थर की लकीर

बन जाती है। यहाँ सूचना प्रौद्योगिकी का प्रभाव सभी वर्गों पर समान नहीं पड़ता; जहाँ एक वर्ग इसे तकनीक की विफलता मानकर नजरअंदाज कर देता है, वहीं दूसरा वर्ग इसे अपनी पहचान और अस्तित्व की लड़ाई मानकर हिंसक प्रतिक्रिया दे सकता है। यह स्पष्ट करना आवश्यक है कि सूचना का राजनीतिक उपयोग तभी सफल होता है जब सामान्य नागरिक अपने उत्तरदायित्व को त्याग कर केवल एक संवाहक की भूमिका स्वीकार कर लेता है। पारंपरिक मीडिया के प्रति बढ़ते अविश्वास ने भी इस प्रवृत्ति को बल दिया है, क्योंकि लोगों को लगता है कि मुख्यधारा की खबरें भी तो कहीं न कहीं से 'प्राप्त' ही होती हैं।

मनोवैज्ञानिक आयाम से देखें तो, यह मानसिकता व्यक्ति को एक प्रकार की 'संज्ञानात्मक राहत' प्रदान करती है। वह स्वयं को सूचना के सत्य-असत्य की कश्मकश से बाहर निकाल लेता है और सामूहिक प्रवाह का हिस्सा बन जाता है। भय आधारित संदेशों या भावनात्मक उत्तेजना के समय, यह प्रवृत्ति और भी तीव्र हो जाती है। व्यक्ति को लगता है कि यदि सूचना सही हुई तो उसने पुण्य कमाया और यदि गलत हुई तो उसका दोष नहीं, क्योंकि वह तो उसे 'जैसा मिला था वैसा ही' आगे बढ़ा रहा था। यह एक प्रकार का 'नैतिक जुआ' है जो समाज की कीमत पर खेला जाता है। इससे समूह पहचान की भावना तो पुष्ट होती है, लेकिन वस्तुनिष्ठ सत्य का लोप हो जाता है। बार-बार दोहराई गई अपुष्ट सूचनाएं अंततः स्थायी विश्वास का रूप ले लेती हैं, जिससे समाज में एक ऐसा वातावरण निर्मित होता है जहाँ तथ्यों पर चर्चा करना ही असंभव हो जाता है।

निष्कर्ष की दिशा में बढ़ते हुए, यह प्रकरण यह रेखांकित करता है कि "जैसा प्राप्त हुआ वैसा भेज दिया" की मानसिकता वास्तव में नागरिकता

के उस प्राचीन कर्तव्य का त्याग है, जो समाज की सुरक्षा और सत्य की रक्षा से जुड़ा है। डिजिटल युग में 'फॉरवर्ड' या 'शेयर' करना एक राजनीतिक और सामाजिक क्रिया है, और इसे केवल तकनीकी सुविधा के रूप में देखना भारी भूल होगी। जब तक प्रत्येक इंटरनेट उपयोगकर्ता यह स्वीकार नहीं करेगा कि वह जो कुछ भी आगे भेज रहा है, उसके लिए वह उतना ही उत्तरदायी है जितना उसका मूल लेखक, तब तक सूचना-अराजकता का यह दौर समाप्त नहीं होगा। विद्यार्थियों और शोधकर्ताओं के लिए यह विश्लेषण एक चेतावनी है कि भविष्य का लोकतंत्र केवल तकनीकी सुरक्षा पर नहीं, बल्कि नागरिकों के 'सूचनात्मक सदाचार' और व्यक्तिगत जिम्मेदारी पर टिका होगा। इस मानसिकता को बदलना ही 'व्हाट्सऐप विश्वविद्यालय' के दुष्प्रभावों को कम करने का एकमात्र स्थायी मार्ग है।

अध्याय 3ः झूठी खबरें क्या हैं? परिभाषा और प्रकार

झूठी सूचना और भ्रामक सूचना का अंतर

सूचना के आधुनिक पारिस्थितिकी तंत्र में 'झूठी खबर' एक अत्यंत व्यापक और जटिल शब्दावली बन गई है, जिसे शैक्षणिक विमर्श में सटीक परिभाषाओं के माध्यम से समझना अनिवार्य है। समाजशास्त्र और संचार अध्ययन के क्षेत्र में सूचना की अशुद्धि को मुख्य रूप से दो श्रेणियों में विभाजित किया जा सकता हैः प्रथम, अनजाने में साझा की गई गलत सूचना (मिस-इन्फॉर्मेशन) और द्वितीय, जानबूझकर फैलायी गई असत्य सूचना (डिस-इन्फॉर्मेशन)। इन दोनों के मध्य का मूलभूत अंतर प्रेषक के 'इरादे' या उद्देश्य में निहित होता है। जब कोई व्यक्ति किसी सूचना की सत्यता के प्रति आश्वस्त होकर, परंतु अनजाने में उसे प्रसारित करता है, तो यह सूचनात्मक त्रुटि की श्रेणी में आता है। इसके विपरीत, जब कोई संगठन या व्यक्ति किसी विशिष्ट राजनैतिक, आर्थिक या सामाजिक लाभ के लिए जानते हुए भी असत्य तथ्यों का जाल बुनता है, तो वह एक सुनियोजित सूचनात्मक आक्रमण बन जाता है। यद्यपि दोनों ही स्थितियाँ सामाजिक सद्भाव के लिए घातक हैं, परंतु संरचनात्मक विश्लेषण की दृष्टि से इनके स्रोतों और उद्देश्यों को पृथक करना अत्यंत आवश्यक है।

इरादे की यह सूक्ष्म रेखा सूचना के प्रभाव और उसके समाधान की दिशा तय करती है। जानबूझकर फैलायी गई असत्य सूचना का उद्देश्य प्रायः जनमत को प्रभावित करना, सामाजिक ध्रुवीकरण बढ़ाना या किसी

संस्थान की छवि को धूमिल करना होता है। इसमें एक प्रकार की 'रणनीतिक दुष्टता' समाहित होती है, जो सत्ता संरचनाओं के साथ गहरे संबंध रखती है। दूसरी ओर, अनजाने में साझा की गई गलत सूचना प्रायः उपयोगकर्ता के 'पुष्टि पूर्वाग्रह' का परिणाम होती है, जहाँ वह केवल अपने विश्वासों की तुष्टि के लिए किसी भी प्राप्त सामग्री को आगे बढ़ा देता है। यहाँ यह समझना महत्वपूर्ण है कि हर गलत सूचना के पीछे कोई बड़ा षड्यंत्र नहीं होता; कभी-कभी यह केवल व्यक्तिगत उत्तरदायित्व की कमी और डिजिटल साक्षरता के अभाव का परिणाम होती है। परंतु, सूचना विज्ञान के दृष्टिकोण से, अनजाने में फैलाया गया झूठ भी उतना ही विनाशकारी प्रभाव उत्पन्न कर सकता है जितना कि एक सुनियोजित षड्यंत्र, क्योंकि समाज के लिए परिणाम की गंभीरता सूचना के स्रोत की मासूमियत पर निर्भर नहीं करती।

सूचना की आंशिक सच्चाई बनाम पूर्ण असत्य का विश्लेषण इस अध्याय का एक अन्य महत्वपूर्ण आयाम है। पूर्णतः कल्पित या असत्य सूचना की पहचान करना तुलनात्मक रूप से सरल होता है, क्योंकि उसके पास किसी भी प्रकार का तथ्यात्मक आधार नहीं होता। परंतु, सबसे खतरनाक स्थिति तब उत्पन्न होती है जब सूचना में 'सत्य का अंश' मिला दिया जाता है। इसे 'अर्ध-सत्य' या भ्रामक सूचना कहा जा सकता है, जहाँ वास्तविक तथ्यों को इस प्रकार प्रस्तुत किया जाता है कि वे एक गलत निष्कर्ष की ओर ले जाएँ। भारतीय माध्यम संस्कृति में ऐसी प्रवृत्तियाँ बहुतायत में देखी जाती हैं, जहाँ किसी सरकारी आंकड़े या ऐतिहासिक घटना के एक छोटे से हिस्से को लेकर उसे पूरी तरह से तोड़-मरोड़कर प्रस्तुत किया जाता है। यह आंशिक सच्चाई सूचना को एक प्रकार की वैधता प्रदान करती है, जिससे सामान्य उपयोगकर्ता के

लिए उस पर संदेह करना कठिन हो जाता है। यह तकनीक विशेषकर उन वर्गों पर अधिक प्रभावी होती है जो सूचना के गहन विश्लेषण के स्थान पर उसके सतही आकर्षण पर विश्वास करते हैं।

संदर्भ से काटकर प्रस्तुत की गई जानकारी (डी - कॉन्टेक्स्टुअलाइजेशन) आधुनिक सूचना-अराजकता का सबसे प्रबल शस्त्र है। इसमें सूचना स्वयं में सत्य हो सकती है, परंतु उसका संदर्भ बदल दिया जाता है। उदाहरण के तौर पर, किसी राजनेता के पुराने भाषण के एक छोटे अंश को काटकर उसे वर्तमान की किसी भिन्न परिस्थिति के साथ जोड़ देना। यहाँ बोले गए शब्द वास्तविक होते हैं, लेकिन जिस उद्देश्य और कालखंड में वे कहे गए थे, उन्हें जानबूझकर छिपा लिया जाता है। यह तकनीक 'सूचना के आयुधकरण' (वेपनाइजेशन ऑफ इंफॉर्मेशन) का उत्कृष्ट उदाहरण है। इसी प्रकार, पुराने समाचारों या चित्रों को वर्तमान घटना के रूप में प्रस्तुत करना भी समाज में भ्रम पैदा करने का एक प्रभावी तरीका है। किसी दूसरे देश या पुराने समय की हिंसक घटना के वीडियो को वर्तमान के किसी स्थानीय विवाद से जोड़कर प्रसारित करने से तात्कालिक भावनात्मक उन्माद पैदा किया जा सकता है। यह न केवल कानून व्यवस्था के लिए चुनौती है, बल्कि यह नागरिकों की सामूहिक स्मृति के साथ किया जाने वाला एक मनोवैज्ञानिक खिलवाड़ भी है।

आंकड़ों का गलत अर्थ निकालना और सांख्यिकीय हेरफेर भी भ्रामक सूचनाओं की संरचना का एक अभिन्न अंग है। लोक प्रशासन के विद्यार्थियों के लिए यह समझना अनिवार्य है कि संख्याएं स्वयं में तटस्थ नहीं होतीं; उन्हें प्रस्तुत करने का तरीका सत्य को छिपाने या अतिरंजित करने के लिए उपयोग किया जा सकता है। अक्सर भ्रामक सूचनाओं में

ऐसे जटिल आंकड़े प्रस्तुत किए जाते हैं जिनका कोई विश्वसनीय स्रोत नहीं होता, या फिर सही आंकड़ों की व्याख्या इस प्रकार की जाती है कि वे किसी विशेष विचारधारा की पुष्टि करें। इसके साथ ही, 'शीर्षक और वास्तविक सामग्री' के बीच का अंतर (क्लिकबेट संस्कृति) भी सूचना की गुणवत्ता को प्रभावित करता है। कई बार डिजिटल मंचों पर समाचार का शीर्षक अत्यंत सनसनीखेज और उत्तेजक होता है, जबकि उसके भीतर की सामग्री या तो सामान्य होती है या शीर्षक के विपरीत होती है। अधिकांश उपयोगकर्ता केवल शीर्षक पढ़कर ही अपनी राय बना लेते हैं और उसे साझा कर देते हैं, जिससे एक मिथ्या धारणा का जन्म होता है।

सूचना प्रौद्योगिकी का यह प्रभाव भारतीय समाज के विभिन्न वर्गों पर एक समान नहीं पड़ता। डिजिटल असमानता के कारण ग्रामीण और शहरी क्षेत्रों के बीच सूचना के विश्लेषण की क्षमता में भारी अंतर है। जहाँ शहरी शिक्षित वर्ग कुछ हद तक तथ्य-जाँच के साधनों का उपयोग करना जानता है, वहीं ग्रामीण क्षेत्रों में भाषाई विविधता और शिक्षा की कमी के कारण लोग अक्सर 'वीडियो' या 'लिखित संदेश' को ब्रह्मवाक्य मान लेते हैं। मनोवैज्ञानिक आयाम से देखें तो, भय आधारित संदेश या समूह पहचान की भावना व्यक्ति को सूचना की सत्यता जाँचने से रोकती है। बार-बार दोहराई गई सूचना, भले ही वह गलत हो, मानव मस्तिष्क में 'भ्रमपूर्ण सत्य प्रभाव' पैदा करती है, जिससे व्यक्ति अंततः उसे सत्य मान लेता है। कृत्रिम बुद्धिमत्ता और डीप-फेक जैसी तकनीकों ने इस संकट को और अधिक यथार्थवादी बना दिया है, जहाँ अब आवाज़ और दृश्य सामग्री की नकल करना इतना सुगम हो गया है कि वास्तविक और काल्पनिक के बीच का अंतर लगभग समाप्त होता जा रहा है।

झूठी और भ्रामक सूचनाओं के बीच का अंतर केवल परिभाषा का नहीं, बल्कि सामाजिक उत्तरदायित्व का है। यह स्पष्ट है कि सूचना का राजनीतिक उपयोग और सत्ता संरचनाओं का इसमें हस्तक्षेप समाज में अविश्वास की जड़ें गहरी कर रहा है। पारंपरिक मीडिया की गिरती साक्षरता और डिजिटल मंचों की अनियंत्रित गति ने 'सत्य' को एक उत्पाद में बदल दिया है। विद्यार्थियों और शोधकर्ताओं के लिए यह प्रकरण यह स्पष्ट करता है कि सूचना-क्रांति के इस युग में हमें केवल तकनीकी रूप से साक्षर नहीं, बल्कि 'सूचनात्मक रूप से विवेकशील' होने की आवश्यकता है। हमें यह पहचानना होगा कि सूचना का हर टुकड़ा जो हमारे पास पहुँचता है, वह केवल जानकारी नहीं है; वह अक्सर एक निर्मित धारणा होती है जो हमारे विचारों और सामाजिक व्यवहार को नियंत्रित करने का प्रयास करती है। अतः, झूठी खबरों की इस संरचना को समझना ही उनके विरुद्ध प्रतिरोध का प्रथम चरण है।

योजनाबद्ध दुष्प्रचार – एक संगठित संरचनात्मक विश्लेषण

सूचना के समकालीन युग में 'योजनाबद्ध दुष्प्रचार' केवल व्यक्तिगत त्रुटि या संयोग का परिणाम नहीं है, बल्कि यह एक अत्यंत सुव्यवस्थित, तकनीकी रूप से उन्नत और रणनीतिक रूप से संचालित प्रक्रिया है। इसे समाजशास्त्रीय और राजनीतिक विज्ञान की शब्दावली में 'सूचना युद्ध' के एक भाग के रूप में समझा जाना चाहिए, जहाँ असत्य का निर्माण और प्रसार एक विशिष्ट लक्ष्य की प्राप्ति के लिए किया जाता है। योजनाबद्ध दुष्प्रचार का अर्थ है—ऐसी सूचनाओं का सृजन करना जो देखने में विश्वसनीय लगें, परंतु जिनका आधार पूर्णतः कल्पित या विकृत हो, ताकि जनमानस की धारणाओं को किसी विशेष राजनीतिक, वैचारिक या आर्थिक हित के अनुकूल मोड़ा जा सके। भारतीय

सामाजिक और राजनीतिक परिदृश्य में यह एक ऐसी विधा बनकर उभरी है जिसने लोकतांत्रिक विमर्श की शुचिता को गंभीर रूप से प्रभावित किया है। यह समझना अनिवार्य है कि इस प्रक्रिया में संदेश निर्माण से लेकर उसके अंतिम प्रसार तक एक पूरी श्रृंखला कार्य करती है, जिसमें 'संगठित प्रचार तंत्र' (आईटी सेल), तकनीकी विशेषज्ञ और मनोवैज्ञानिक विश्लेषक सम्मिलित होते हैं।

योजनाबद्ध दुष्प्रचार की प्रथम सीढ़ी राजनीतिक या वैचारिक उद्देश्यों से सामग्री तैयार करना है। यहाँ सामग्री का निर्माण केवल संयोग से नहीं होता, बल्कि समाज की गहरी सामाजिक दरारों, सांस्कृतिक पूर्वाग्रहों और भावनात्मक संवेदनशीलताओं का सूक्ष्म अध्ययन करके किया जाता है। संगठित समूहों द्वारा संदेश निर्माण की प्रक्रिया में यह ध्यान रखा जाता है कि संदेश की भाषा और स्वरूप उस विशेष समूह को लक्षित करे जिसके लिए वह बनाया गया है। उदाहरण के तौर पर, चुनावी वातावरण में ऐसी अफवाह रणनीतियाँ अपनाई जाती हैं जो मतदाताओं के निर्णय को अंतिम क्षणों में प्रभावित कर सकें। यहाँ 'एक ही संदेश का विभिन्न रूपों में प्रसार' किया जाता है; कभी वह एक लिखित लेख के रूप में आता है, कभी एक उत्तेजक वीडियो के रूप में, तो कभी किसी प्रतिष्ठित व्यक्ति के नाम से जुड़े छद्म उद्धरण के रूप में। यह बहुआयामी प्रहार उपयोगकर्ता के मस्तिष्क में यह भ्रम पैदा करता है कि यदि वह हर जगह एक ही बात देख रहा है, तो वह सत्य ही होगी।

झूठी खबरों का चरणबद्ध निर्माण और प्रसार एक ऐसी तकनीक है जिसमें सूचना को धीरे-धीरे समाज के अवचेतन में उतारा जाता है। प्रारंभ में, एक छोटा और अपेक्षाकृत सामान्य लगने वाला संदेह बोया जाता है, जिसे बाद में अधिक आक्रामक और स्पष्ट झूठ के माध्यम से

सींचा जाता है। इसका एक स्पष्ट उदाहरण भारत में विभिन्न चुनावी चक्रों के दौरान देखा गया है, जहाँ किसी विशेष नीति या घटना के बारे में पहले से ही संशय का वातावरण निर्मित किया जाता है और फिर ऐन मतदान से पूर्व एक बड़ी 'सनसनीखेज' परंतु असत्य खबर प्रसारित कर दी जाती है। विरोधियों की छवि खराब करने के प्रयास इस दुष्प्रचार तंत्र का एक प्राथमिक लक्ष्य होते हैं। चरित्र हनन के लिए पुराने और संदर्भहीन चित्रों का उपयोग करना, डीप-फेक तकनीक के माध्यम से कृत्रिम दृश्य सामग्री निर्मित करना और उनके निजी जीवन से जुड़ी भ्रामक कथाएं गढ़ना—ये सभी इस संगठित अपराध के उपकरण हैं। यहाँ उद्देश्य तर्क को परास्त करना नहीं, बल्कि चरित्र और विश्वसनीयता को इतना संदिग्ध बना देना है कि वास्तविक मुद्दे गौण हो जाएं।

सांप्रदायिक तनाव भड़काने वाले संदेश योजनाबद्ध दुष्प्रचार का सबसे वीभत्स और खतरनाक स्वरूप हैं। भारतीय सामाजिक संरचना की संवेदनशीलता का लाभ उठाते हुए ऐसे संदेशों का निर्माण किया जाता है जो दो समुदायों के बीच अविश्वास की खाई को और चौड़ा करें। वास्तविक घटनाओं का संदर्भ लें तो, कई बार किसी सुदूर राज्य की पुरानी हिंसक घटना के वीडियो को वर्तमान में किसी दूसरे क्षेत्र की घटना बताकर प्रसारित किया गया, जिससे स्थानीय स्तर पर दंगे जैसी स्थिति उत्पन्न हुई। इसी प्रकार, धार्मिक स्थलों के बारे में कल्पित इतिहास या छद्म खतरों के संदेश निजी समूहों में इस तरह फैलाए जाते हैं कि वे एक 'सामूहिक असुरक्षा' का भाव पैदा कर सकें। यह प्रक्रिया न केवल कानून-व्यवस्था के लिए संकट पैदा करती है, बल्कि यह पीढ़ियों से चले आ रहे सामाजिक सद्भाव को भी खंडित करती है। यहाँ सूचना

को एक अस्त्र के रूप में प्रयोग किया जाता है, जहाँ सत्य का एकमात्र उद्देश्य दूसरे पक्ष को नीचा दिखाना या भयभीत करना होता है।

आर्थिक लाभ के लिए झूठी सूचना का प्रसार इस तंत्र का एक व्यावसायिक आयाम है। जहाँ एक ओर राजनीतिक लाभ प्रमुख है, वहीं दूसरी ओर 'क्लिकबेट' (सनसनीखेज शीर्षक) संस्कृति और विज्ञापनों से होने वाली आय भी भ्रामक सामग्री के उत्पादन को प्रोत्साहित करती है। कई वेबसाइटें और डिजिटल चैनल केवल इसलिए झूठ का निर्माण करते हैं क्योंकि उत्तेजक और भ्रामक खबरें अधिक 'ट्रैफ़िक' और जुड़ाव (इंगेजमेंट) उत्पन्न करती हैं। डेटा के इस खेल में, मानवीय भावनाओं का मुद्रीकरण किया जाता है। तकनीकी साधनों के संदर्भ में, कृत्रिम बुद्धिमत्ता ने अब इस काम को और आसान बना दिया है। आवाज़ की नकल और दृश्य सामग्री के दुरुपयोग से अब ऐसे प्रमाण पेश किए जा रहे हैं जिनकी जाँच करना एक सामान्य नागरिक के लिए असंभव है। यह तकनीकी अंध-गौरव नहीं, बल्कि एक यथार्थवादी जोखिम है जिसे लोक प्रशासन और न्यायपालिका को गंभीरता से लेना होगा।

पारंपरिक समाचार माध्यमों की भूमिका पर भी इस संदर्भ में विचार करना आवश्यक है। कई बार व्यावसायिक प्रतिस्पर्धा या वैचारिक झुकाव के कारण मुख्यधारा के माध्यम भी इन संगठित अफवाहों को बिना पर्याप्त सत्यापन के स्थान दे देते हैं। जब एक प्रतिष्ठित समाचार चैनल या पत्र किसी डिजिटल अफवाह को 'ब्रेकिंग न्यूज' के रूप में दिखाता है, तो वह उस झूठ को एक संस्थागत वैधता प्रदान कर देता है। संस्थानों के प्रति बढ़ता यह अविश्वास ही 'व्हाट्सऐप विश्वविद्यालय' की सफलता की कुंजी है। जब नागरिक को लगता है कि उसे हर जगह से आधा सत्य या निर्मित सत्य ही मिल रहा है, तो वह उस सूचना को चुन

लेता है जो उसके अपने पूर्वाग्रहों को संतुष्ट करती है। इस प्रकार, योजनाबद्ध दुष्प्रचार केवल बाहर से नहीं थोपा जाता, बल्कि यह हमारे मौजूदा संस्थानों की कमजोरियों का लाभ उठाकर भीतर से समाज को खोखला करता है।

मनोवैज्ञानिक आयाम से विश्लेषण करें तो, योजनाबद्ध दुष्प्रचार 'भय-आधारित संदेशों' और 'समूह पहचान' की भावना का लाभ उठाता है। बार-बार दोहराई गई सूचना, भले ही वह कितनी ही अतार्किक क्यों न हो, एक समय के बाद 'सच' लगने लगती है। इसे मनोविज्ञान में 'भ्रमपूर्ण सत्य प्रभाव' कहा जाता है। संगठित प्रचार तंत्र जानते हैं कि यदि वे एक ही सूचना को अलग-अलग स्रोतों से उपयोगकर्ता के फोन तक पहुँचाएंगे, तो वह अंततः उसे स्वीकार कर लेगा। यह प्रक्रिया व्यक्ति की सोचने की स्वायत्तता को समाप्त कर देती है। भारतीय समाज में, जहाँ डिजिटल साक्षरता और शिक्षा के बीच एक बड़ा अंतराल है, वहाँ सूचना का यह राजनीतिक उपयोग और भी विनाशकारी हो जाता है। ग्रामीण और भाषाई रूप से विविधतापूर्ण क्षेत्रों में, जहाँ सूचना के सत्यापन के साधन सीमित हैं, वहाँ ये संगठित संदेश ही एकमात्र सत्य बन जाते हैं।

निष्कर्ष की ओर बढ़ते हुए, यह स्पष्ट है कि योजनाबद्ध दुष्प्रचार आधुनिक लोकतंत्र के समक्ष सबसे बड़ी संरचनात्मक चुनौती है। यह केवल एक तकनीकी समस्या नहीं है, बल्कि यह सत्ता की वह नई शैली है जो सूचना के नियंत्रण के माध्यम से नागरिकों के मस्तिष्क पर शासन करना चाहती है। यह विश्लेषण विद्यार्थियों के लिए यह समझने हेतु अनिवार्य है कि हम एक ऐसे दौर में जी रहे हैं जहाँ सूचना का हर टुकड़ा जो हमारे पास पहुँचता है, वह एक बड़ी रणनीति का हिस्सा हो सकता है। झूठी खबरों को केवल नैतिक पतन या व्यक्तिगत गलती के रूप में

देखना इसकी भयावहता को कम आंकना होगा। भविष्य के लोक सेवकों और समाजशास्त्रियों को इस 'अदृश्य युद्ध' के नियमों को समझना होगा ताकि वे समाज को उस सूचनात्मक अराजकता से बचा सकें जो तर्क, तथ्य और मानवीय सद्भाव की बलि ले रही है।

हास्य या व्यंग्य सामग्री का दुरुपयोग – सूक्ष्म सूचनात्मक संकट

सूचना के समकालीन डिजिटल विमर्श में हास्य और व्यंग्य का दुरुपयोग एक अत्यंत सूक्ष्म परंतु प्रभावकारी उपकरण बनकर उभरा है, जिसने सत्य और कल्पना के बीच की विभाजक रेखा को और अधिक धुंधला कर दिया है। समाजशास्त्रीय दृष्टिकोण से व्यंग्य का मूल उद्देश्य सामाजिक विसंगतियों पर प्रहार करना और सत्ता को आइना दिखाना होता है, परंतु 'व्हाट्सऐप विश्वविद्यालय' की पारिस्थितिकी में इसका स्वरूप विकृत हो गया है। यहाँ हास्य केवल मनोरंजन का साधन नहीं रहा, बल्कि यह भ्रामक सूचनाओं को प्रसारित करने का एक ऐसा सुरक्षा कवच बन गया है जहाँ प्रेषक किसी भी प्रकार की आलोचना से स्वयं को यह कहकर बचा लेता है कि "यह तो केवल एक मजाक था।" व्यंग्य और झूठ के बीच का यह अंतर तब समाप्त हो जाता है जब हास्य सामग्री को उसके मूल संदर्भ से पृथक करके एक तथ्यात्मक समाचार के रूप में प्रस्तुत किया जाता है। यह प्रक्रिया विशेष रूप से उन उपयोगकर्ताओं के लिए भ्रामक सिद्ध होती है जो डिजिटल माध्यमों पर उपलब्ध सामग्री के व्यंग्यात्मक संकेतकों को समझने में अक्षम हैं, जिसके परिणामस्वरूप एक कल्पित कथा समाज में वास्तविक सत्य के रूप में स्थापित हो जाती है।

हास्य सामग्री का संदर्भ से बाहर प्रसार डिजिटल सूचना-अराजकता का एक व्यवस्थित आयाम है। व्यंग्य की सफलता उसके संदर्भ पर निर्भर करती है; यदि प्राप्तकर्ता को यह ज्ञात न हो कि अमुक सूचना एक व्यंग्यात्मक वेबसाइट या पैरोडी (विद्रूप) खाते से उपजी है, तो वह उसे एक वास्तविक घटना मान लेता है। भारतीय माध्यम संस्कृति में ऐसी अनेक घटनाएँ देखी गई हैं जहाँ हास्य के उद्देश्य से बनाए गए 'मीम' या व्यंग्य चित्रों को ऐतिहासिक प्रमाण या वर्तमान राजनीतिक घटना के रूप में साझा किया गया। उदाहरण के तौर पर, किसी अंतरराष्ट्रीय संस्थान द्वारा भारत के संबंध में दी गई काल्पनिक प्रशंसा या किसी प्रसिद्ध राजनेता के नाम से जुड़े ऐसे बयान, जो मूलतः उपहास के लिए गढ़े गए थे, उन्हें गौरव या क्रोध की भावना के साथ वास्तविक समाचार मान लिया गया। यह 'व्यंग्य का तथ्यों में रूपांतरण' उस समय और भी खतरनाक हो जाता है जब इसे धार्मिक या राष्ट्रीय अस्मिता से जोड़ दिया जाता है। यहाँ प्रेषक का उद्देश्य प्राप्तकर्ता को हँसाना नहीं, बल्कि उसकी भावनाओं को उत्तेजित करके एक विशेष प्रकार की वैचारिक सहमति प्राप्त करना होता है।

हास्य के माध्यम से विचारधारात्मक प्रचार एक संगठित मनोवैज्ञानिक रणनीति है जिसे 'कोमल प्रचार' (सॉफ्ट प्रोपेगेंडा) कहा जा सकता है। सीधे राजनीतिक संदेशों की तुलना में हास्यपूर्ण सामग्री मानवीय मस्तिष्क के रक्षा तंत्र को अधिक सुगमता से भेद पाती है। जब कोई विचारधारात्मक संदेश किसी मीम या व्यंग्य के लिफाफे में लिपटकर आता है, तो व्यक्ति उसे बिना किसी तार्किक प्रतिरोध के स्वीकार कर लेता है और अनजाने में ही उस विचारधारा के प्रति सहानुभूति रखने लगता है। मीम संस्कृति, जो अपनी संक्षिप्तता और तीव्रता के लिए जानी

जाती है, जटिल सामाजिक मुद्दों को अत्यंत सरलीकृत और अक्सर विकृत रूप में प्रस्तुत करती है। ये मीम केवल चित्र नहीं होते, बल्कि वे एक प्रकार के 'सांस्कृतिक जीन' (मीम्स) होते हैं जो समाज के पूर्वाग्रहों को खाद-पानी देते हैं। किसी विशेष समुदाय, जाति या वर्ग का मजाक बनाकर उनकी एक रूढ़िवादी छवि गढ़ना इसी रणनीति का हिस्सा है। इससे समाज में एक ऐसी 'सहज स्वीकृति' निर्मित होती है जहाँ भेदभाव और घृणा को हास्य की आड़ में सामान्य मान लिया जाता है।

सामाजिक समूहों का मजाक बनाकर पूर्वाग्रहों को मजबूत करना लोक प्रशासन और सामाजिक स्थिरता के लिए एक बड़ी चुनौती है। अक्सर व्हाट्सएप समूहों में ऐसे 'चुटकुले' साझा किए जाते हैं जो किसी विशेष वर्ग की बौद्धिक क्षमता या उनकी जीवनशैली पर प्रहार करते हैं। प्रथम दृष्टया ये सामग्री निर्दोष लग सकती है, परंतु निरंतर संपर्क में रहने पर ये चुटकुले व्यक्ति के अवचेतन में उस समूह के प्रति एक हीन भावना या अविश्वास पैदा कर देते हैं। यह 'हास्य का आयुधकरण' सामाजिक ध्रुवीकरण को सूक्ष्म स्तर पर बढ़ावा देता है। जब वास्तविक जीवन में उस समूह के प्रति कोई हिंसक घटना या भेदभाव होता है, तो डिजिटल माध्यमों पर तैयार किया गया यह हास्य वातावरण उस हिंसा को तर्कसंगत बनाने या उसे 'मजाक' के रूप में टालने में सहायता करता है। यहाँ हास्य एक ऐसा मनोवैज्ञानिक अस्त्र बन जाता है जो समाज की संवेदनाओं को कुंठित कर देता है।

"यह तो मजाक था" कहकर जिम्मेदारी से बचना डिजिटल उत्तरदायित्व के क्षरण का चरम बिंदु है। यह मानसिकता प्रेषक को किसी भी प्रकार की विधिक या नैतिक जवाबदेही से मुक्त कर देती है। यदि कोई भ्रामक सूचना पकड़ी जाती है और उससे सामाजिक तनाव उत्पन्न

होता है, तो प्रसारक बड़ी सरलता से उसे 'सटायर' या व्यंग्य घोषित कर देता है। कानून व्यवस्था के परिप्रेक्ष्य में यह एक जटिल स्थिति है, क्योंकि अभिव्यक्ति की स्वतंत्रता और घृणा-प्रचार के बीच की रेखा को हास्य के नाम पर धुंधला कर दिया जाता है। भारतीय समाज की जटिल संरचना में जहाँ भाषाई और शिक्षा का स्तर भिन्न है, वहाँ हास्य और सूचना का यह मिश्रण एक 'सूचनात्मक जाल' की तरह कार्य करता है। ग्रामीण क्षेत्रों में जहाँ लोग अभी भी मुद्रित या डिजिटल सामग्री को बहुत गंभीरता से लेते हैं, वहाँ व्यंग्य को तथ्य समझ लेना एक सामान्य भूल है जिसका राजनीतिक प्रचार तंत्र भरपूर लाभ उठाते हैं।

तकनीकी साधनों और कृत्रिम बुद्धिमत्ता ने हास्य के दुरुपयोग को और अधिक यथार्थवादी बना दिया है। डीप-फेक और आवाज की नकल के माध्यम से अब ऐसे व्यंग्य वीडियो बनाए जा रहे हैं जहाँ किसी सार्वजनिक व्यक्तित्व को ऐसी बातें कहते दिखाया जाता है जो उन्होंने कभी नहीं कहीं। हालांकि इन्हें अक्सर 'पैरोडी' के नाम पर प्रसारित किया जाता है, परंतु इनका प्रभाव वास्तविक और स्थायी होता है। यह तकनीकी अतिशयोक्ति समाज में संस्थागत अविश्वास को और गहरा करती है। जब नागरिक को यह लगने लगता है कि वह अपनी आँखों और कानों पर भी विश्वास नहीं कर सकता, तो वह पूर्णतः अपने 'वैचारिक बुलबुले' और उन निजी संदेशों पर निर्भर हो जाता है जो उसकी भावनाओं को संतुष्ट करते हैं। इस प्रकार, हास्य जो कभी समाज को जोड़ने और स्वस्थ आलोचना का माध्यम था, वह अब समाज को विभाजित करने और सत्य को विकृत करने का एक प्रभावी षड्यंत्र बन गया है।

हास्य और व्यंग्य सामग्री का दुरुपयोग 'व्हाट्सऐप विश्वविद्यालय' की उस व्यापक संरचना का हिस्सा है जो सूचना-अराजकता को जन्म देती

है। यह केवल एक व्यक्तिगत नैतिकता का प्रश्न नहीं है, बल्कि यह उस तंत्र की चाल है जो सत्य को नीरस और झूठ को आकर्षक बनाना चाहता है। समाजशास्त्र और माध्यम अध्ययन के विद्यार्थियों के लिए यह प्रकरण यह स्पष्ट करता है कि डिजिटल युग में 'हास्य' की राजनीति को समझना अनिवार्य है। हमें यह पहचानना होगा कि जब हास्य का उपयोग किसी को नीचा दिखाने, नफरत फैलाने या झूठ को सत्य की तरह पेश करने के लिए किया जाता है, तो वह अभिव्यक्ति नहीं, बल्कि एक सुनियोजित सूचनात्मक प्रहार है। अतः, डिजिटल साक्षरता के अंतर्गत हास्य सामग्री के विश्लेषण की क्षमता विकसित करना आधुनिक नागरिकता का एक अनिवार्य दायित्व बन गया है, ताकि 'मजाक' के नाम पर हमारे सामाजिक विवेक की बलि न चढ़ाई जा सके।

संपादित चित्र और परिवर्तित वीडियो – दृश्य विश्वसनीयता का संकट

सूचना के वर्तमान युग में 'दृश्य प्रमाण' को पारंपरिक रूप से निर्विवाद सत्य का आधार माना जाता रहा है, परंतु डिजिटल तकनीक के दुरुपयोग ने इस विश्वास को एक गहरे संकट में डाल दिया है। चित्रों की काट-छाँट (इमेज क्रॉपिंग) और वीडियो के संदर्भ परिवर्तन (वीडियो मैनिपुलेशन) ने सूचना-अराजकता को एक नया और अधिक घातक आयाम प्रदान किया है। समाजशास्त्रीय और मनोवैज्ञानिक दृष्टि से, मानव मस्तिष्क लिखित शब्दों की तुलना में दृश्य सामग्री पर अधिक सहजता से विश्वास करता है क्योंकि दृष्टि को इंद्रियों में सबसे अधिक प्रमाणिक माना गया है। इसी 'दृश्य विश्वसनीयता' का लाभ उठाकर संगठित प्रचार तंत्र चित्रों और वीडियो को इस प्रकार परिवर्तित करते हैं कि वे एक कल्पित वास्तविकता को सत्य के रूप में स्थापित कर सकें।

यह केवल तकनीकी हेरफेर नहीं है, बल्कि यह जनमानस की धारणाओं को नियंत्रित करने का एक सुनियोजित प्रयास है, जहाँ सत्य को दृश्य के माध्यम से ओझल कर दिया जाता है।

चित्रों की काट-छाँट और उनके साथ की जाने वाली तकनीकी छेड़छाड़ भ्रामक विमर्श निर्माण का एक प्राथमिक चरण है। अक्सर किसी बड़े चित्र के एक छोटे हिस्से को इस प्रकार काटा जाता है कि उसका मूल अर्थ पूरी तरह बदल जाए। उदाहरण के तौर पर, यदि किसी चित्र में दो पक्ष आपस में संवाद कर रहे हों, तो केवल एक पक्ष के आक्रामक हाव-भाव को दिखाकर उसे 'अत्याचारी' और दूसरे पक्ष को छिपाकर 'अदृश्य' कर दिया जाता है। यह तकनीक 'दृश्य चयनात्मकता' पर आधारित है, जहाँ दर्शक को केवल वही दिखाया जाता है जो एक विशेष विचारधारा या नैरेटिव की पुष्टि करता हो। इसी प्रकार, पुराने चित्रों को नए संदर्भ में प्रस्तुत करना भारतीय डिजिटल माध्यमों पर एक सामान्य परिघटना बन चुकी है। किसी पुरानी आपदा, रैली या विरोध प्रदर्शन के चित्रों को वर्तमान की किसी घटना से जोड़कर प्रसारित किया जाता है ताकि स्थिति की गंभीरता को अतिरंजित किया जा सके। यह ऐतिहासिक और वर्तमान तथ्यों का एक ऐसा घालमेल है जिसे पहचानना एक सामान्य उपयोगकर्ता के लिए अत्यंत कठिन होता है।

दृश्य का आंशिक हिस्सा दिखाकर भ्रम पैदा करना और वीडियो के छोटे अंशों को काटकर प्रसारित करना (वीडियो क्लिपिंग) आधुनिक दुष्प्रचार का सबसे प्रभावी अस्त्र है। किसी लंबे भाषण या साक्षात्कार में से मात्र कुछ सेकंड का ऐसा हिस्सा निकाल लिया जाता है जो मूल वक्तव्य के बिल्कुल विपरीत अर्थ ध्वनि करता हो। इसे 'संदर्भ-हरण' (डी-कॉन्टेक्स्टुअलाइजेशन) कहा जाता है। राजनीति विज्ञान के

परिप्रेक्ष्य में यह तकनीक विरोधियों की छवि धूमिल करने के लिए सर्वाधिक उपयोग की जाती है। जब एक संकुचित वीडियो अंश सोशल मीडिया और व्हाट्सएप समूहों में प्रसारित होता है, तो दर्शक के पास उस वक्तव्य की पृष्ठभूमि जानने का न तो समय होता है और न ही संसाधन। वह उस संक्षिप्त दृश्य को ही पूर्ण सत्य मान लेता है। यह प्रक्रिया सार्वजनिक विमर्श के स्तर को गिराती है और समाज में अनावश्यक वैचारिक संघर्ष को जन्म देती है।

पृष्ठभूमि बदलकर भ्रम उत्पन्न करना और शीर्षक तथा दृश्य के बीच विरोधाभास पैदा करना तकनीकी हेरफेर के उन्नत स्वरूप हैं। डिजिटल संपादन के माध्यम से किसी चित्र की पृष्ठभूमि में ऐसे तत्व जोड़ दिए जाते हैं जो वास्तविकता में वहां मौजूद नहीं थे—जैसे किसी सामान्य सभा के पीछे किसी प्रतिबंधित संगठन का ध्वज लगा देना या किसी राजनेता को ऐसे स्थान पर दिखाना जहाँ वह कभी गया ही नहीं। इसके साथ ही, कई बार दृश्य के ऊपर दिया गया शीर्षक (कैप्शन) दृश्य की वास्तविक प्रकृति के बिल्कुल विपरीत होता है। दृश्य सामग्री स्वयं में मूक होती है, उसे शीर्षक के माध्यम से 'वाणी' दी जाती है। जब एक उत्तेजक शीर्षक के साथ कोई सामान्य वीडियो साझा किया जाता है, तो दर्शक का ध्यान वीडियो की बारीकियों के बजाय उस शीर्षक द्वारा निर्मित धारणा पर केंद्रित हो जाता है। यह 'दृश्य-भाषाई विरोधाभास' सूचनात्मक धोखाधड़ी का एक सूक्ष्म प्रकार है।

भीड़ या हिंसा के वीडियो का संदर्भ परिवर्तन कानून-व्यवस्था और सामाजिक सद्भाव के लिए सबसे बड़ी चुनौती है। भारतीय सामाजिक संरचना की संवेदनशीलता का लाभ उठाते हुए अक्सर किसी दूसरे देश या सुदूर राज्य में हुई हिंसा के वीडियो को स्थानीय घटना बताकर

फैलाया जाता है। उदाहरण के तौर पर, म्यांमार या किसी अन्य पड़ोसी देश में हुए सांप्रदायिक संघर्ष के पुराने वीडियो को भारत के किसी विशेष क्षेत्र का बताकर प्रसारित किया गया है, जिससे स्थानीय समुदायों में भय और प्रतिशोध की भावना जाग्रत हुई। इसी प्रकार, किसी धार्मिक उत्सव या राजनीतिक रैली की विशाल भीड़ के वीडियो को किसी अन्य स्थान की 'ऐतिहासिक जनशक्ति' के रूप में प्रस्तुत किया जाता है। ये उदाहरण स्पष्ट करते हैं कि दृश्य सामग्री का दुरुपयोग केवल मनोरंजन या व्यंग्य के लिए नहीं, बल्कि समाज में ध्रुवीकरण और अविश्वास की जड़ें गहरी करने के लिए किया जा रहा है।

संस्थानों के प्रति अविश्वास और पारंपरिक मीडिया की गिरती साक्षरता ने इस दृश्य संकट को और अधिक गंभीर बना दिया है। जब मुख्यधारा के समाचार चैनल भी अनजाने में या प्रतिस्पर्धा के दबाव में इन परिवर्तित वीडियो को स्थान दे देते हैं, तो उस झूठ को संस्थागत वैधता मिल जाती है। लोक प्रशासन के लिए यह एक 'सूचनात्मक आपातकाल' जैसी स्थिति है, जहाँ उसे धरातल पर शांति व्यवस्था बनाए रखने के साथ-साथ डिजिटल मोर्चे पर भी इन दृश्य अफवाहों का खंडन करना पड़ता है। डिजिटल असमानता के कारण ग्रामीण और कम शिक्षित वर्ग इन तकनीकी बारीकियों को समझने में सक्षम नहीं हैं, जिससे वे इन दृश्य प्रहारों के सबसे आसान लक्ष्य बन जाते हैं। शिक्षा में असमानता और भाषाई विविधता के कारण तथ्य-जाँच (फैक्ट-चेक) के संदेश उन तक उस गति से नहीं पहुँच पाते, जिस गति से भ्रामक वीडियो पहुँचते हैं।

मनोवैज्ञानिक विश्लेषण के अनुसार, परिवर्तित वीडियो 'भावनात्मक उत्तेजना' और 'पुष्टि पूर्वाग्रह' का लाभ उठाते हैं। यदि कोई वीडियो व्यक्ति की पहले से बनी हुई धार्मिक या राजनीतिक धारणा को पुष्ट

करता है, तो वह उसकी सत्यता पर प्रश्न उठाने के बजाय उसे साझा करने में अधिक रुचि दिखाता है। बार-बार एक ही प्रकार के दृश्य देखने से 'भ्रमपूर्ण सत्य प्रभाव' (इल्युजरी ट्रुथ इफेक्ट) पैदा होता है, जिससे व्यक्ति का मस्तिष्क उस निर्मित असत्य को ही अपनी वास्तविकता मान लेता है। भविष्य में कृत्रिम बुद्धिमत्ता और डीप-फेक तकनीकों के व्यापक होने से यह संकट और अधिक यथार्थवादी हो जाएगा, जहाँ वास्तविक और कृत्रिम दृश्य के बीच का अंतर लगभग अदृश्य हो जाएगा। यह तकनीकी अंध-गौरव का विषय नहीं, बल्कि एक गंभीर सुरक्षा जोखिम है जो हमारे सामाजिक ताने-बाने को छिन्न-भिन्न कर सकता है।

संपादित चित्र और परिवर्तित वीडियो केवल तकनीकी विफलता नहीं, बल्कि सत्य के प्रति हमारे सामाजिक उत्तरदायित्व का ह्रास हैं। यह दृश्य-अराजकता लोकतांत्रिक विमर्श की नींव को कमजोर करती है क्योंकि यह नागरिक के निर्णय लेने की क्षमता को गलत सूचनाओं के आधार पर प्रभावित करती है। समाजशास्त्र और माध्यम अध्ययन के विद्यार्थियों के लिए यह प्रकरण यह स्पष्ट करता है कि 'देखना ही विश्वास करना है' का पुराना मुहावरा अब सूचना के इस दौर में अप्रासंगिक हो चुका है। हमें एक ऐसी 'दृश्य साक्षरता' विकसित करनी होगी जो नागरिकों को चित्रों और वीडियो के पीछे छिपे हितों और तकनीकी हेरफेर को पहचानने में सक्षम बनाए। जब तक हम दृश्य सामग्री को आलोचनात्मक दृष्टि से देखने का कौशल विकसित नहीं करेंगे, तब तक 'व्हाट्सऐप विश्वविद्यालय' की ये निर्मित छवियां हमारे सामाजिक और राजनीतिक भविष्य को नियंत्रित करती रहेंगी।

कृत्रिम रूप से बनाए गए वीडियो और ध्वनि — दृश्य-श्रव्य सत्यता का अवसान

सूचना प्रौद्योगिकी के विकासक्रम में हम एक ऐसे युग में प्रविष्ट हो चुके हैं जहाँ 'सत्य' और 'कृत्रिमता' के मध्य का विभेद करना मानवीय ज्ञान और इंद्रियों की सीमा से परे होता जा रहा है। कृत्रिम रूप से निर्मित दृश्य और श्रव्य सामग्री, जिसे तकनीकी शब्दावली में 'गहन-कूट' (डीपफेक) कहा जाता है, आधुनिक सूचना-अराजकता का सबसे प्रगत और घातक स्वरूप है। यह अवधारणा कृत्रिम बुद्धिमत्ता और मशीन लर्निंग के उन एल्गोरिदम पर आधारित है, जो किसी व्यक्ति के मौजूदा चित्रों, वीडियो और ध्वनियों का विश्लेषण कर उनके जैसे ही दिखने और बोलने वाले नए, परंतु पूर्णतः मिथ्या डिजिटल अवतार निर्मित करते हैं। समाजशास्त्रीय दृष्टिकोण से यह केवल एक तकनीकी उपलब्धि नहीं है, बल्कि यह 'प्रत्यक्ष प्रमाण' की उस सदियों पुरानी अवधारणा पर प्रहार है, जिसमें यह माना जाता था कि अपनी आँखों से देखा गया दृश्य और कानों से सुनी गई वाणी अकाट्य सत्य होती है। तकनीक ने अब झूठ को इतना यथार्थवादी और विश्वसनीय बना दिया है कि वह सामाजिक विश्वास की जड़ों को हिलाने की क्षमता रखता है।

किसी व्यक्ति की आवाज़ की नकल करना और उसे सार्वजनिक व्यक्तियों के कथित बयानों के रूप में प्रस्तुत करना इस तकनीक का सबसे सामान्य परंतु प्रभावकारी दुरुपयोग है। 'ध्वनि संश्लेषण' (वॉयस सिंथेसिस) के माध्यम से अब किसी भी राजनेता, अभिनेता या सार्वजनिक हस्ती की आवाज़ की बनावट, उच्चारण के तरीके और बात करने की शैली को शत-प्रतिशत सटीकता के साथ दोहराया जा सकता है। जब किसी प्रतिष्ठित व्यक्ति की आवाज़ में कोई उत्तेजक या विवादित

बयान व्हाट्सएप समूहों में प्रसारित होता है, तो सामान्य उपयोगकर्ता के लिए यह कल्पना करना भी कठिन होता है कि यह आवाज़ कृत्रिम रूप से बनाई गई है। यह 'श्रव्य छद्मवेष' जनमानस के अवचेतन में उस व्यक्ति के प्रति स्थायी घृणा या संशय पैदा कर देता है। भारतीय राजनीतिक परिवेश में, जहाँ चुनाव केवल मुद्दों पर नहीं बल्कि व्यक्तित्वों के प्रभाव पर लड़े जाते हैं, वहां इस प्रकार के कृत्रिम बयान मतदाता की धारणा को बदलने के लिए एक शक्तिशाली अस्त्र की तरह प्रयोग किए जा रहे हैं।

राजनीतिक भ्रम पैदा करने के प्रयास इस तकनीकी संकट के वैचारिक केंद्र में हैं। कृत्रिम रूप से बनाए गए वीडियो के माध्यम से अब ऐसे परिदृश्य गढ़े जा रहे हैं जो वास्तव में कभी घटित ही नहीं हुए। उदाहरण के तौर पर, किसी विपक्षी नेता को गुप्त रूप से किसी देशविरोधी तत्व के साथ संवाद करते दिखाना या किसी सरकारी अधिकारी को रिश्वत लेते हुए दिखाना, अब केवल संपादन का खेल नहीं बल्कि पूर्णतः कृत्रिम सृजन का विषय है। यह 'तकनीकी विश्वसनीयता का भ्रम' पैदा करता है, जहाँ उच्च गुणवत्ता वाले वीडियो और स्पष्ट ध्वनि नागरिक को यह सोचने पर विवश कर देती है कि "यदि यह वीडियो में दिख रहा है, तो झूठ कैसे हो सकता है?" राजनीति विज्ञान के परिप्रेक्ष्य में यह 'लोकतांत्रिक विमर्श का प्रदूषण' है, जहाँ वास्तविक मुद्दों पर चर्चा करने के बजाय नागरिकों को उन कृत्रिम संकटों और छद्म विवादों में उलझा दिया जाता है जो केवल कंप्यूटर स्क्रीन पर ही अस्तित्व रखते हैं।

पहचान का संकट और सत्यापन की चुनौती इस समस्या को एक दार्शनिक और प्रशासनिक गहराई प्रदान करती है। जब डिजिटल सामग्री को कृत्रिम बुद्धिमत्ता के माध्यम से 'परम सत्य' के रूप में पेश

किया जाता है, तो व्यक्ति की अपनी पहचान और उसके द्वारा कही गई बातों का स्वामित्व संकट में पड़ जाता है। कोई भी व्यक्ति यह दावा कर सकता है कि उसका जो विवादित वीडियो वायरल हो रहा है, वह कृत्रिम रूप से बनाया गया है (इसे लायर्स डिविडेंड या 'झूठे का लाभांश' कहा जाता है), जिससे वास्तविक अपराधियों को भी बचने का मार्ग मिल जाता है। दूसरी ओर, निर्दोष लोग इस तकनीकी मायाजाल के शिकार होकर अपनी सामाजिक प्रतिष्ठा खो देते हैं। सत्यापन की चुनौती इसलिए भी बड़ी है क्योंकि जिस गति से ये वीडियो व्हाट्सएप और अन्य माध्यमों पर फैलते हैं, उस गति से उनके सत्यापन की तकनीकी प्रक्रिया पूरी नहीं हो पाती। जब तक किसी वीडियो के कृत्रिम होने का प्रमाण सामने आता है, तब तक वह समाज में अपना वांछित नकारात्मक प्रभाव उत्पन्न कर चुका होता है।

कानून और तकनीक की सीमाएं इस अध्याय का एक अत्यंत यथार्थवादी आयाम प्रस्तुत करती हैं। वर्तमान विधिक ढांचा कृत्रिम बुद्धिमत्ता द्वारा जनित इन अपराधों से लड़ने के लिए पूर्णतः सुसज्जित नहीं है। भारतीय दंड संहिता और सूचना प्रौद्योगिकी अधिनियम में यद्यपि प्रावधान हैं, परंतु 'डिजिटल निर्माता' की पहचान करना और उसे कानून के दायरे में लाना एक अत्यंत जटिल वैश्विक चुनौती है। इसके साथ ही, तकनीक स्वयं भी अपनी सीमाओं से बंधी है; वर्तमान में उपलब्ध 'डीपफेक डिटेक्शन' (कृत्रिम सामग्री पहचानने वाले उपकरण) भी सौ प्रतिशत सटीक नहीं हैं और वे अक्सर तकनीकी रूप से उन्नत नए एल्गोरिदम के सामने विफल हो जाते हैं। यह स्थिति लोक प्रशासन के लिए एक नियंत्रणहीन वातावरण निर्मित करती है, जहाँ तकनीक ने झूठ को वह शक्ति दे दी है जो अब कानून और मानवीय विवेक की पहुँच से बाहर

होती जा रही है। तकनीकी अंध-गौरव से बचते हुए यह स्वीकार करना आवश्यक है कि हमने एक ऐसा भस्मासुर निर्मित कर लिया है जो स्वयं सत्य की अवधारणा को ही भस्म करने पर उतारू है।

मनोवैज्ञानिक विश्लेषण के अनुसार, ये कृत्रिम वीडियो 'भावनात्मक उत्तेजना' और 'समूह पहचान' की प्रवृत्तियों का चरम लाभ उठाते हैं। मनुष्य का मस्तिष्क स्वाभाविक रूप से उत्तेजक दृश्यों के प्रति अधिक प्रतिक्रियाशील होता है। जब किसी वीडियो में किसी के साथ अन्याय होते दिखाया जाता है या किसी को अपमानित होते दिखाया जाता है, तो हमारा 'लिम्बिक सिस्टम' (मस्तिष्क का भावनात्मक केंद्र) सक्रिय हो जाता है और तार्किक विश्लेषण की प्रक्रिया बाधित हो जाती है। व्हाट्सएप समूहों में बार-बार दोहराई गई ऐसी कृत्रिम सूचनाएं 'भ्रमपूर्ण सत्य प्रभाव' को कई गुना बढ़ा देती हैं। भारतीय समाज की जटिलता को देखते हुए, जहाँ शिक्षा और डिजिटल साक्षरता में भारी अंतर है, ग्रामीण और भाषाई रूप से विविधतापूर्ण समुदायों के लिए ये वीडियो 'ब्रह्मवाक्य' बन जाते हैं। वे इसे केवल तकनीक नहीं, बल्कि साक्षात सत्य के रूप में ग्रहण करते हैं, जिससे सामाजिक विद्वेष और ध्रुवीकरण की प्रक्रिया और अधिक तीव्र हो जाती है।

पारंपरिक समाचार माध्यमों की भूमिका यहाँ पुनः रेखांकित की जानी चाहिए। यदि मुख्यधारा का मीडिया भी सनसनीखेज शैली और गति की होड़ में इन कृत्रिम वीडियो को बिना जाँच के प्रसारित कर देता है, तो वह समाज के साथ एक बड़ा विश्वासघात करता है। संस्थाओं के प्रति बढ़ते अविश्वास का एक मुख्य कारण यह भी है कि नागरिक अब यह तय नहीं कर पा रहे हैं कि किस पर भरोसा किया जाए। जब 'सत्य' को कृत्रिम रूप से निर्मित करना इतना सुगम हो जाए, तो समाज में एक

व्यापक 'संशयवाद' (स्केप्टिसिज्म) का जन्म होता है, जहाँ लोग वास्तविक और आवश्यक सूचनाओं पर भी संदेह करने लगते हैं। सूचना के इस राजनीतिक उपयोग ने नागरिक को एक ऐसे 'सूचनात्मक शून्य' में धकेल दिया है जहाँ वह केवल अपनी भावनाओं को संतुष्ट करने वाली कल्पित कथाओं को ही सत्य मानने के लिए विवश है।

कृत्रिम रूप से बनाए गए वीडियो और ध्वनि केवल तकनीकी विकास के उप-उत्पाद नहीं हैं, बल्कि ये सत्य की हत्या के सुनियोजित हथियार हैं। तकनीक ने झूठ को वह यथार्थवादी स्वरूप प्रदान कर दिया है जो अब समाज के सामूहिक विवेक को चुनौती दे रहा है। समाजशास्त्र, माध्यम अध्ययन और लोक प्रशासन के विद्यार्थियों के लिए यह प्रकरण एक चेतावनी है कि भविष्य का सूचना तंत्र अब 'देखने' और 'सुनने' पर नहीं, बल्कि 'सत्यापन' और 'संदेह' पर आधारित होगा। हमें एक ऐसी 'डिजिटल नागरिकता' विकसित करनी होगी जो तकनीक के इस अंध-गौरव से मुक्त हो और जो प्रत्येक डिजिटल सामग्री को एक गहन आलोचनात्मक दृष्टि से परखने में सक्षम हो। जब तक हम सूचना की गति से अधिक अपने विवेक की गति को प्राथमिकता नहीं देंगे, तब तक कृत्रिम बुद्धिमत्ता द्वारा निर्मित यह 'व्हाट्सऐप विश्वविद्यालय' हमारे वास्तविक सामाजिक और राजनीतिक मूल्यों को नष्ट करता रहेगा।

भावनात्मक कथा निर्माण – सूचनात्मक युद्ध का मनोवैज्ञानिक अस्त्र

झूठी खबरों और भ्रामक विमर्श के वैश्विक प्रसार में 'भावनात्मक कथा निर्माण' (इमोशनल नैरेटिव बिल्डिंग) सबसे मारक और प्रभावी तकनीक बनकर उभरी है। समाजशास्त्रीय और मनोवैज्ञानिक दृष्टिकोण

से यह प्रक्रिया केवल सूचना का आदान-प्रदान नहीं है, बल्कि यह मानव मस्तिष्क के उस संवेदनशील हिस्से को लक्षित करती है जहाँ तर्क और तथ्य गौण हो जाते हैं और भावनाएँ प्राथमिक बन जाती हैं। भावनात्मक कथा निर्माण वह विधा है जिसके अंतर्गत किसी संदेश को केवल सूचना के रूप में नहीं, बल्कि एक मर्मस्पर्शी, उत्तेजक या भयावह कहानी के रूप में बुना जाता है। इसका सामाजिक संदर्भ यह है कि मनुष्य स्वभाव से एक कथाजीवी प्राणी है; वह नीरस तथ्यों की तुलना में कहानियों को अधिक तीव्रता से आत्मसात करता है और उन पर प्रतिक्रिया देता है। 'व्हाट्सऐप विश्वविद्यालय' की पारिस्थितिकी में, ये कथाएँ एक ऐसी निर्मित वास्तविकता तैयार करती हैं जो व्यक्ति के आंतरिक भय, गर्व और पूर्वाग्रहों को खाद-पानी देती हैं।

भय आधारित कथाएँ इस निर्मित सूचना तंत्र का आधार स्तंभ हैं। ये कहानियाँ अक्सर समाज के किसी विशेष वर्ग या समूह को एक आसन्न खतरे के रूप में प्रस्तुत करती हैं। जब सूचना को "हमारी संस्कृति खतरे में है" या "आपका भविष्य असुरक्षित है" जैसे कथानकों के साथ पिरोया जाता है, तो प्राप्तकर्ता का मस्तिष्क 'लड़ो या भागो' (फाइट और फ्लाइट) वाली रक्षात्मक अवस्था में आ जाता है। इस मनोवैज्ञानिक स्थिति में व्यक्ति की आलोचनात्मक विश्लेषण क्षमता कुंठित हो जाती है। भय का यह उपयोग केवल काल्पनिक नहीं होता, बल्कि इसे वास्तविक घटनाओं के विकृत चित्रण के साथ जोड़कर इतना यथार्थवादी बनाया जाता है कि सामान्य नागरिक इसे अपनी व्यक्तिगत सुरक्षा से जोड़कर देखने लगता है। राजनीति विज्ञान के परिप्रेक्ष्य में, भय आधारित ये कथाएँ सत्ता संरचनाओं द्वारा सामाजिक नियंत्रण और

ध्रुवीकरण के लिए एक अत्यंत सुलभ औजार की तरह प्रयोग की जाती हैं।

"हम बनाम वे" का ढांचा इस भावनात्मक युद्ध की सबसे खतरनाक परिणति है। यह कथा निर्माण समाज को दो परस्पर विरोधी और शत्रुतापूर्ण खेमों में विभाजित कर देता है। यहाँ 'हम' को सदैव नैतिकता का प्रतीक, रक्षक और पीड़ित के रूप में दिखाया जाता है, जबकि 'वे' को एक आक्रामक, षड्यंत्रकारी और बाहरी तत्व के रूप में चित्रित किया जाता है। यह द्विआधारी (बाइनरी) विभाजन मानवीय संवेदनाओं को कुंद कर देता है और 'दूसरे' पक्ष के प्रति घृणा को जायज ठहराने लगता है। भारतीय सामाजिक संरचना की जटिलता में जहाँ धार्मिक और जातीय पहचान अत्यंत संवेदनशील है, वहां यह ढांचा सामुदायिक अविश्वास की जड़ें गहरी करता है। जब सूचना एक निजी संदेश के रूप में आती है, तो वह इस "हम बनाम वे" की भावना को एक पारिवारिक विमर्श बना देती है, जिससे संवाद की संभावनाएँ समाप्त हो जाती हैं और केवल टकराव की मानसिकता शेष रहती है।

राष्ट्रीय गौरव या अपमान की भावना को उकसाना इस कथा निर्माण का एक अन्य महत्वपूर्ण आयाम है। देशभक्ति की स्वाभाविक मानवीय भावना का उपयोग सूचना के आयुधकरण के लिए किया जाता है। भ्रामक संदेश अक्सर ऐसी कहानियाँ गढ़ते हैं जिनमें या तो राष्ट्र की किसी काल्पनिक उपलब्धि का अतिरंजित गौरव गान होता है या फिर किसी वैश्विक मंच पर राष्ट्र के कथित अपमान का करुण विलाप। ये संदेश व्यक्ति के स्वाभिमान को सीधे चोट पहुँचाते हैं या उसे असीमित उत्साह से भर देते हैं। चूँकि गौरव और अपमान दोनों ही तीव्र संवेदनाएं हैं, इसलिए इनसे जुड़ी सूचनाएँ 'सत्यापन की आदत' को पीछे छोड़ देती

हैं। सैन्य अभियानों, सैनिकों के त्याग या अंतरराष्ट्रीय संबंधों से जुड़े भावनात्मक संदेश इसी श्रेणी में आते हैं, जहाँ प्रश्न पूछना ही 'राष्ट्रद्रोह' जैसा आभास कराने लगता है। यह मनोवैज्ञानिक घेराबंदी नागरिक को केवल एक भावनात्मक इकाई में बदल देती है।

धार्मिक भावनाओं को उकसाना और बच्चों, महिलाओं या सैनिकों से जुड़े संदेशों का उपयोग इस तकनीक का सबसे अधिक प्रभावशाली हिस्सा है। इन विषयों में समाज की 'सामूहिक संवेदनशीलता' निहित होती है। जब किसी कहानी में किसी मासूम बच्चे के साथ अन्याय, महिलाओं की अस्मिता पर संकट या सीमा पर सैनिक की शहादत को सनसनीखेज तरीके से पेश किया जाता है, तो समाज का संवेगात्मक तंत्र सक्रिय हो जाता है। ये संदेश अक्सर आँखों में आँसू लाने वाले या खून खौलाने वाले होते हैं। मनोवैज्ञानिक शोध यह बताते हैं कि भावनात्मक उत्तेजना के क्षणों में मनुष्य सूचना को साझा करने की प्रवृत्ति (वायरल लूप) को नियंत्रित नहीं कर पाता। वह इसे एक नैतिक जिम्मेदारी समझकर प्रसारित करता है, भले ही वह सूचना पूर्णतः कल्पित या किसी पुराने संदर्भ से काटकर बनाई गई हो।

तथ्यों और आँकड़ों की जगह कहानी का उपयोग करना इस प्रक्रिया की सबसे बड़ी चतुराई है। आँकड़े शुष्क होते हैं और उन्हें समझने के लिए मानसिक श्रम की आवश्यकता होती है, जबकि कहानी सुपाच्य और जुड़ाव पैदा करने वाली होती है। यदि किसी आर्थिक मंदी या सामाजिक समस्या को आँकड़ों से समझाया जाए, तो प्रभाव कम होगा, लेकिन यदि उसी मुद्दे को किसी काल्पनिक पीड़ित व्यक्ति की हृदयविदारक 'निजी व्यथा' के रूप में पेश किया जाए, तो वह करोड़ों लोगों तक पहुँच जाता है। व्यक्तिगत अनुभव को सार्वभौमिक सत्य बना देना इसी रणनीति का

हिस्सा है। "मेरे परिचित के साथ ऐसा हुआ" या "एक प्रत्यक्षदर्शी ने बताया" जैसे वाक्यांश सूचना को एक कृत्रिम प्रामाणिकता प्रदान करते हैं। यह 'व्यतिगत साक्ष्य' (एनेकडोटल एविडेंस) वैज्ञानिक प्रमाणों पर भारी पड़ता है क्योंकि यह सीधे मानवीय अनुभवों को संबोधित करता है।

तकनीकी साधनों और एल्गोरिदम ने इन भावनात्मक कथाओं के प्रसार को एक नया आयाम दिया है। सोशल मीडिया के मंच ऐसी सामग्री को अधिक 'रीच' या पहुँच प्रदान करते हैं जो अधिक जुड़ाव (इंगेजमेंट) पैदा करे, और भावना से बढ़कर जुड़ाव का कोई अन्य साधन नहीं है। कृत्रिम बुद्धिमत्ता के माध्यम से अब ऐसी सामग्री तैयार की जा रही है जो उपयोगकर्ता की मनोवैज्ञानिक प्रोफाइल के अनुसार उसे वही भावनात्मक कहानियाँ दिखाए जिनसे वह सबसे अधिक प्रभावित हो सकता है। यह 'माइक्रो-टारगेटिंग' समाज में एक ऐसे 'अदृश्य प्रभाव' का निर्माण करती है जहाँ नागरिक को पता ही नहीं चलता कि उसकी भावनाओं का राजनीतिक या आर्थिक लाभ के लिए मुद्रीकरण किया जा रहा है। तकनीक ने झूठ को केवल विश्वसनीय नहीं बनाया, बल्कि उसे भावनात्मक रूप से 'अपरिहार्य' बना दिया है।

भावनात्मक कथा निर्माण वह सेतु है जो किसी सामान्य झूठ को एक 'सामाजिक सत्य' में बदल देता है। यह समझना अनिवार्य है कि तथ्य से अधिक कहानी इसलिए प्रभावी होती है क्योंकि कहानी व्यक्ति की पहचान, उसके अस्तित्व और उसके मूल्यों से सीधे संवाद करती है। जब तक समाज में केवल डिजिटल साक्षरता नहीं, बल्कि 'भावनात्मक साक्षरता' (इमोशनल लिटरेसी) का विकास नहीं होगा, तब तक ये कथाएँ हमारे विवेक को बंधक बनाती रहेंगी। समाजशास्त्र और लोक प्रशासन के विद्यार्थियों के लिए यह प्रकरण यह स्पष्ट करता है कि

सूचना-युद्ध के इस युग में लड़ाई 'मस्तिष्क' के बजाय 'हृदय' के धरातल पर लड़ी जा रही है। अतः, सूचनाओं के इस महासागर में सत्य को बचाए रखने के लिए हमें कहानियों के आकर्षण से ऊपर उठकर तथ्यों की कठोरता को स्वीकार करने का साहस जुटाना होगा।

अध्याय 4: लोग झूठी खबरों पर विश्वास क्यों करते हैं?

पूर्वधारणा की पुष्टि की प्रवृत्ति — वैचारिक पक्षपात का मनोवैज्ञानिक आधार

सूचना के समकालीन संकट को समझने के लिए केवल तकनीकी विकास या संचार के साधनों का अध्ययन पर्याप्त नहीं है, बल्कि उस मानवीय मनोविज्ञान की परतों को खोलना अनिवार्य है जो सत्य की कसौटी को 'तथ्य' के बजाय 'सुविधा' मान चुका है। इस संदर्भ में 'पूर्वधारणा की पुष्टि की प्रवृत्ति' (कन्फर्मेशन बायस) सबसे महत्वपूर्ण संज्ञानात्मक आयाम है। समाजशास्त्रीय और मनोवैज्ञानिक दृष्टि से, पूर्वधारणा की पुष्टि की प्रवृत्ति वह मानसिक प्रक्रिया है जिसके अंतर्गत व्यक्ति केवल उन्हीं सूचनाओं को स्वीकार करता है, महत्व देता है और याद रखता है जो उसकी पहले से बनी हुई मान्यताओं, विश्वासों या विचारधारा के अनुकूल होती हैं। इसके विपरीत, वह ऐसी किसी भी जानकारी को अनदेखा, अस्वीकार या संदिग्ध मानकर खारिज कर देता है जो उसके स्थापित मानसिक ढाँचे को चुनौती देती हो। यह प्रवृत्ति इस मिथक को तोड़ती है कि लोग केवल अज्ञानता या निरक्षरता के कारण झूठ पर विश्वास करते हैं; वास्तविकता यह है कि उच्च शिक्षित वर्ग भी इस मनोवैज्ञानिक जाल का उतना ही शिकार है, क्योंकि यहाँ संघर्ष ज्ञान का नहीं, बल्कि पहचान और वैचारिक सुरक्षा का है।

मानवीय मस्तिष्क स्वाभाविक रूप से 'संज्ञानात्मक सामंजस्य' की तलाश में रहता है। जब हमारे सामने ऐसी जानकारी आती है जो हमारे

पुराने विश्वासों के विपरीत होती है, तो हमारे भीतर 'संज्ञानात्मक असंगति' (कॉग्निटिव डिसोनेंस) पैदा होती है, जो एक प्रकार का मानसिक तनाव है। इस तनाव से बचने के लिए मस्तिष्क स्वतः ही उस विरोधी जानकारी को 'झूठ', 'प्रचार' या 'पक्षपाती' घोषित कर देता है। भारतीय राजनीतिक और धार्मिक संदर्भ में इस प्रवृत्ति का प्रभाव अत्यंत गहरा है। यदि कोई व्यक्ति किसी विशेष विचारधारा या दल के प्रति गहरी निष्ठा रखता है, तो वह उस दल के पक्ष में आने वाली किसी भी अपुष्ट या झूठी खबर पर बिना जाँच के विश्वास कर लेगा, क्योंकि वह खबर उसके 'आंतरिक सत्य' की पुष्टि करती है। इसके विपरीत, यदि उसी दल की किसी वास्तविक विफलता की खबर सामने आती है, तो वह उसे विपक्षी षड्यंत्र मानकर नकार देगा। यहाँ सूचना का उपभोग वस्तुनिष्ठ ज्ञान प्राप्त करने के लिए नहीं, बल्कि अपने ही पक्षपात को खाद-पानी देने के लिए किया जाता है।

वैचारिक ध्रुवीकरण में पूर्वधारणा की पुष्टि की प्रवृत्ति एक उत्प्रेरक का कार्य करती है। डिजिटल युग में, यह मनोवैज्ञानिक प्रवृत्ति 'चयनात्मक सूचना उपभोग' (सेलेक्टिव इंफॉर्मेशन कंजम्पशन) के माध्यम से और अधिक प्रबल हो गई है। लोग अब उन समाचार पत्रों, चैनलों और सोशल मीडिया खातों का अनुसरण करते हैं जो उनकी अपनी भाषा और विचारधारा में बात करते हैं। यह चयनात्मकता व्यक्ति को एक ऐसे वैचारिक घेरे में बंद कर देती है जहाँ उसे कभी अपने विचारों के विपरीत कुछ सुनने या देखने को नहीं मिलता। सामाजिक माध्यमों के एल्गोरिदम इस प्रक्रिया को तकनीकी आधार प्रदान करते हैं, जहाँ वे उपयोगकर्ता को निरंतर वही सामग्री दिखाते हैं जिसे वह पसंद करता है। इसके परिणामस्वरूप, 'समान विचारधारा वाले समूहों' का निर्माण होता है,

जहाँ एक ही झूठ को बार-बार दोहराकर उसे परम सत्य के रूप में स्थापित कर दिया जाता है। ध्रुवीकरण की इस स्थिति में, सत्य का महत्व समाप्त हो जाता है और केवल समूह की एकजुटता शेष रहती है।

"मैं पहले से जानता था" की भावना इस मनोवैज्ञानिक प्रक्रिया की सबसे बड़ी तुष्टि है। जब किसी व्यक्ति को व्हाट्सएप पर कोई ऐसी भ्रामक सूचना प्राप्त होती है जो उसके पूर्वाग्रहों को सही सिद्ध करती है, तो उसे एक प्रकार का 'बौद्धिक गौरव' अनुभव होता है। उसे लगता है कि उसकी समझ सही थी और यह सूचना केवल उस समझ का प्रमाण है। यह भावना उसे उस सूचना को बिना किसी विलंब के साझा करने के लिए प्रेरित करती है। यहाँ सूचना का प्रेषक केवल जानकारी नहीं फैला रहा होता, बल्कि वह समाज में अपनी वैचारिक श्रेष्ठता सिद्ध करने का प्रयास कर रहा होता है। यह प्रक्रिया तथ्यों के स्थान पर 'विश्वास' को प्राथमिकता देती है। लोक प्रशासन और राजनीति विज्ञान के विद्यार्थियों के लिए यह समझना अनिवार्य है कि जनमत का निर्माण अब तार्किक चर्चाओं से नहीं, बल्कि इन पूर्व-निर्मित धारणाओं के प्रबंधन से हो रहा है।

भारतीय सामाजिक संरचना में, जहाँ धर्म, जाति और क्षेत्रीय पहचान व्यक्तिगत पहचान के अभिन्न अंग हैं, वहाँ पूर्वधारणा की पुष्टि की प्रवृत्ति एक रक्षा तंत्र की तरह कार्य करती है। जब किसी व्यक्ति के समुदाय के गौरव को बढ़ाने वाली कोई झूठी खबर प्रसारित होती है, तो वह उस पर विश्वास करना अपना 'नैतिक कर्तव्य' समझने लगता है। इसी प्रकार, जब किसी 'दूसरे' समुदाय के प्रति भय या घृणा पैदा करने वाली सूचना प्राप्त होती है, तो वह उसके पहले से दबे हुए पूर्वाग्रहों को सक्रिय कर देती है। यहाँ सूचना प्रौद्योगिकी का प्रभाव सभी वर्गों पर समान नहीं

पड़ता; जहाँ डिजिटल साक्षरता की कमी है, वहां ये धारणाएं अधिक हिंसक और कट्टर रूप ले लेती हैं। परंतु, यह स्पष्ट करना आवश्यक है कि समस्या सूचना की कमी नहीं, बल्कि सूचना को ग्रहण करने का वह पक्षपाती तरीका है जो तथ्यों की कठोरता के बजाय भावनाओं की तरलता को चुनता है।

संस्थाओं के प्रति अविश्वास और पारंपरिक मीडिया की गिरती साक्षरता ने इस मनोवैज्ञानिक संकट को और अधिक विस्तृत किया है। जब मुख्यधारा की संस्थाएं अपनी तटस्थता खोने लगती हैं, तो नागरिक सूचना के लिए पूरी तरह से अपने निजी नेटवर्क और व्हाट्सएप समूहों पर निर्भर हो जाता है। इन समूहों में सूचना का प्रवाह 'विश्वास के धागे' से जुड़ा होता है। यदि परिवार के किसी बड़े या आदरणीय सदस्य ने कोई संदेश भेजा है, तो वह स्वतः ही प्रमाणित मान लिया जाता है, भले ही वह तथ्यों के धरातल पर शून्य हो। यह 'विश्वास आधारित सूचना तंत्र' तार्किक विमर्श के लिए कोई स्थान नहीं छोड़ता। यहाँ 'तथ्य' एक असुविधाजनक वस्तु बन जाते हैं जिन्हें अपनी मान्यताओं की रक्षा के लिए किनारे कर दिया जाता है।

मनोवैज्ञानिक रूप से, पूर्वधारणा की पुष्टि की प्रवृत्ति 'अप्रत्यक्ष सुदृढीकरण' का कार्य करती है। बार-बार एक ही प्रकार की सूचना के संपर्क में रहने से व्यक्ति का मानसिक ढांचा इतना कठोर हो जाता है कि वह नई और विरोधाभासी जानकारी को ग्रहण करने की क्षमता खो देता है। इसे 'सूचनात्मक प्रतिध्वनि' कहा जा सकता है, जहाँ व्यक्ति केवल अपनी ही आवाज की गूँज सुनना चाहता है। व्हाट्सएप विश्वविद्यालय इसी गूँज को एक संस्थागत स्वरूप प्रदान करता है। यहाँ झूठी खबरें इसलिए सफल नहीं होतीं कि वे बहुत चालाकी से बुनी गई

हैं, बल्कि इसलिए सफल होती हैं क्योंकि वे उस सत्य को प्रस्तुत करती हैं जिसे समाज का एक बड़ा हिस्सा 'देखना' चाहता है। यह एक ऐसी सामूहिक आत्ममुग्धता है जहाँ समाज तथ्यों के दर्पण को तोड़कर अपनी कल्पित छवि में खुश रहना चाहता है।

पूर्वधारणा की पुष्टि की प्रवृत्ति यह स्पष्ट करती है कि झूठी खबरों के विरुद्ध लड़ाई केवल 'तथ्य-जाँच' (फैक्ट-चेक) से नहीं जीती जा सकती। जब तक व्यक्ति के भीतर अपने विचारों पर संदेह करने और विरोधी दृष्टिकोण को सुनने का साहस विकसित नहीं होगा, तब तक सबसे सटीक तथ्य भी निष्प्रभावी रहेंगे। समाजशास्त्र और माध्यम अध्ययन के विद्यार्थियों के लिए यह प्रकरण एक चेतावनी है कि सूचना क्रांति ने हमें अधिक जानकारी तो दी है, लेकिन उसने हमारे पक्षपातों को भी और अधिक सशक्त कर दिया है। भविष्य की शिक्षा और साक्षरता का प्राथमिक उद्देश्य केवल तकनीकी ज्ञान प्रदान करना नहीं, बल्कि नागरिक को उसके अपने मनोवैज्ञानिक पूर्वाग्रहों के प्रति जागरूक करना होना चाहिए। जब तक हम यह नहीं समझेंगे कि हमारा मस्तिष्क सत्य के बजाय अपनी मान्यताओं को बचाने के लिए अधिक संघर्ष करता है, तब तक 'व्हाट्सऐप विश्वविद्यालय' जैसे भ्रामक तंत्रों का प्रभाव बना रहेगा।

भय आधारित संदेशों का प्रभाव — संवेगात्मक आवेग और तार्किक पतन

मानवीय चेतना और सामाजिक व्यवहार के विश्लेषण में 'भय' को सबसे आदिम और शक्तिशाली संवेगात्मक प्रेरक माना गया है। डिजिटल सूचना तंत्र, विशेषकर संदेश विनिमय के मंचों पर, भय आधारित संदेशों

का प्रसार एक ऐसी मनोवैज्ञानिक रणनीति है जो व्यक्ति की तार्किक क्षमता को तात्कालिक रूप से कुंठित कर देती है। समाजशास्त्रीय दृष्टिकोण से, जब समाज के समक्ष किसी अदृश्य या संभावित खतरे की चेतावनी वाली खबरें आती हैं, तो सामूहिक सुरक्षा का भाव व्यक्तिगत विवेक पर हावी हो जाता है। भय आधारित संदेश केवल सूचना मात्र नहीं होते, बल्कि वे एक 'अस्तित्वगत संकट' का आभास कराते हैं, जिससे प्रेरित होकर व्यक्ति बिना किसी सत्यापन के प्रतिक्रिया देने के लिए विवश हो जाता है। भारतीय सामाजिक परिवेश में, जहाँ सामुदायिक भावना और पारिवारिक सुरक्षा को सर्वोच्च प्राथमिकता दी जाती है, वहां इन संदेशों का प्रभाव अत्यंत तीव्र और व्यापक होता है, जो अंततः सूचना-अराजकता को एक स्वीकार्य सामाजिक प्रतिक्रिया में बदल देता है।

खतरे की चेतावनी वाली खबरों का तेज प्रसार इस तथ्य पर आधारित है कि मानवीय मस्तिष्क विकासवादी क्रम में नकारात्मक और असुरक्षा पैदा करने वाली सूचनाओं के प्रति अधिक संवेदनशील रहा है। जब किसी संदेश में यह दावा किया जाता है कि बच्चों की सुरक्षा संकट में है, महिलाओं के विरुद्ध कोई संगठित अपराध हो रहा है या राष्ट्र की सीमाओं पर कोई गुप्त संकट मंडरा रहा है, तो प्राप्तकर्ता का 'एमिग्डाला' (मस्तिष्क का वह हिस्सा जो भावनाओं और भय को नियंत्रित करता है) सक्रिय हो जाता है। इस स्थिति को मनोवैज्ञानिक शब्दावली में 'एमिग्डाला अपहरण' कहा जाता है, जहाँ मस्तिष्क का तार्किक और विश्लेषणात्मक हिस्सा, यानी 'प्रीफ्रंटल कॉर्टेक्स', निष्क्रिय हो जाता है। जब मस्तिष्क इस सुरक्षात्मक विधा में होता है, तो वह सूचना की सत्यता जाँचने के बजाय स्वयं को और अपने प्रियजनों

को बचाने की 'आपातकालीन मानसिकता' में आ जाता है। यही कारण है कि बच्चा चोरी या किसी विशेष समूह द्वारा संभावित हमले की अफवाहें मिनटों में पूरे क्षेत्र में फैल जाती हैं।

स्वास्थ्य संकट से जुड़ी अफवाहें भय आधारित कथा निर्माण का एक अन्य महत्वपूर्ण आयाम हैं। महामारी या किसी नई बीमारी के संदर्भ में जब अधिकारिक सूचना तंत्र और नागरिक के बीच अविश्वास की खाई पैदा होती है, तो भ्रामक सूचनाएं उस शून्य को भर देती हैं। स्वास्थ्य संबंधी भय व्यक्ति को अत्यंत असहाय बना देता है, जिससे वह किसी भी 'चमत्कारी उपचार' या 'अदृश्य षड्यंत्र' वाली सूचना पर विश्वास करने लगता है। भारतीय संदर्भ में, जहाँ पारंपरिक ज्ञान और आधुनिक चिकित्सा के बीच एक द्वंद्व बना रहता है, वहां स्वास्थ्य संबंधी अफवाहें अक्सर वैज्ञानिक तथ्यों को दरकिनार कर देती हैं। इन संदेशों में अक्सर किसी प्रतिष्ठित संस्थान का छद्म नाम जोड़कर उन्हें विश्वसनीय बनाया जाता है, जिससे भय का प्रभाव और अधिक गहरा हो जाता है। यह स्थिति न केवल सार्वजनिक स्वास्थ्य के लिए घातक है, बल्कि यह लोक प्रशासन के समक्ष एक ऐसी सूचनात्मक चुनौती प्रस्तुत करती है जहाँ सत्य को स्थापित करना लगभग असंभव हो जाता है।

सामाजिक या धार्मिक खतरे का निर्माण योजनाबद्ध दुष्प्रचार का सबसे मारक अस्त्र है। इसमें किसी विशेष समुदाय या समूह को एक ऐसे खतरे के रूप में प्रस्तुत किया जाता है जो बहुसंख्यक वर्ग के अस्तित्व, संसाधनों या संस्कृति को नष्ट कर सकता है। "हम खतरे में हैं" का यह नैरेटिव ऐतिहासिक पूर्वाग्रहों और वर्तमान असुरक्षाओं का मिश्रण होता है। राजनीति विज्ञान के परिप्रेक्ष्य में, यह ध्रुवीकरण की सबसे प्रभावी विधि है क्योंकि यह नागरिक को एक ऐसे 'युद्धकालीन मानसिक ढांचे'

में ढकेल देती है जहाँ वह केवल अपनी पहचान की रक्षा के बारे में सोचता है। यहाँ 'तथ्य' एक असुविधाजनक बाधा बन जाते हैं। यदि कोई तथ्य यह सिद्ध भी करता है कि प्रसारित सूचना गलत है, तो भयग्रस्त मस्तिष्क उसे 'शत्रु का प्रचार' मानकर अस्वीकार कर देता है। इस प्रकार, निर्मित सामाजिक भय एक ऐसे 'संज्ञान संबंधी बंद घेरे' का निर्माण करता है जहाँ केवल वही सूचना प्रवेश कर सकती है जो पूर्व-स्थापित भय की पुष्टि करती हो।

“तुरंत साझा करें” या "इसे अधिक से अधिक फैलाएं" जैसी अपीलें इन संदेशों के साथ अनिवार्य रूप से जुड़ी होती हैं। ये वाक्यांश प्राप्तकर्ता के भीतर 'नैतिक उत्तरदायित्व' का एक कृत्रिम बोध पैदा करते हैं। प्रेषक को यह अनुभव कराया जाता है कि यदि उसने इस सूचना को आगे नहीं बढ़ाया, तो वह समाज या अपने प्रियजनों के प्रति अपराध कर रहा है। यह 'सामूहिक चेतावनी' की भावना व्यक्ति को सत्यापन के लिए समय नहीं देती। आपातकालीन मानसिकता में सत्यापन का अभाव एक स्वाभाविक परिणति है, क्योंकि सत्यापन के लिए जिस धैर्य और समय की आवश्यकता होती है, वह भय की तात्कालिकता में लुप्त हो जाता है। व्हाट्सएप जैसे मंचों पर यह प्रक्रिया और भी सुगम है, जहाँ 'फॉरवर्ड' या अग्रेषित करने का विकल्प केवल एक स्पर्श की दूरी पर होता है। यह तकनीकी सुगमता और मनोवैज्ञानिक दबाव का एक ऐसा गठजोड़ है जो झूठ को सत्य से अधिक गतिशील बना देता है।

भय और तर्क के बीच का संबंध व्युत्क्रमानुपाती होता है; जैसे-जैसे भय की मात्रा बढ़ती है, तर्क का स्तर गिरता जाता है। भ्रामक सूचनाओं के निर्माता इस सिद्धांत को भली-भांति समझते हैं। वे जानते हैं कि यदि सूचना में पर्याप्त मात्रा में उत्तेजना और असुरक्षा का भाव समाहित है,

तो पाठक उस पर सवाल नहीं उठाएगा। भारतीय समाज की जटिल संरचना, जहाँ डिजिटल असमानता और शिक्षा के स्तर में भारी अंतर है, वहां यह तकनीक और भी मारक सिद्ध होती है। ग्रामीण क्षेत्रों में, जहाँ सूचना के वैकल्पिक और विश्वसनीय स्रोत सीमित हैं, वहां डिजिटल संदेश ही अंतिम सत्य बन जाते हैं। यह स्पष्ट करना आवश्यक है कि सूचना प्रौद्योगिकी का प्रभाव सभी वर्गों पर समान नहीं पड़ता; जो वर्ग पहले से ही सामाजिक या आर्थिक रूप से असुरक्षित महसूस कर रहा है, वह इन भय आधारित संदेशों का सबसे आसान लक्ष्य बनता है।

लोक प्रशासन और कानून व्यवस्था के दृष्टिकोण से, भय आधारित सूचनाओं के परिणाम अक्सर भौतिक हिंसा के रूप में प्रकट होते हैं। जब बड़ी संख्या में लोग एक ही प्रकार के भय से ग्रस्त होते हैं, तो वे एक 'उन्मादी भीड़' का रूप ले लेते हैं। मॉब लिंचिंग जैसी दुखद घटनाएं इसी प्रक्रिया का अंतिम परिणाम हैं, जहाँ डिजिटल संदेशों द्वारा निर्मित भय ने लोगों को कानून अपने हाथ में लेने के लिए उकसाया। यह समझना अनिवार्य है कि यह केवल कुछ लोगों का नैतिक पतन नहीं है, बल्कि यह उस संरचनात्मक विफलता का परिणाम है जहाँ सूचना का राजनीतिक उपयोग भय के माध्यम से किया जा रहा है। पारंपरिक मीडिया भी अक्सर सनसनीखेज शैली अपनाकर इस भय को खाद-पानी देता है, जिससे संस्थाओं के प्रति अविश्वास और गहरा होता जाता है।

भय आधारित संदेशों का प्रभाव हमारे सामाजिक विवेक और लोकतांत्रिक विमर्श के लिए सबसे गंभीर चुनौती है। यह स्पष्ट है कि भय तर्कशील सोच को कमजोर करता है और तात्कालिक प्रतिक्रिया को बढ़ाता है, जिससे समाज में अविश्वास और विद्वेष की जड़ें गहरी होती

हैं। समाजशास्त्र और माध्यम अध्ययन के विद्यार्थियों के लिए यह प्रकरण यह समझने हेतु अनिवार्य है कि सूचना-युद्ध के इस युग में 'भय' केवल एक भावना नहीं, बल्कि एक सुनियोजित हथियार है। जब तक हम अपने संवेगात्मक आवेगों को नियंत्रित करने और सूचना की जाँच करने की संस्कृति विकसित नहीं करेंगे, तब तक 'व्हाट्सऐप विश्वविद्यालय' जैसे तंत्र हमारी असुरक्षाओं का लाभ उठाते रहेंगे। सत्य की रक्षा के लिए भय पर विजय प्राप्त करना और अपनी तार्किक संप्रभुता को पुनः प्राप्त करना आधुनिक नागरिकता का सबसे प्राथमिक उत्तरदायित्व है।

सोचने की आलस्यपूर्ण आदत — संज्ञानात्मक संक्षिप्त मार्ग और वैचारिक सतहीपन

सूचना के समकालीन युग में 'व्हाट्सऐप विश्वविद्यालय' जैसे तंत्रों की सफलता का एक अत्यंत महत्वपूर्ण आधार मानवीय मस्तिष्क की वह संरचनात्मक प्रवृत्ति है, जिसे संज्ञानात्मक मनोविज्ञान में 'संज्ञानात्मक आलस्य' (कॉग्निटिव माइजरलीनेस) के रूप में परिभाषित किया जाता है। इस संकल्पना का सामाजिक और शैक्षणिक अर्थ यह है कि मनुष्य का मस्तिष्क स्वाभाविक रूप से जटिल और श्रमसाध्य विश्लेषण के स्थान पर 'संज्ञानात्मक संक्षिप्त मार्ग' (कॉग्निटिव शॉर्टकट्स) या त्वरित मानसिक निर्णयों को वरीयता देता है। समाजशास्त्रीय दृष्टिकोण से, डिजिटल सूचना तंत्रों ने इस आलस्यपूर्ण आदत को एक स्थायी सामाजिक व्यवहार में परिवर्तित कर दिया है। जब सूचना का प्रवाह मानवीय प्रसंस्करण की क्षमता से अधिक हो जाता है, तो नागरिक तथ्यों की गहराई में जाने के बजाय सतही आकर्षणों के आधार पर अपनी धारणाएं निर्मित करने लगता है। यह आलस्य केवल व्यक्तिगत दोष नहीं है, बल्कि यह एक ऐसी 'उपभोग संस्कृति' की परिणति है जहाँ गति को

सटीकता से अधिक महत्व दिया जाता है और जटिल सामाजिक सत्यों को सरल, सुपाच्य परंतु भ्रामक कथाओं में स्वीकार करना एक सामान्य प्रवृत्ति बन गई है।

त्वरित निर्णय लेने की प्रवृत्ति इस आलस्यपूर्ण आदत का प्राथमिक लक्षण है, जो डिजिटल माध्यमों के 'स्क्रॉलिंग' या निरंतर सरकाते रहने वाले प्रारूप से संचालित होती है। स्मार्टफोन की स्क्रीन पर सूचनाएं इतनी तीव्र गति से आती हैं कि मस्तिष्क को प्रत्येक सूचना का मूल्यांकन करने के लिए आवश्यक समय नहीं मिल पाता। इस स्थिति में, उपयोगकर्ता संदेश के स्रोत की विश्वसनीयता या तर्कों की संगति की जाँच करने के बजाय अपनी 'तात्कालिक सहज बुद्धि' (इन्स्टिंक्ट) पर निर्भर हो जाता है। यह 'त्वरित प्रत्युत्तर की संस्कृति' व्यक्ति को इस भ्रम में रखती है कि वह निरंतर अद्यतन (अपडेट) हो रहा है, जबकि वास्तव में वह सूचनाओं के एक ऐसे भंवर में फँसा होता है जहाँ वह केवल उन्हीं संदेशों को ग्रहण करता है जो देखने में उत्तेजक या परिचित लगते हैं। यह मानसिक जल्दबाजी भ्रामक सूचनाओं के लिए एक उर्वर भूमि तैयार करती है, क्योंकि झूठ को सत्य सिद्ध करने के लिए अक्सर सनसनीखेज तत्वों का सहारा लिया जाता है जो त्वरित ध्यान खींचने में सक्षम होते हैं।

जटिल विषयों को सरल कथाओं में स्वीकार करना आधुनिक नागरिक की एक बड़ी बौद्धिक विवशता और आलस्य का केंद्र बन गया है। भारतीय सामाजिक, राजनीतिक और आर्थिक मुद्दे अत्यंत जटिल और बहुआयामी होते हैं, जिन्हें समझने के लिए ऐतिहासिक परिप्रेक्ष्य और नीतिगत ज्ञान की आवश्यकता होती है। 'व्हाट्सऐप विश्वविद्यालय' इसी जटिलता का लाभ उठाता है और इन गंभीर विषयों को 'अच्छे बनाम बुरे' या 'षड्यंत्र बनाम गौरव' जैसी सरल कहानियों में संकुचित कर देता है।

संज्ञानात्मक आलस्य से ग्रस्त मस्तिष्क इन सरलीकृत व्याख्याओं को इसलिए स्वीकार कर लेता है क्योंकि ये उसे मानसिक श्रम से बचाती हैं और जटिल यथार्थ का एक ऐसा आभासी समाधान प्रस्तुत करती हैं जो समझने में आसान होता है। उदाहरण के तौर पर, अर्थव्यवस्था की बारीकियों को समझने के बजाय किसी काल्पनिक खजाने या छद्म राष्ट्रवादी गौरव की कहानियों पर विश्वास करना इसी मानसिक प्रवृत्ति का परिणाम है। यहाँ 'सरलीकरण' केवल स्पष्टता का साधन नहीं, बल्कि सत्य के विरूपण का अस्त्र बन जाता है।

शीर्षक पढ़कर निष्कर्ष निकालने की प्रवृत्ति और लंबा विश्लेषण पढ़ने से बचना इस डिजिटल युग की सबसे बड़ी शैक्षणिक चुनौती है। इसे 'अटेंशन इकॉनमी' या 'ध्यान की अर्थव्यवस्था' के संदर्भ में समझा जाना चाहिए, जहाँ प्रत्येक संदेश उपयोगकर्ता के सीमित ध्यान को प्राप्त करने की प्रतिस्पर्धा में लगा है। अधिकांश उपयोगकर्ता अब केवल 'क्लिकबेट' या सनसनीखेज शीर्षकों के आधार पर अपनी राय बना लेते हैं और पूरे संदेश या लेख को पढ़ने का कष्ट नहीं करते। यह प्रवृत्ति 'सूचनात्मक अपूर्णता' को जन्म देती है, जहाँ व्यक्ति को लगता है कि उसे जानकारी मिल गई है, जबकि उसने केवल उस सूचना का एक विकृत और अधूरा हिस्सा ही देखा होता है। लंबी रिपोर्टों, शोधपत्रों या संतुलित विश्लेषणों के प्रति बढ़ती अरुचि ने समाज में एक 'वैचारिक छिछोरापन' पैदा किया है। जब समाज का एक बड़ा हिस्सा गहराई से सोचने की आदत छोड़ देता है, तो वह संगठित दुष्प्रचार का सबसे सुगम लक्ष्य बन जाता है, क्योंकि झूठ अक्सर संक्षिप्त, आकर्षक और प्रभावी रूप में प्रस्तुत किया जाता है।

समय की कमी का बहाना और सूचना की अधिकता के कारण उत्पन्न मानसिक थकान इस संज्ञानात्मक आलस्य को सामाजिक वैधता प्रदान करती है। आधुनिक जीवनशैली में नागरिक निरंतर सूचनाओं की बमबारी के नीचे दबा हुआ है, जिसे 'इन्फो-ओबेसिटी' या 'सूचनात्मक अति-स्थूलता' कहा जा सकता है। जब मस्तिष्क निरंतर सूचनाओं को संसाधित करने के प्रयास में थक जाता है, तो वह 'ऊर्जा संरक्षण' की नीति अपनाता है और सत्यापन की जिम्मेदारी से बचने लगता है। प्रेषक अक्सर यह तर्क देते हैं कि उनके पास प्रत्येक 'फॉरवर्ड' या अग्रेषित संदेश की जाँच करने का समय नहीं है। यह 'समय का अभाव' वास्तव में एक 'नैतिक पलायन' है। यह थकान व्यक्ति को उस अवस्था में ले जाती है जहाँ वह सत्य की खोज के बजाय केवल 'सुविधाजनक सूचना' की तलाश करता है। इस मानसिक थकावट का लाभ उठाकर राजनीतिक और आर्थिक हित समूह अपनी भ्रामक सामग्री को इस तरह परोसते हैं कि वह बिना किसी मानसिक संघर्ष के सीधे उपयोगकर्ता के अवचेतन में समा जाए।

डिजिटल युग में तेज उपभोग ने गहराई से सोचने की आदत को जिस प्रकार कम किया है, उसका प्रभाव लोक प्रशासन और लोकतांत्रिक संस्थानों के प्रति नागरिक के व्यवहार पर स्पष्ट रूप से देखा जा सकता है। जब नागरिक जटिल नीतिगत निर्णयों का विश्लेषण करने के बजाय उनके बारे में फैली डिजिटल अफवाहों पर अधिक विश्वास करने लगता है, तो शासन की जवाबदेही कमजोर होती है। सूचना की यह सतही समझ संस्थानों के प्रति एक 'तदर्थ अविश्वास' (एड-हॉक डिस्ट्रस्ट) पैदा करती है, जहाँ बिना किसी ठोस साक्ष्य के केवल डिजिटल शोर के आधार पर धारणाएं बना ली जाती हैं। यह स्पष्ट करना आवश्यक है कि

सूचना प्रौद्योगिकी का प्रभाव सभी सामाजिक वर्गों पर समान नहीं पड़ता; जहाँ शिक्षित वर्ग के पास विश्लेषण के उपकरण होने के बावजूद वह आलस्य का शिकार है, वहीं ग्रामीण और डिजिटल रूप से नए उपयोगकर्ताओं के लिए यह 'सरल सूचना' ही उनका एकमात्र ज्ञान तंत्र बन जाती है।

मनोवैज्ञानिक रूप से, संज्ञानात्मक आलस्य 'पुष्टि पूर्वाग्रह' के साथ मिलकर एक अभेद्य दुर्ग का निर्माण करता है। जब हमें अपनी मान्यताओं के अनुकूल कोई सरल संदेश मिलता है, तो हमारा मस्तिष्क उसे जाँचना आवश्यक नहीं समझता क्योंकि वह पहले से ही उस 'निष्कर्ष' तक पहुँच चुका होता है। बार-बार दोहराई गई संक्षिप्त सूचनाएं 'भ्रमपूर्ण सत्य प्रभाव' पैदा करती हैं, जहाँ मस्तिष्क की 'अनायास प्रंसंस्करण' (फ्लुएंसी) की क्षमता किसी भी परिचित झूठ को सत्य मान लेती है। भविष्य में कृत्रिम बुद्धिमत्ता के माध्यम से सूचनाओं को और भी अधिक व्यक्तिगत और 'सुपाच्य' बनाकर परोसा जाएगा, जिससे सोचने की यह आलस्यपूर्ण आदत और भी गहरी हो सकती है। यह तकनीकी अंध-गौरव का विषय नहीं है, बल्कि मानवीय विवेक के क्रमिक ह्रास की एक यथार्थवादी चेतावनी है।

सोचने की आलस्यपूर्ण आदत 'व्हाट्सऐप विश्वविद्यालय' का वह गुप्त इंजन है जो बिना किसी शोर के समाज के वैचारिक धरातल को बदल रहा है। यह प्रकरण यह स्पष्ट करता है कि सूचना-क्रांति ने हमें अधिक जानकारी तो दी है, लेकिन उसने हमारे 'चिंतनशील मन' (रिफ्लेक्टिव माइंड) को निष्क्रिय कर दिया है। समाजशास्त्र और माध्यम अध्ययन के विद्यार्थियों के लिए यह विश्लेषण एक आह्वान है कि वे सूचना के इस शोर में 'मौन' और 'धैर्य' के महत्व को समझें। सत्य की रक्षा केवल

तकनीकी साधनों से संभव नहीं है; इसके लिए नागरिकों को अपने संज्ञानात्मक आलस्य का त्याग कर सूचना के प्रति एक 'आलोचनात्मक उत्तरदायित्व' विकसित करना होगा। जब तक हम 'तेजी' को 'सत्य' का पर्याय मानेंगे, तब तक भ्रामक सूचनाओं का यह व्यापार हमारे सामूहिक विवेक को खंडित करता रहेगा।

समूह पहचान की भावना — निष्ठा और सत्य के मध्य का अंतर्द्वंद्व

मानवीय व्यवहार और सामाजिक संरचना के गहन विश्लेषण में 'समूह पहचान की भावना' (सोशल आइडेंटिटी थ्योरी) एक ऐसा केंद्रीय स्तंभ है, जो यह निर्धारित करता है कि व्यक्ति सूचना का प्रसंस्करण किस प्रकार करेगा। समाजशास्त्रीय दृष्टिकोण से, मनुष्य केवल एक व्यक्तिगत इकाई नहीं है, बल्कि वह विभिन्न धार्मिक, जातीय, भाषाई और राजनीतिक समूहों का अभिन्न अंग है। ये समूह व्यक्ति को न केवल सुरक्षा और संबद्धता का बोध कराते हैं, बल्कि उसकी 'विश्वदृष्टि' को भी निर्मित करते हैं। डिजिटल युग में, विशेषकर व्हाट्सऐप जैसे बंद मंचों पर, सूचना का प्रवाह इन पहचानों के इर्द-गिर्द सिमट गया है। यहाँ सत्य की परिभाषा वस्तुनिष्ठ तथ्यों से हटकर 'समूह की सहमति' पर आधारित हो गई है। जब कोई सूचना समूह की पहचान को पुष्ट करती है या उसे किसी बाह्य संकट से बचाने का दावा करती है, तो वह सूचना स्वतः ही वैध मान ली जाती है। इस प्रक्रिया में समूह के प्रति निष्ठा कई बार वस्तुनिष्ठ सत्य से अधिक महत्वपूर्ण हो जाती है, जिससे भ्रामक सूचनाओं को एक सामाजिक सुरक्षा कवच प्राप्त हो जाता है।

“हम बनाम वे” की मानसिकता इस सामाजिक-मनोवैज्ञानिक परिघटना का सबसे मुखर और विभाजनकारी स्वरूप है। यह मानसिकता समाज को दो स्पष्ट और परस्पर विरोधी खेमों में विभाजित कर देती है, जहाँ 'हम' (अंतःसमूह) को सदैव नैतिकता, त्याग और सत्य का प्रतीक माना जाता है, जबकि 'वे' (बाह्य समूह) को आक्रामक, षड्यंत्रकारी और अविश्वसनीय के रूप में चित्रित किया जाता है। व्हाट्सऐप विश्वविद्यालय की कथाएँ अक्सर इसी ढांचे पर आधारित होती हैं। जब किसी संदेश में यह दावा किया जाता है कि 'वे' हमारे विरुद्ध कोई गुप्त योजना बना रहे हैं, तो व्यक्ति की तार्किक क्षमता 'समूह रक्षात्मकता' के दबाव में दब जाती है। यह विभाजनकारी विमर्श केवल राजनीतिक चुनाव तक सीमित नहीं रहता, बल्कि यह दैनिक सामाजिक अंतःक्रियाओं में अविश्वास के बीज बोता है। यहाँ सूचना का उद्देश्य ज्ञानवर्धन नहीं, बल्कि समूह की सीमाओं को और अधिक स्पष्ट और अभेद्य बनाना होता है, जिससे विरोधी समूह के प्रति अविश्वास एक स्थायी संस्कार बन जाता है।

समूह के विचारों से असहमति का डर और सामाजिक स्वीकृति की आवश्यकता व्यक्ति को भ्रामक सूचनाओं का मूक समर्थक या सक्रिय प्रसारक बना देती है। मनुष्य स्वभाव से एक सामाजिक प्राणी है और उसके लिए अपने समूह से निष्कासित होना या वहाँ उपहास का पात्र बनना एक गहरा मनोवैज्ञानिक भय है। जब किसी पारिवारिक या सामुदायिक व्हाट्सऐप समूह में कोई वरिष्ठ या प्रभावशाली सदस्य कोई भ्रामक सूचना साझा करता है, तो अन्य सदस्य—भले ही वे उस सूचना पर संशय रखते हों—अक्सर चुप रहना ही बेहतर समझते हैं। इस व्यवहार को 'मौन की सर्पिल' (स्पाइरल ऑफ साइलेंस) कहा जा

सकता है, जहाँ व्यक्ति अपनी प्रतिष्ठा और समूह में अपनी स्थिति को बनाए रखने के लिए सत्य की बलि चढ़ा देता है। सामाजिक स्वीकृति की यह भूख उसे उन सूचनाओं को भी साझा करने के लिए प्रेरित करती है जिन्हें वह स्वयं पूर्णतः सत्य नहीं मानता, परंतु उसे लगता है कि ऐसा करने से वह समूह की मुख्यधारा का हिस्सा बना रहेगा।

समूह में प्रतिष्ठा पाने की इच्छा और धार्मिक, जातीय या राजनीतिक पहचान का प्रभाव सूचना के प्रसार को एक 'प्रतिस्पर्धात्मक' स्वरूप प्रदान करता है। डिजिटल मंचों पर सबसे पहले 'विशिष्ट' या 'अज्ञात' जानकारी साझा करना समूह के भीतर एक प्रकार के 'सूचनात्मक नेतृत्व' का बोध कराता है। प्रेषक को लगता है कि वह अपने समूह की रक्षा कर रहा है या उन्हें जागरूक बना रहा है, जिससे उसकी प्रतिष्ठा में वृद्धि होती है। भारतीय सामाजिक ढाँचे में, जहाँ पहचान के सूत्र अत्यंत गहरे हैं, वहां सूचना का सीधा संबंध अस्मिता से जुड़ जाता है। यदि कोई सूचना किसी धार्मिक प्रतीक के गौरव या जातीय श्रेष्ठता का बखान करती है, तो उस पर प्रश्न उठाना अपनी पहचान पर प्रश्न उठाने जैसा प्रतीत होता है। यह पहचान-आधारित निष्ठा तथ्यों के प्रति एक प्रकार की 'अंधता' उत्पन्न करती है, जहाँ व्यक्ति केवल वही देखना चाहता है जो उसके समूह के गौरव को बढ़ाता हो।

समूह के भीतर सूचना की वैधता का स्रोत अब 'विशेषज्ञता' के स्थान पर 'निकटता' बन गया है। पारंपरिक माध्यमों में सूचना की वैधता संपादक या संस्थान की साख से तय होती थी, परंतु व्हाट्सऐप जैसे निजी समूहों में सूचना की वैधता प्रेषक के साथ हमारे संबंधों से तय होती है। यदि कोई भ्रामक संदेश किसी मित्र, संबंधी या धार्मिक गुरु द्वारा भेजा गया है, तो उसे जाँचना प्रेषक के प्रति 'अविश्वास' व्यक्त करने जैसा माना

जाता है। यह भावनात्मक बंधन सूचना के सत्यापन की प्रक्रिया में सबसे बड़ी बाधा है। इसके विपरीत, विरोधी समूह द्वारा दी गई सबसे सटीक और प्रमाणित सूचना को भी 'दुष्प्रचार' मानकर खारिज कर दिया जाता है क्योंकि वह 'शत्रु' के पाले से आई है। यह स्थिति समाज में एक ऐसे 'संज्ञान संबंधी अवरोध' का निर्माण करती है जहाँ संवाद की संभावनाएँ समाप्त हो जाती हैं और केवल वैचारिक युद्ध शेष रहता है।

राजनीति विज्ञान के दृष्टिकोण से, समूह पहचान की यह भावना लोकतांत्रिक विमर्श के लिए एक गंभीर संरचनात्मक चुनौती है। जब मतदाता अपनी पहचान के आधार पर सूचनाओं को छानने लगता है, तो वह नीतिगत बहसों और शासन की जवाबदेही के प्रति उदासीन हो जाता है। राजनीतिक दल इस मनोवैज्ञानिक स्थिति का लाभ उठाकर 'सूक्ष्म लक्ष्यीकरण' (माइक्रो-टारगेटिंग) के माध्यम से प्रत्येक समूह के लिए अलग-अलग भ्रामक नैरेटिव तैयार करते हैं। यह प्रक्रिया नागरिक को एक स्वतंत्र विवेकशील इकाई के स्थान पर एक 'वोट बैंक' या 'समूह घटक' में बदल देती है। लोक प्रशासन के लिए यह इसलिए चुनौतीपूर्ण है क्योंकि जब सार्वजनिक नीतियों का क्रियान्वयन होता है, तो उसे तथ्यों के आधार पर नहीं बल्कि समूह के लाभ-हानि के चश्मे से देखा जाता है, जिससे संस्थानों के प्रति अविश्वास और बढ़ता है।

भारतीय समाज की जटिलता में डिजिटल असमानता इस समूह-आधारित सूचना तंत्र को और अधिक मारक बनाती है। ग्रामीण और भाषाई रूप से विविधतापूर्ण अंचलों में, जहाँ औपचारिक समाचार माध्यमों की पहुँच सीमित है या जहाँ उन पर अविश्वास बढ़ा है, वहां सामुदायिक व्हाट्सऐप समूह ही एकमात्र 'ज्ञान के केंद्र' बन गए हैं। इन समूहों में प्रसारित होने वाली भ्रामक सूचनाएं अक्सर स्थानीय परंपराओं

और सांस्कृतिक मान्यताओं के साथ इस तरह घुली-मिली होती हैं कि उन्हें अलग करना असंभव हो जाता है। शिक्षा में असमानता के कारण एक बड़ा वर्ग यह नहीं समझ पाता कि कैसे उनकी समूह पहचान का उपयोग राजनीतिक प्रचार तंत्र द्वारा किया जा रहा है। सूचना प्रौद्योगिकी का प्रभाव यहाँ सशक्तिकरण के बजाय 'मानसिक घेराबंदी' के रूप में प्रकट होता है, जहाँ तकनीक व्यक्ति को शेष विश्व से जोड़ने के बजाय उसके अपने ही संकुचित समूह में कैद कर देती है।

मनोवैज्ञानिक रूप से, समूह पहचान की भावना 'पूर्वधारणा पुष्टीकरण' (कंफर्मेशन बायस) को एक सामाजिक विस्तार प्रदान करती है। व्यक्ति न केवल वही मानता है जो उसे पसंद है, बल्कि वह वही मानता है जो उसके 'अपनों' को पसंद है। बार-बार समूह के भीतर दोहराई गई सूचनाएं 'भ्रमपूर्ण सत्य प्रभाव' पैदा करती हैं, जो व्यक्तिगत विवेक को पूरी तरह प्रतिस्थापित कर देती हैं। भविष्य में, जब कृत्रिम बुद्धिमत्ता के माध्यम से समूह-विशिष्ट और भी अधिक सटीक भ्रामक सामग्री तैयार की जाएगी, तो पहचान और सत्य का यह द्वंद्व और अधिक गहरा हो जाएगा। यह तकनीकी अंध-गौरव का विषय नहीं है, बल्कि उस मानवीय संवेदनशीलता का यथार्थवादी विश्लेषण है जिसे डिजिटल मंचों ने एक 'सूचनात्मक हथियार' में बदल दिया है।

समूह पहचान की भावना व्हाट्सऐप विश्वविद्यालय की उस अजेय शक्ति का रहस्य है, जो सबसे तार्किक मनुष्य को भी झूठ के आगे नतमस्तक कर देती है। यह प्रकरण यह स्पष्ट करता है कि सूचना-युद्ध के इस दौर में संघर्ष 'तथ्यों' के लिए नहीं, बल्कि 'पहचान' के लिए हो रहा है। समाजशास्त्र और माध्यम अध्ययन के विद्यार्थियों के लिए यह विश्लेषण एक चेतावनी है कि जब तक हम सत्य को अपनी पहचान के

संकुचित दायरे से बाहर निकालकर नहीं देखेंगे, तब तक हम भ्रामक सूचनाओं के जाल से मुक्त नहीं हो पाएंगे। सत्य की रक्षा के लिए समूह के प्रति अंधी निष्ठा का त्याग करना और एक 'वैश्विक नागरिक' के रूप में आलोचनात्मक दृष्टि विकसित करना आधुनिक लोकतंत्र की सबसे बड़ी आवश्यकता है। हमें यह समझना होगा कि सत्य किसी एक समूह की जागीर नहीं है, बल्कि वह एक साझा मानवीय विरासत है जिसे संकीर्ण पहचानों की बलि नहीं चढ़ाया जा सकता।

बार-बार दोहराए गए संदेशों पर विश्वास — पुनरावृत्ति का मनोवैज्ञानिक प्रभाव

सूचना के प्रसार और जनमत निर्माण की प्रक्रिया में 'पुनरावृत्ति प्रभाव' (इल्यूजरी ट्रुथ इफेक्ट) एक ऐसी विधा है, जो आधुनिक डिजिटल विमर्श को नियंत्रित करने वाले सबसे सूक्ष्म और शक्तिशाली कारकों में से एक है। समाजशास्त्र और संज्ञानात्मक मनोविज्ञान के दृष्टिकोण से, यह परिघटना उस मानवीय प्रवृत्ति को रेखांकित करती है जहाँ व्यक्ति किसी सूचना को केवल इसलिए सत्य मान लेता है क्योंकि वह उसके बार-बार संपर्क में आया है। इसका सामाजिक संदर्भ यह है कि डिजिटल मंचों, विशेषकर व्हाट्सऐप पर, सूचना का प्रवाह चक्रीय होता है; एक ही संदेश विभिन्न समूहों और संपर्कों के माध्यम से बार-बार प्रयोक्ता के समक्ष उपस्थित होता है। यह निरंतरता मस्तिष्क के भीतर एक 'सूचनात्मक परिचिति' उत्पन्न करती है, जो धीरे-धीरे 'सूचनात्मक विश्वसनीयता' में परिवर्तित हो जाती है। यह प्रक्रिया इस सिद्धांत पर आधारित है कि मस्तिष्क किसी भी ऐसी जानकारी को अधिक सहजता और सत्यता के साथ स्वीकार करता है जिसे संसाधित करना उसके

लिए आसान हो जाता है, और पुनरावृत्ति इसी संज्ञानात्मक सुगमता को जन्म देती है।

विभिन्न स्रोतों से समान संदेश मिलने का भ्रम इस पुनरावृत्ति प्रभाव को एक सामाजिक वैधता प्रदान करता है। जब एक ही भ्रामक सूचना व्यक्ति को उसके परिवार के समूह, कार्यालय के समूह और मित्रों के समूह में एक साथ दिखाई देती है, तो उसका मस्तिष्क इसे एक 'सार्वभौमिक सत्य' या 'व्यापक सहमति' के रूप में ग्रहण करने लगता है। यहाँ यह महत्वपूर्ण नहीं रहता कि सूचना का मूल स्रोत क्या है, बल्कि यह महत्वपूर्ण हो जाता है कि वह 'हर जगह' उपलब्ध है। प्रयोक्ता के लिए विभिन्न स्रोतों से प्राप्त एक ही संदेश इस धारणा को पुष्ट करता है कि यदि इतने भिन्न लोग और समूह एक ही बात कह रहे हैं, तो उसमें अवश्य ही कोई तथ्यात्मक आधार होगा। यह 'सहमति का भ्रम' व्यक्तिगत आलोचनात्मक विवेक को समाप्त कर देता है और नागरिक को उस सामूहिक प्रवाह का हिस्सा बना देता है जहाँ सत्य का पैमाना तर्क नहीं, बल्कि संदेश की आवृत्ति बन जाती है।

अग्रेषित संदेशों की संख्या और पुनरावृत्ति का प्रभाव दृश्य तथा ध्वनि सामग्री के माध्यम से और अधिक गहरा हो जाता है। डिजिटल माध्यमों पर जब कोई चित्र या वीडियो बार-बार सामने आता है, तो वह मानवीय स्मृति में एक 'दृश्यात्मक प्रमाण' के रूप में अंकित हो जाता है। बार-बार देखी गई दृश्य सामग्री न केवल विश्वसनीय लगती है, बल्कि वह व्यक्ति के संवेगात्मक तंत्र को भी अनुकूलित कर देती है। उदाहरण के तौर पर, यदि किसी विशेष समुदाय के प्रति नकारात्मक संदर्भ वाले वीडियो बार-बार साझा किए जाते हैं, तो प्रयोक्ता के मन में उस समुदाय के प्रति एक स्थायी पूर्वग्रह विकसित हो जाता है। ध्वनि संदेशों (वॉयस नोट्स) की

पुनरावृत्ति भी इसी प्रकार कार्य करती है, जहाँ परिचित स्वर या लहजे में कही गई बात बार-बार सुनने से वह 'आंतरिक सत्य' का रूप ले लेती है। यह क्रमिक सुदृढ़ीकरण व्यक्ति की वैचारिक संरचना को इतना कठोर बना देता है कि बाद में यदि उस सूचना का खंडन भी किया जाए, तो वह उसे स्वीकार करने में मानसिक अवरोध अनुभव करता है।

स्मृति और विश्वास के बीच का गहरा संबंध इस पुनरावृत्ति प्रभाव की आधारशिला है। मनोवैज्ञानिक शोधों के अनुसार, हमारा मस्तिष्क किसी जानकारी की सत्यता की जाँच करने के बजाय अक्सर उसकी 'स्मृतिगत सुलभता' पर निर्भर करता है। जब हम किसी सूचना को बार-बार देखते हैं, तो वह हमारी स्मृति में अधिक सुलभ हो जाती है और अगली बार उस सूचना से सामना होने पर मस्तिष्क उसे बिना किसी प्रयास के पहचान लेता है। इसी 'मानसिक पहचान' को हम अनजाने में 'सत्यता' मान बैठते हैं। व्हाट्सऐप विश्वविद्यालय के संचालक इस मानवीय कमजोरी का लाभ उठाते हैं और संगठित रूप से एक ही प्रकार के झूठ को अलग-अलग वेश में बार-बार प्रसारित करते हैं। यह प्रक्रिया अफवाहों का क्रमिक सुदृढ़ीकरण करती है, जिससे समाज में एक ऐसा 'सूचनात्मक शोर' उत्पन्न होता है जहाँ वास्तविक तथ्य उस शोर के नीचे दब जाते हैं।

भारतीय सामाजिक और राजनीतिक वातावरण में पुनरावृत्ति प्रभाव का राजनीतिक उपयोग अत्यंत चिंताजनक स्तर पर देखा जाता है। राजनीतिक दलों के प्रचार तंत्र (आईटी सेल) एक ही नारे, आरोप या भ्रामक इतिहास को हजारों व्हाट्सएप समूहों में इस तरह प्रसारित करते हैं कि वह सामान्य जन के लिए 'लोक ज्ञान' का हिस्सा बन जाता है। यहाँ यह स्पष्ट करना आवश्यक है कि सूचना प्रौद्योगिकी का प्रभाव सभी

वर्गों पर समान नहीं पड़ता; ग्रामीण और डिजिटल रूप से नए उपयोगकर्ताओं के लिए, जिनके पास सूचना के वैकल्पिक और स्वतंत्र स्रोत सीमित हैं, यह पुनरावृत्ति ही सत्य का एकमात्र मापदंड बन जाती है। वे इसे केवल सूचना नहीं, बल्कि एक सामाजिक व्यवस्था के रूप में ग्रहण करते हैं। यह संस्थागत अविश्वास की उस स्थिति को भी जन्म देता है जहाँ आधिकारिक सरकारी आँकड़ों या संतुलित समाचारों की तुलना में वे 'बार-बार प्राप्त' डिजिटल संदेशों को अधिक प्रमाणिक मानने लगते हैं।

तकनीकी साधनों और एल्गोरिदम ने इस पुनरावृत्ति को एक स्वचालित प्रक्रिया बना दिया है। सोशल मीडिया के मंचों पर 'ट्रेंड्स' या प्रवृत्तियों का निर्माण इसी सिद्धांत पर होता है कि उपयोगकर्ता को बार-बार एक ही प्रकार की सामग्री दिखाई जाए। यद्यपि व्हाट्सऐप एक निजी संदेश मंच है, परंतु इसका 'अग्रसारण' (फॉरवर्ड) फीचर इसे एक विशाल और अनियंत्रित प्रसार तंत्र में बदल देता है। यहाँ तकनीकी विश्वसनीयता का भ्रम इस बात से पैदा होता है कि सूचना डिजिटल रूप में और अत्यंत आधुनिक उपकरणों के माध्यम से प्राप्त हो रही है। यह पहचान संकट और सत्यापन की चुनौती को और अधिक जटिल बनाता है क्योंकि बार-बार दोहराया गया झूठ एक समय के बाद स्वयं को 'ऐतिहासिक तथ्य' के रूप में स्थापित कर लेता है।

बार-बार दोहराए गए संदेशों पर विश्वास करना आधुनिक समाज की एक ऐसी संज्ञानात्मक विवशता है जिसे 'सत्य-पश्चात' युग की पहचान माना जा सकता है। यह प्रकरण यह स्पष्ट करता है कि झूठ भी यदि पर्याप्त बार और पर्याप्त स्रोतों से दोहराया जाए, तो वह मानवीय विवेक के लिए सामान्य सत्य जैसा प्रतीत होने लगता है। समाजशास्त्र और

लोक प्रशासन के विद्यार्थियों के लिए यह विश्लेषण एक चेतावनी है कि सूचना की आवृत्ति ही जनमत का आधार बनती जा रही है। सत्य की रक्षा के लिए केवल सूचना देना पर्याप्त नहीं है, बल्कि उस 'पुनरावृत्ति के चक्र' को तोड़ना अनिवार्य है जो झूठ को सत्य का चोला पहनाता है। भविष्य का नागरिक उत्तरदायित्व केवल सूचना प्राप्त करने में नहीं, बल्कि सूचना के इस चक्रीय मायाजाल को पहचानने और उसके प्रति एक आलोचनात्मक दूरी बनाए रखने में निहित है।

भावनात्मक उत्तेजना का उपयोग — सूचनात्मक प्रसार का मनोवैज्ञानिक ईन्धन

सूचना के वैश्वीकरण और डिजिटल युग में भ्रामक समाचारों की सफलता का सबसे प्रभावी रहस्य 'भावनात्मक उत्तेजना' (इमोशनल अराउजल) का रणनीतिक उपयोग है। समाजशास्त्रीय और मनोवैज्ञानिक विमर्श में यह स्पष्ट है कि मनुष्य केवल एक तर्कसंगत प्राणी नहीं है, बल्कि वह प्राथमिक रूप से एक संवेगात्मक इकाई है। 'व्हाट्सऐप विश्वविद्यालय' जैसे मंचों पर सूचना का मूल्य उसके तथ्यात्मक आधार से नहीं, बल्कि उसकी 'साझा करने की क्षमता' (शेयरेबिलिटी) से आँका जाता है। शोध यह दर्शाते हैं कि कोई सूचना जितनी अधिक तीव्र भावनात्मक प्रतिक्रिया उत्पन्न करती है, उसके साझा होने की संभावना उतनी ही बढ़ जाती है। भावनात्मक उत्तेजना मस्तिष्क की उस 'आलोचनात्मक सुरक्षा' को निष्क्रिय कर देती है जो तथ्यों की सत्यता की जाँच करती है। जब कोई संदेश किसी व्यक्ति के भीतर क्रोध, भय, गर्व या अपमान जैसी गहरी संवेदनाओं को जाग्रत करता है, तो वह संदेश केवल सूचना नहीं रह जाता, बल्कि एक

संवेगात्मक अनिवार्यता बन जाता है, जिससे नागरिक अपनी तार्किक संप्रभुता खोकर उस सूचना का संवाहक बन जाता है।

क्रोध उत्पन्न करने वाली सामग्री इस रणनीतिक ढांचे का सबसे शक्तिशाली घटक है। मनोविज्ञान के अनुसार, क्रोध एक 'उच्च-उत्तेजना' वाली भावना है जो व्यक्ति को तुरंत प्रतिक्रिया देने और सक्रिय होने के लिए प्रेरित करती है। भ्रामक सूचनाओं के निर्माता अक्सर ऐसी कहानियाँ गढ़ते हैं जिनमें किसी विशेष समूह के साथ अन्याय, अधिकारों का हनन या किसी पवित्र मूल्य के अपमान का चित्रण होता है। भारतीय सामाजिक संदर्भ में, जहाँ विभिन्न समुदायों के ऐतिहासिक और वर्तमान सरोकार अत्यंत संवेदनशील हैं, वहां क्रोध को हथियार बनाना अत्यंत सुलभ है। जब कोई नागरिक अपनी स्क्रीन पर ऐसा दृश्य या संदेश देखता है जो उसके समुदाय के प्रति अन्याय को दर्शाता है, तो उसका प्रथम आवेग उस अन्याय के विरुद्ध आवाज़ उठाना होता है। यह आवेग ही उसे 'अग्रेषित' (फॉरवर्ड) के बटन की ओर ले जाता है। यहाँ 'सत्य' की जाँच करना उस पवित्र क्रोध के प्रति विश्वासघात जैसा प्रतीत होने लगता है। इस प्रकार, क्रोध न केवल झूठ को फैलाता है, बल्कि उसे एक 'नैतिक ढाल' भी प्रदान करता है।

अपमान या गौरव की भावना का उपयोग नागरिक की पहचान को नियंत्रित करने के लिए किया जाता है। भ्रामक विमर्श अक्सर 'पीड़ितता की कथा' (विक्टिमहुड नैरेटिव) का सहारा लेते हैं, जहाँ एक समूह को निरंतर यह विश्वास दिलाया जाता है कि वह खतरे में है या उसका ऐतिहासिक रूप से अपमान किया गया है। इसके विपरीत, 'कृत्रिम गौरव' के संदेशों के माध्यम से राष्ट्रीय या धार्मिक श्रेष्ठता के ऐसे दावे किए जाते हैं जो पूर्णतः कल्पित होते हैं। यह 'पहचान की राजनीति' का

डिजिटल संस्करण है। गौरव की भावना व्यक्ति को श्रेष्ठता का सुख देती है, जबकि अपमान की भावना उसे प्रतिशोध के लिए उकसाती है। जब कोई संदेश यह दावा करता है कि "हमारे पूर्वजों ने यह चमत्कार किया था" या "अमुक वैश्विक संस्था ने हमारी प्रशंसा की है", तो व्यक्ति अपने गौरव की तुष्टि के लिए उसे बिना जाँचे साझा करता है। यह व्यक्तिगत अनुभव को सामूहिक सत्य में बदलने की प्रक्रिया है, जहाँ एक व्यक्ति का भ्रम पूरे समूह की वास्तविकता बन जाता है।

धार्मिक आस्था को भड़काना और राष्ट्रवादी भावनाओं का दोहन इस सूचनात्मक युद्ध के सबसे संवेदनशील आयाम हैं। भारत जैसे विविधतापूर्ण समाज में धर्म और राष्ट्र केवल शब्द नहीं, बल्कि करोड़ों लोगों के अस्तित्व के आधार हैं। योजनाबद्ध दुष्प्रचार इन गहरी भावनाओं का उपयोग 'सूचना के आयुधकरण' के लिए करता है। धार्मिक प्रतीकों के कथित अपमान या किसी काल्पनिक धार्मिक खतरे की कहानियाँ समाज के तार्किक विमर्श को पूरी तरह समाप्त कर देती हैं। इसी प्रकार, राष्ट्रवाद की भावना को उकसाने के लिए अक्सर 'सैनिकों के बलिदान' या 'बाहरी शत्रुओं के षड्यंत्र' का भावनात्मक चित्रण किया जाता है। यहाँ राष्ट्रवाद को तथ्यों के ऊपर रखा जाता है; यदि कोई व्यक्ति भ्रामक राष्ट्रवादी संदेश पर प्रश्न उठाता है, तो उसे 'राष्ट्रविरोधी' होने के कलंक से डराया जाता है। यह भावनात्मक दबाव नागरिक को एक ऐसी स्थिति में ले जाता है जहाँ वह सत्य की रक्षा के बजाय अपनी निष्ठा सिद्ध करने के लिए झूठ का प्रसार करने लगता है।

चित्र और वीडियो का भावनात्मक प्रभाव इस उत्तेजना को एक यथार्थवादी गहराई प्रदान करता है। दृश्य सामग्री सीधे मानवीय संवेदनाओं से संवाद करती है। एक व्यथित बच्चे का चित्र, एक रोती हुई

महिला का वीडियो या किसी हिंसक झड़प का दृश्य मस्तिष्क में तीव्र प्रतिक्रिया उत्पन्न करता है। तकनीकी रूप से, दृश्य सामग्री को काटकर या उसके साथ भ्रामक संगीत और शीर्षक जोड़कर उसकी भावनात्मक तीव्रता को कई गुना बढ़ाया जा सकता है। डिजिटल युग में 'दृश्य-श्रव्य विश्वसनीयता' का यह संकट इसलिए भी गहरा है क्योंकि लोग अपनी आँखों पर सहज विश्वास करते हैं। जब कोई वीडियो "देखें और खून खौलाएं" जैसे शीर्षकों के साथ आता है, तो वह पहले से ही उपयोगकर्ता के मस्तिष्क को एक निश्चित दिशा में निर्देशित कर चुका होता है। यहाँ वीडियो का संदर्भ गौण हो जाता है और उससे उत्पन्न होने वाली उत्तेजना प्राथमिक बन जाती है।

सामाजिक संरचना की दृष्टि से, भावनात्मक उत्तेजना का यह उपयोग डिजिटल असमानता और शिक्षा के स्तरभेद का भरपूर लाभ उठाता है। ग्रामीण क्षेत्रों और उन वर्गों में, जहाँ सूचना के विश्लेषण के वैकल्पिक स्रोत सीमित हैं, वहां भावनात्मक संदेश ही 'परम सत्य' बन जाते हैं। यह स्पष्ट करना अनिवार्य है कि सूचना प्रौद्योगिकी का प्रभाव सभी वर्गों पर समान नहीं पड़ता; जो वर्ग पहले से ही सामाजिक या आर्थिक असुरक्षा महसूस कर रहा है, वह इन भावनात्मक कथाओं का सबसे आसान लक्ष्य बनता है। पारंपरिक मीडिया भी अक्सर सनसनीखेज शैली और 'इमोशनल ड्रामा' का सहारा लेकर इस वातावरण को और अधिक प्रदूषित करता है। संस्थाओं के प्रति बढ़ता अविश्वास नागरिक को उन निजी समूहों की ओर धकेलता है जहाँ सूचना का प्रमाणीकरण केवल भावनाओं के आधार पर होता है।

मनोवैज्ञानिक रूप से, बार-बार दोहराई गई भावनात्मक सूचनाएं 'संज्ञानात्मक आलस्य' के साथ मिलकर एक अभेद्य दुर्ग बनाती हैं। जब

मस्तिष्क निरंतर उत्तेजना की स्थिति में रहता है, तो वह थक जाता है और अंततः हर उत्तेजक सूचना को सच मानने लगता है या उसके प्रति उदासीन हो जाता है। इसे 'संवेगात्मक थकान' (इमोशनल फटीग) कहा जा सकता है। व्हाट्सऐप विश्वविद्यालय इसी थकान का लाभ उठाकर समाज को एक ऐसे 'सत्य-पश्चात' युग में ले जाता है जहाँ केवल भावनाएँ ही अंतिम सत्य रह जाती हैं। यह प्रक्रिया लोकतांत्रिक विमर्श की जड़ों को खोखला करती है क्योंकि लोकतंत्र तथ्यों की वस्तुनिष्ठता और तार्किक संवाद पर टिका होता है, न कि सामूहिक उन्माद और भावनात्मक अस्थिरता पर।

भावनात्मक उत्तेजना का रणनीतिक उपयोग झूठी खबरों को वह जीवन शक्ति प्रदान करता है जिसके माध्यम से वे समाज के हर कोने तक पहुँचती हैं। यह प्रकरण यह स्पष्ट करता है कि भावना जितनी तीव्र होगी, सूचना के सत्यापन की संभावना उतनी ही क्षीण होगी। समाजशास्त्र, राजनीति विज्ञान और माध्यम अध्ययन के विद्यार्थियों के लिए यह विश्लेषण एक चेतावनी है कि भविष्य का नागरिक दायित्व अपनी भावनाओं के प्रबंधन और सूचना के आलोचनात्मक मूल्यांकन पर टिका होगा। जब तक हम यह नहीं समझेंगे कि हमारी संवेदनाओं का राजनीतिक और आर्थिक उपयोग किया जा रहा है, तब तक हम 'व्हाट्सऐप विश्वविद्यालय' के अदृश्य कारागार से मुक्त नहीं हो पाएंगे। सत्य की रक्षा के लिए भावनाओं के आवेग को रोककर तथ्यों की शीतलता को अपनाना ही एकमात्र स्थायी समाधान है।

अध्याय 5: परिवार, समाज और धार्मिक ध्रुवीकरण

परिवारों में विचारों का टकराव

भारतीय सामाजिक संरचना की आधारभूत इकाई परिवार है, जहाँ संवाद और सामंजस्य ऐतिहासिक रूप से पारस्परिक सम्मान और पदानुक्रमित संबंधों पर आधारित रहे हैं। परंतु, सूचना प्रौद्योगिकी के तीव्र विस्तार और विशेष रूप से संदेश आदान-प्रदान के डिजिटल मंचों ने इस पारंपरिक ढांचे में एक गहरा संरचनात्मक व्यवधान उत्पन्न किया है। वर्तमान में परिवारों के भीतर विचारों का टकराव केवल सामान्य पीढ़ीगत अंतराल या व्यक्तिगत मतभेद का परिणाम नहीं है, बल्कि यह उस डिजिटल सूचना प्रवाह की परिणति है जो निजी रिश्तों को निरंतर वैचारिक रंग दे रहा है। पारिवारिक समूहों में राजनीतिक और धार्मिक सामग्री का बढ़ता प्रसार अब एक दैनिक परिघटना बन चुका है, जिसने घर के एकांत और रिश्तों की कोमलता को एक सूक्ष्म राजनीतिक रणक्षेत्र में बदल दिया है। समाजशास्त्रीय दृष्टिकोण से यह 'निजी का राजनीतिकरण' है, जहाँ एक ही छत के नीचे रहने वाले सदस्य अलग-अलग सूचना स्रोतों से प्रभावित होकर परस्पर विरोधी मानसिक संसारों में निवास करने लगे हैं।

पारिवारिक समूहों में राजनीतिक और धार्मिक सामग्री का प्रसार अक्सर 'लोक-कल्याण' या 'संस्कृति की रक्षा' के आवरण में होता है। वरिष्ठ सदस्य, जिन्हें डिजिटल माध्यमों के रणनीतिक उपयोग और एल्गोरिदम की जटिलताओं का पूर्ण ज्ञान नहीं होता, वे अक्सर इन

संदेशों को एक 'परम सत्य' के रूप में स्वीकार करते हैं। जब ये संदेश परिवार के साझा डिजिटल मंचों पर पहुँचते हैं, तो वे केवल सूचना नहीं रह जाते, बल्कि एक वैचारिक कसौटी बन जाते हैं। घर के भीतर वैचारिक ध्रुवीकरण की स्थिति तब उत्पन्न होती है जब परिवार के सदस्य अपनी राजनीतिक या धार्मिक निष्ठा को पारिवारिक सद्भाव से ऊपर रखने लगते हैं। एक ही परिवार में अलग-अलग सूचना स्रोतों का प्रभाव सदस्यों की विश्वदृष्टि को इस कदर विभाजित कर देता है कि वे सामान्य सामाजिक मुद्दों पर भी एक साझा धरातल तलाशने में असमर्थ हो जाते हैं। यह ध्रुवीकरण सूक्ष्म स्तर पर शुरू होता है और धीरे-धीरे पारिवारिक संवाद को एक अंतहीन विवाद में बदल देता है, जहाँ तर्क के स्थान पर केवल अंधी निष्ठा शेष रह जाती है।

बुजुर्ग बनाम युवा दृष्टिकोण का टकराव इस डिजिटल संक्रमण का सबसे अधिक संवेदनशील पक्ष है। युवा पीढ़ी, जिसे 'डिजिटल नेटिव' कहा जाता है, सूचना के सत्यापन और उसके तकनीकी हेरफेर के प्रति अपेक्षाकृत अधिक जागरूक होती है। इसके विपरीत, बुजुर्ग सदस्य जो 'डिजिटल प्रवासी' हैं, वे अक्सर स्क्रीन पर दिखने वाले शब्दों और चित्रों को अटूट सत्य मान लेते हैं। जब कोई युवा सदस्य वैज्ञानिक तथ्यों या तर्कों के आधार पर किसी भ्रामक संदेश का खंडन करने का प्रयास करता है, तो उसे एक तार्किक प्रक्रिया के रूप में नहीं, बल्कि 'अहंकार' या 'संस्कारों की कमी' के रूप में देखा जाता है। तथ्य प्रस्तुत करने पर होने वाली यह भावनात्मक प्रतिक्रिया उस अधिकार संरचना (अथॉरिटी स्ट्रक्चर) का परिणाम है जहाँ बड़ों की बात का प्रतिवाद करना सामाजिक मर्यादा के विरुद्ध माना जाता है। इस प्रकार, सूचना की

सत्यता की लड़ाई पारिवारिक मान-मर्यादा की लड़ाई में तब्दील हो जाती है, जिससे संवाद के द्वार बंद हो जाते हैं।

परिवार में अधिकार संरचना और विचार स्वीकार्यता का अंतर्संबंध यह स्पष्ट करता है कि डिजिटल संदेश कैसे व्यक्तिगत स्वायत्तता को प्रभावित कर रहे हैं। भारतीय परिवारों में वैचारिक नेतृत्व प्रायः परिवार के मुखिया या वरिष्ठों के पास होता है। जब यह नेतृत्व 'व्हाट्सऐप विश्वविद्यालय' से प्राप्त भ्रामक सूचनाओं को आधिकारिक स्वीकृति प्रदान कर देता है, तो अन्य सदस्यों के लिए उन विचारों से भिन्न मत रखना कठिन हो जाता है। यह स्थिति न केवल वैचारिक स्वतंत्रता को कुंठित करती है, बल्कि परिवार के भीतर एक ऐसा दमघोंटू वातावरण निर्मित करती है जहाँ सत्य पर चर्चा करना रिश्तों को खतरे में डालना बन जाता है। पारिवारिक एकता पर डिजिटल विवादों का प्रभाव अब इतना गहरा हो गया है कि कई परिवारों में राजनीतिक चर्चाओं के कारण स्थायी मनमुटाव, बातचीत का बंद होना और यहाँ तक कि अलगाव की स्थितियाँ भी देखी जा रही हैं। यह केवल एक तकनीकी समस्या नहीं है, बल्कि यह सामाजिक पूंजी का वह ह्रास है जो डिजिटल सूचना-अराजकता के कारण हो रहा है।

राजनीति विज्ञान के परिप्रेक्ष्य में, यह घटनाक्रम यह दर्शाता है कि कैसे राजनीतिक प्रचार तंत्र ने सार्वजनिक विमर्श को निजी शयनकक्षों तक पहुँचा दिया है। जब राजनीतिक दल और उनके सूचना केंद्र ऐसी सामग्री तैयार करते हैं जो सीधे पारिवारिक मूल्यों और धार्मिक पहचान को लक्षित करती है, तो वे वास्तव में परिवार को एक 'वोट बैंक' की सूक्ष्म इकाई के रूप में प्रबंधित कर रहे होते हैं। यहाँ सूचना का उद्देश्य नागरिक को जागरूक बनाना नहीं, बल्कि उसे अपने ही परिवार के उन सदस्यों

के विरुद्ध खड़ा करना है जो भिन्न विचारधारा रखते हैं। यह 'सूक्ष्म ध्रुवीकरण' लोकतंत्र के लिए इसलिए खतरनाक है क्योंकि यह उस बुनियादी सामाजिक सामंजस्य को नष्ट कर देता है जो किसी भी स्थिर समाज के लिए अनिवार्य है। संस्थाओं के प्रति अविश्वास की भावना जब परिवार के वरिष्ठों के माध्यम से युवाओं तक पहुँचती है, तो वह एक पीढ़ीगत संस्कार बन जाती है, जिससे भविष्य का नागरिक विमर्श और भी अधिक विषाक्त होने की संभावना रहती है।

डिजिटल असमानता और शिक्षा के स्तरभेद का प्रभाव भी इस पारिवारिक टकराव में स्पष्ट रूप से परिलक्षित होता है। ग्रामीण और भाषाई रूप से विविधतापूर्ण अंचलों में, जहाँ सूचना के वैकल्पिक स्रोत सीमित हैं, वहाँ ये डिजिटल संदेश ही एकमात्र 'ज्ञान' बन जाते हैं। इन क्षेत्रों में परिवार के भीतर होने वाले विवादों का स्वरूप अधिक तीव्र और भावनात्मक होता है क्योंकि यहाँ सूचना का सीधा संबंध अस्तित्व और धर्म से जोड़ दिया जाता है। लोक प्रशासन के लिए यह एक बड़ी चुनौती है क्योंकि जब पारिवारिक स्तर पर अविश्वास और कट्टरता बढ़ती है, तो सार्वजनिक नीतियों का क्रियान्वयन और सामुदायिक विकास के कार्य बाधित होते हैं। सूचना प्रौद्योगिकी का यह प्रभाव समाज के सभी वर्गों पर समान नहीं है; जहाँ शिक्षित शहरी परिवारों में यह चर्चा का विषय है, वहीं ग्रामीण क्षेत्रों में यह सामाजिक बहिष्कार और सामुदायिक तनाव का कारण बन सकता है।

मनोवैज्ञानिक रूप से, परिवार के भीतर यह टकराव 'पूर्वधारणा पुष्टिकरण' और 'समूह पहचान' की प्रवृत्तियों को और अधिक बल देता है। जब व्यक्ति को अपने ही घर में अपने विचारों के लिए चुनौती मिलती है, तो वह अपने डिजिटल समूह (प्रतिध्वनि कक्ष) की ओर और अधिक

दृढ़ता से झुकता है, जहाँ उसे उसकी मान्यताओं के लिए समर्थन और सराहना मिलती है। यह प्रक्रिया व्यक्ति को उसके वास्तविक भौतिक संबंधों से दूर कर एक आभासी वैचारिक कट्टरता की ओर ले जाती है। बार-बार दोहराई गई भ्रामक सूचनाएं अंततः पारिवारिक संस्कारों का हिस्सा बनने लगती हैं, जिससे समाज में एक ऐसा विभाजन पैदा होता है जिसे पाटना भविष्य के समाजशास्त्रियों और नीति निर्माताओं के लिए एक दुष्कर कार्य होगा।

परिवारों में विचारों का यह टकराव डिजिटल युग की एक ऐसी संरचनात्मक विफलता है जो हमारे निजी और सामाजिक जीवन के संतुलन को बिगाड़ रही है। यह स्पष्ट है कि डिजिटल संदेश केवल सूचना नहीं दे रहे, बल्कि वे हमारे निजी रिश्तों को भी अनिवार्य रूप से वैचारिक और संघर्षपूर्ण बना रहे हैं। समाजशास्त्र और राजनीति विज्ञान के विद्यार्थियों के लिए यह प्रकरण एक चेतावनी है कि सूचना-क्रांति का अगला चरण पहुँच के बारे में नहीं, बल्कि उन दीवारों को गिराने के बारे में होना चाहिए जो हमारे घरों के भीतर डिजिटल संदेशों ने खड़ी कर दी हैं। हमें एक ऐसी डिजिटल संस्कृति विकसित करनी होगी जहाँ सत्य की खोज के लिए रिश्तों की बलि न दी जाए और जहाँ तार्किक विमर्श परिवार की गरिमा को कम करने के बजाय उसे और अधिक समृद्ध बनाए। जब तक हम सूचना के प्रति एक सामूहिक आलोचनात्मक विवेक विकसित नहीं करेंगे, तब तक 'व्हाट्सऐप विश्वविद्यालय' की ये भ्रामक लहरें हमारे परिवारों के शांत तटों को टकराकर तोड़ती रहेंगी।

पीढ़ियों के बीच डिजिटल अंतर

भारतीय समाज में सूचना क्रांति के प्रभाव का सूक्ष्म विश्लेषण करने पर यह स्पष्ट होता है कि पीढ़ियों के बीच विद्यमान 'डिजिटल अंतर' केवल तकनीकी उपकरणों के उपयोग की दक्षता तक सीमित नहीं है, बल्कि यह सूचना के प्रसंस्करण, उसकी विश्वसनीयता के मापदंडों और सत्य के प्रति दृष्टिकोण की एक गहरी संरचनात्मक असमानता है। समाजशास्त्र और माध्यम अध्ययन के परिप्रेक्ष्य में, यह अंतर दो स्पष्ट समूहों के बीच एक वैचारिक विभाजन पैदा करता है। प्रथम समूह 'डिजिटल नेटिव' या डिजिटल युग में जन्म लेने वाली युवा पीढ़ी का है, जिसकी सूचना आदतें बहु-स्रोतीय और अधिक संदेहास्पद हैं। द्वितीय समूह 'डिजिटल इमिग्रेंट' या डिजिटल अप्रवासी बुजुर्ग पीढ़ी का है, जिसका अधिकांश जीवन पारंपरिक माध्यमों के साथ बीता है और जो सूचना के प्रति अधिक अनुगामी और कम आलोचनात्मक दृष्टिकोण रखती है। यह तकनीकी असमानता अंततः सामाजिक समझ की असमानता में परिवर्तित हो जाती है, जहाँ एक ही सूचना को लेकर दो पीढ़ियों का बोध और उसकी प्रतिक्रिया पूर्णतः भिन्न होती है।

युवाओं की बहु-स्रोत सूचना आदत उनकी डिजिटल परवरिश का स्वाभाविक परिणाम है। युवा पीढ़ी इंटरनेट के ऐसे पारिस्थितिकी तंत्र में विकसित हुई है जहाँ सूचना का विस्फोट निरंतर होता रहता है। इसके कारण उनके भीतर एक सहज 'सूचना फ़िल्टरिंग' या सूचना छानने की प्रवृत्ति विकसित हो गई है। वे किसी भी समाचार या दावे की पुष्टि के लिए केवल एक मंच पर निर्भर नहीं रहते, बल्कि वे विभिन्न सामाजिक माध्यमों, खोज इंजनों और स्वतंत्र वेबसाइटों के माध्यम से सूचना का मिलान करते हैं। इसके विपरीत, बुजुर्गों की सीमित डिजिटल अनुभव

पृष्ठभूमि उन्हें इस बहु-स्रोतीय सत्यापन की प्रक्रिया से दूर रखती है। बुजुर्गों के लिए सूचना का अर्थ दशकों तक समाचार पत्र या दूरदर्शन जैसे संस्थागत माध्यम रहे हैं, जहाँ 'संपादकीय नियंत्रण' के कारण सूचना को अंतिम सत्य माना जाता था। जब यही पीढ़ी पहली बार डिजिटल माध्यमों के संपर्क में आती है, तो वह उसी पुराने विश्वास को व्हाट्सएप या फेसबुक पर प्राप्त अपुष्ट संदेशों पर भी लागू कर देती है। उनके लिए डिजिटल माध्यम पर लिखा गया शब्द समाचार पत्र की सुर्खी के समान ही विश्वसनीय होता है।

डिजिटल साक्षरता और औपचारिक शिक्षा के बीच का अंतर्संबंध इस पीढ़ीगत अंतर को और अधिक जटिल बना देता है। अक्सर देखा गया है कि उच्च शिक्षित होने के बावजूद बुजुर्ग पीढ़ी डिजिटल साक्षरता के मामले में पिछड़ जाती है। यहाँ डिजिटल साक्षरता का अर्थ केवल उपकरण चलाना नहीं, बल्कि सूचना के पीछे छिपे हितों, तकनीकी हेरफेर और डेटा के मुद्रीकरण को समझना है। युवा पीढ़ी जहाँ कृत्रिम बुद्धिमत्ता द्वारा निर्मित विरूपित चित्रों या वीडियो (डीपफेक) की संभावनाओं से परिचित है, वहीं बुजुर्ग पीढ़ी 'देखना ही विश्वास करना है' के पुराने सिद्धांत पर चलती है। उनके लिए दृश्य सामग्री पर अधिक विश्वास करना एक स्वाभाविक सहज वृत्ति है। जब वे किसी वीडियो में किसी घटना को घटित होते देखते हैं, तो उनका मस्तिष्क उसे तकनीकी संपादन की उपज मानने के बजाय एक साक्षात सत्य के रूप में ग्रहण करता है। स्रोत की जाँच करने की क्षमता का यह अंतर पीढ़ियों के बीच एक ऐसा 'संज्ञानात्मक अंतराल' पैदा करता है जिसे पाटना केवल तकनीकी शिक्षा से संभव नहीं है।

सामाजिक माध्यमों का पहली बार उपयोग करने वाली पीढ़ी के लिए ये मंच केवल संचार के साधन नहीं, बल्कि 'सत्य के नवीन स्रोत' बन गए हैं। इस पीढ़ी में डिजिटल माध्यमों को "निष्पक्ष" मान लेने की एक विचित्र प्रवृत्ति देखी जाती है। उन्हें लगता है कि चूंकि यह सूचना उनके किसी मित्र या संबंधी द्वारा भेजी गई है और यह मुख्यधारा के मीडिया (जिस पर उनका अविश्वास बढ़ रहा है) में नहीं दिखाई जा रही, इसलिए यह 'दबाया गया सत्य' हो सकता है। यह मनोवैज्ञानिक स्थिति उन्हें भ्रामक सूचनाओं के प्रति अधिक असुरक्षित बना देती है। युवा पीढ़ी जहाँ एल्गोरिदम के प्रभाव और 'प्रतिध्वनि कक्ष' (इको चैम्बर) की अवधारणा को समझती है, वहीं बुजुर्ग पीढ़ी इसे एक शुद्ध सामाजिक जुड़ाव का मंच मानती है। यह विश्वास ही उन्हें उन संगठित प्रचार तंत्रों का सुगम लक्ष्य बना देता है जो 'व्हाट्सएप विश्वविद्यालय' के माध्यम से अपना एजेंडा संचालित करते हैं।

पीढ़ियों के बीच विश्वास और अविश्वास की मनोवैज्ञानिक संरचना इस डिजिटल विभाजन को एक सामाजिक संकट में बदल देती है। युवा वर्ग जहाँ संस्थानों और सूचनाओं के प्रति अधिक संशयवादी (स्केप्टिकल) होता जा रहा है, वहीं बुजुर्गों में यह संशय केवल उन सूचनाओं के प्रति होता है जो उनकी पूर्व-स्थापित मान्यताओं के विरुद्ध हों। यह स्थिति परिवार के भीतर एक विचित्र विरोधाभास पैदा करती है। जब युवा सदस्य किसी भ्रामक सूचना का खंडन करते हैं, तो बुजुर्गों को यह अपनी सत्ता और अनुभव के प्रति चुनौती लगती है। उनके लिए सूचना का सत्यापन केवल एक बौद्धिक क्रिया नहीं, बल्कि पारिवारिक मान-मर्यादा और सम्मान का विषय बन जाता है। इस प्रकार, सूचना प्रौद्योगिकी का प्रभाव सभी वर्गों पर समान नहीं पड़ता; यह युवाओं को जहाँ सूचना के

प्रति अधिक सतर्क बनाता है, वहीं बुजुर्गों को उनके अपने वैचारिक बुलबुलों में अधिक कट्टर बना सकता है।

भारतीय सामाजिक संरचना के संदर्भ में, यह पीढ़ीगत अंतर ग्रामीण और शहरी क्षेत्रों में अलग-अलग रूप में प्रकट होता है। ग्रामीण अंचलों में, जहाँ शिक्षा में असमानता और भाषाई विविधता अधिक है, वहां बुजुर्गों पर डिजिटल अफवाहों का प्रभाव अधिक गहरा होता है क्योंकि वहां सूचना के अन्य वैकल्पिक और विश्वसनीय स्रोत अत्यंत सीमित हैं। वहां डिजिटल संदेश न केवल सूचना देते हैं, बल्कि वे सामाजिक व्यवहार और सामुदायिक विमर्श को भी निर्देशित करते हैं। लोक प्रशासन के दृष्टिकोण से यह स्थिति कानून और व्यवस्था के लिए गंभीर चुनौती है। कई बार दंगों या सामाजिक तनाव के समय देखा गया है कि बुजुर्ग पीढ़ी, जो पारंपरिक रूप से शांति बनाए रखने की भूमिका निभाती थी, वही डिजिटल अफवाहों के प्रभाव में आकर उन्माद का हिस्सा बन जाती है। यह स्पष्ट करता है कि तकनीकी असमानता कैसे अंततः सामाजिक असुरक्षा और सामुदायिक अविश्वास का कारण बनती है।

मनोवैज्ञानिक रूप से, 'पूर्वधारणा पुष्टिकरण' और 'समूह पहचान' की प्रवृत्तियाँ बुजुर्ग पीढ़ी में अधिक प्रबल देखी गई हैं क्योंकि उनके वैचारिक ढांचे अधिक स्थिर और अपरिवर्तनीय होते हैं। जब कोई डिजिटल संदेश उनकी धार्मिक या राष्ट्रवादी भावनाओं को उत्तेजित करता है, तो वे उसे 'सामूहिक गौरव' के रूप में साझा करना अपना नैतिक उत्तरदायित्व समझते हैं। वे इस तथ्य को अनदेखा कर देते हैं कि उनकी इस 'नैतिकता' का उपयोग राजनीतिक प्रचार तंत्र द्वारा ध्रुवीकरण के लिए किया जा रहा है। सूचना की इस राजनीति ने परिवार के भीतर के उस 'ज्ञान के हस्तांतरण' की प्रक्रिया को ही उलट दिया है; अब युवा पीढ़ी

अपने बड़ों को यह सिखाने का प्रयास कर रही है कि क्या सत्य है और क्या असत्य, जिससे पारिवारिक अधिकार संरचना में एक सूक्ष्म तनाव उत्पन्न हो रहा है।

निष्कर्ष की दिशा में देखें तो, पीढ़ियों के बीच का यह डिजिटल अंतर आधुनिक भारत की एक ऐसी वास्तविकता है जो आने वाले समय में सामाजिक विमर्श को और अधिक प्रभावित करेगी। यह अंतर केवल सॉफ्टवेयर या हार्डवेयर की समझ का नहीं है, बल्कि यह सूचनात्मक विवेक और नागरिक उत्तरदायित्व की समझ का है। समाजशास्त्र और राजनीति विज्ञान के विद्यार्थियों के लिए यह अध्ययन अनिवार्य है क्योंकि यह बताता है कि कैसे तकनीक ने हमारे सोचने के तरीके को आयु के आधार पर विभाजित कर दिया है। जब तक हम एक ऐसा साझा सूचना ढांचा तैयार नहीं करेंगे जहाँ सत्य के मापदंड सभी पीढ़ियों के लिए समान और पारदर्शी हों, तब तक 'व्हाट्सएप विश्वविद्यालय' जैसे भ्रामक संस्थान इस पीढ़ीगत खाई का लाभ उठाकर समाज को भ्रम और अविश्वास के अंधकार में धकेलते रहेंगे। पीढ़ियों के बीच के इस संवाद को पुनः स्थापित करना और डिजिटल साक्षरता को एक 'पीढ़ीगत सेतु' के रूप में विकसित करना ही इस संकट का स्थायी समाधान हो सकता है।

बुजुर्गों पर झूठी खबरों का प्रभाव

भारतीय सामाजिक संरचना में वृद्धजनों की भूमिका सदैव ज्ञान के संरक्षण और मार्गदर्शन की रही है, परंतु डिजिटल सूचना क्रांति के इस दौर में यह आयु वर्ग भ्रामक सूचनाओं के प्रभाव के प्रति एक विशिष्ट संवेदनशीलता प्रदर्शित कर रहा है। बुजुर्गों पर झूठी खबरों के प्रभाव का

विश्लेषण करते समय हमें इसे केवल एक तकनीकी अक्षमता के रूप में नहीं, बल्कि उनके सामाजिक-मनोवैज्ञानिक परिवेश और ऐतिहासिक सूचना उपभोग की आदतों के संदर्भ में देखना चाहिए। सेवानिवृत्ति के उपरांत समय की पर्याप्त उपलब्धता और सामाजिक सक्रियता बनाए रखने की नैसर्गिक इच्छा उन्हें डिजिटल मंचों, विशेषकर व्हाट्सऐप जैसे माध्यमों की ओर आकर्षित करती है। यह वर्ग संचार के इन नए साधनों को केवल मनोरंजन के रूप में नहीं, बल्कि शेष विश्व और अपने परिवार से जुड़े रहने के एक अनिवार्य सेतु के रूप में स्वीकार करता है। समाजशास्त्रीय दृष्टिकोण से, यह प्रभाव केवल आयु जनित नहीं है, बल्कि यह उस 'सूचनात्मक निष्ठा' का परिणाम है जो उन्होंने अपने जीवन के पूर्ववर्ती दशकों में पारंपरिक मीडिया के साथ विकसित की थी।

बुजुर्गों की डिजिटल सक्रियता के पीछे पारंपरिक मीडिया पर अटूट विश्वास की एक लंबी ऐतिहासिक पृष्ठभूमि कार्य करती है। यह वह पीढ़ी है जिसने आकाशवाणी, दूरदर्शन और प्रतिष्ठित समाचार पत्रों के उस युग को देखा है जहाँ सूचना का प्रकाशन एक अत्यंत उत्तरदायी और परिष्कृत संपादकीय प्रक्रिया के उपरांत ही होता था। उनके अनुभव में मुद्रित शब्द या टेलीविजन पर प्रसारित दृश्य सदैव सत्य और प्रामाणिक रहे हैं। प्रामाणिकता के प्रति इसी पूर्व अनुभव आधारित धारणा के कारण, वे डिजिटल स्क्रीन पर आने वाले संदेशों में छिपे तकनीकी हेरफेर या संगठित प्रचार तंत्र की जटिलताओं को पहचानने में प्रायः विफल रहते हैं। उनके लिए व्हाट्सएप पर प्राप्त संदेश केवल एक 'फॉरवर्ड' नहीं होता, बल्कि वह उसी विश्वसनीयता का विस्तार प्रतीत होता है जो उन्हें कभी समाचार पत्रों से प्राप्त होती थी। यह मनोवैज्ञानिक स्थिति उन्हें

भ्रामक सूचनाओं के प्रति अधिक असुरक्षित बना देती है, क्योंकि वे सूचना के 'माध्यम' की चमक को ही उसकी 'सत्यता' का पैमाना मान लेते हैं।

राष्ट्रीय, धार्मिक और सांस्कृतिक विषयों से उनका गहरा भावनात्मक जुड़ाव योजनाबद्ध दुष्प्रचार के लिए एक उर्वर भूमि तैयार करता है। जीवन के इस पड़ाव पर व्यक्ति अपनी जड़ों, परंपराओं और गौरवशाली अतीत के प्रति अधिक संवेदनशील हो जाता है। व्हाट्सऐप विश्वविद्यालय द्वारा गढ़ी गई कहानियाँ—जो अक्सर काल्पनिक सांस्कृतिक श्रेष्ठता, ऐतिहासिक अपमान का प्रतिशोध या धार्मिक संकट के नैरेटिव पर आधारित होती हैं—सीधे उनके संवेगात्मक तंत्र को लक्षित करती हैं। जब कोई संदेश उनके आराध्य, उनकी संस्कृति या राष्ट्र के प्रति कथित खतरे की चेतावनी देता है, तो वे इसे केवल एक सूचना के रूप में नहीं देखते, बल्कि इसे एक 'आह्वान' के रूप में स्वीकार करते हैं। यहाँ सूचना का प्रसार करना उनके लिए एक 'नैतिक कर्तव्य' और 'सांस्कृतिक रक्षा' का माध्यम बन जाता है। भावनाओं की यह तीव्रता उनके तार्किक विश्लेषण की क्षमता को धूमिल कर देती है, जिससे वे अनजाने में ही ध्रुवीकरण की प्रक्रिया का हिस्सा बन जाते हैं।

स्वास्थ्य और सुरक्षा से जुड़ी अफवाहों का प्रभाव बुजुर्गों के जीवन की गुणवत्ता और उनके मानसिक स्वास्थ्य पर गहरा पड़ता है। आयु के बढ़ने के साथ स्वास्थ्य संबंधी चिंताएं स्वाभाविक रूप से बढ़ जाती हैं, और यही कारण है कि 'चमत्कारी घरेलू नुस्खों' या 'अदृश्य बीमारियों' से जुड़ी भ्रामक सूचनाएं उनके बीच सर्वाधिक लोकप्रिय होती हैं। इन अफवाहों में अक्सर किसी प्रतिष्ठित डॉक्टर या अंतरराष्ट्रीय स्वास्थ्य संस्था का छद्म नाम जोड़ दिया जाता है, जिससे उनकी विश्वसनीयता बढ़ जाती है। सुरक्षा संबंधी चिंताएं, जैसे बच्चा चोरी या किसी विशेष

समूह द्वारा संभावित हमले की अफवाहें, उनके भीतर एक स्थायी 'आपातकालीन मानसिकता' उत्पन्न करती हैं। यह निरंतर बना रहने वाला संशय और भय उनके सामाजिक व्यवहार को प्रभावित करता है, जिससे वे अपने आसपास के प्रति अधिक शंकालु और समुदायों के बीच अविश्वास की दीवार खड़ी करने वाले बन जाते हैं।

सामाजिक सम्मान बनाए रखने की इच्छा और परिवार में सूचना स्रोत के रूप में अपनी भूमिका को पुनः प्राप्त करने का प्रयास इस परिघटना का एक सूक्ष्म समाजशास्त्रीय पहलू है। सेवानिवृत्ति के बाद कई बुजुर्ग स्वयं को मुख्यधारा से कटा हुआ या परिवार के भीतर अपनी उपयोगिता कम होता हुआ अनुभव करते हैं। डिजिटल समूहों में 'महत्वपूर्ण' या 'अज्ञात' जानकारी साझा करना उन्हें फिर से एक 'जागरूक सूचना प्रदाता' की स्थिति में ले आता है। जब वे परिवार के समूह में कोई विशेष संदेश भेजते हैं और उस पर प्रतिक्रिया प्राप्त होती है, तो उन्हें एक प्रकार की 'डिजिटल सार्थकता' का अनुभव होता है। यह भावना उन्हें और अधिक संदेश भेजने के लिए प्रेरित करती है। यहाँ समस्या तब उत्पन्न होती है जब उनकी इस सामाजिक भूमिका का लाभ राजनीतिक और आर्थिक हित समूह उठाते हैं। परिवार के युवा सदस्य अक्सर सम्मानवश या विवाद से बचने के लिए उनकी साझा की गई गलत सूचनाओं पर प्रश्न नहीं उठाते, जिससे परिवार के भीतर ही एक भ्रामक सूचना तंत्र को संस्थागत वैधता प्राप्त हो जाती है।

पीढ़ियों के बीच का यह संवादहीनता का संकट डिजिटल अंतर को और गहरा करता है। जहाँ युवा पीढ़ी सूचना के बहु-स्रोतीय सत्यापन में सक्षम है, वहीं बुजुर्गों द्वारा तथ्य प्रस्तुत करने पर दी जाने वाली भावनात्मक

प्रतिक्रिया संवाद की संभावनाओं को समाप्त कर देती है। यह केवल एक व्यक्तिगत समस्या नहीं है, बल्कि यह सामाजिक पूंजी का वह ह्रास है जो डिजिटल सूचना-अराजकता के कारण हो रहा है। लोक प्रशासन के लिए यह इसलिए चुनौतीपूर्ण है क्योंकि बुजुर्ग समाज में एक प्रभावशाली राय निर्माता होते हैं। यदि यह प्रभावशाली वर्ग भ्रामक सूचनाओं से संचालित होगा, तो सार्वजनिक नीतियों के प्रति जनमत का निर्माण भी तथ्यों के बजाय धारणाओं के आधार पर होगा। सूचना प्रौद्योगिकी का यह प्रभाव दर्शाता है कि डिजिटल साक्षरता की कमी कैसे नागरिक उत्तरदायित्व को प्रभावित करती है और कैसे एक सम्मानित आयु वर्ग अनजाने में ही समाज में अविश्वास और विद्वेष के प्रसार का माध्यम बन जाता है।

मनोवैज्ञानिक रूप से, 'पूर्वधारणा पुष्टिकरण' और 'समूह पहचान' की प्रवृत्तियाँ इस आयु वर्ग में अधिक सुदृढ़ होती हैं क्योंकि उनके वैचारिक ढांचे दशकों के अनुभवों से निर्मित होते हैं। वे उन्हीं सूचनाओं को अधिक तीव्रता से साझा करते हैं जो उनके पहले से बने हुए विश्वदृष्टिकोण को पुष्ट करती हैं। बार-बार दोहराई गई भ्रामक सूचनाएं उनके लिए एक 'नया यथार्थ' निर्मित कर देती हैं, जिससे वे वास्तविक और काल्पनिक के बीच का भेद भूल जाते हैं। यह स्थिति न केवल उन्हें भ्रमित करती है, बल्कि उन्हें एक ऐसे वैचारिक घेरे में बंद कर देती है जहाँ तर्क और नवीन तथ्यों के लिए कोई स्थान नहीं रहता। अतः, बुजुर्गों पर झूठी खबरों के प्रभाव का अध्ययन यह स्पष्ट करता है कि हमें एक ऐसी 'डिजिटल नागरिकता' और 'पीढ़ीगत संवाद' की आवश्यकता है जो आयु की गरिमा को सूचनात्मक विवेक के साथ जोड़ सके।

निष्कर्ष की दिशा में देखें तो, यह प्रकरण यह रेखांकित करता है कि बुजुर्गों को केवल 'भ्रमित' मान लेना पर्याप्त नहीं है; हमें उन संरचनात्मक और मनोवैज्ञानिक कारणों को समझना होगा जो उन्हें इस संकट का केंद्र बनाते हैं। यह स्पष्ट है कि प्रभाव केवल आयु का नहीं, बल्कि उनकी बदली हुई सामाजिक भूमिका और सूचना के प्रति उनके पुराने, निष्पक्ष दृष्टिकोण का भी है। समाजशास्त्र और राजनीति विज्ञान के विद्यार्थियों के लिए यह विश्लेषण एक चेतावनी है कि सूचना-युद्ध के इस युग में समाज के सबसे सम्मानित वर्ग को ही सूचनात्मक हथियार के रूप में प्रयोग किया जा रहा है। सत्य की रक्षा के लिए हमें बुजुर्गों के डिजिटल सशक्तीकरण के साथ-साथ उनके भीतर एक आलोचनात्मक दृष्टि विकसित करने की आवश्यकता है, ताकि वे 'व्हाट्सऐप विश्वविद्यालय' के संवाहक बनने के बजाय समाज को दिशा देने वाली अपनी पारंपरिक और गरिमामयी भूमिका का निर्वहन कर सकें।

"हम बनाम वे" मानसिकता

भारतीय सामाजिक-राजनीतिक विमर्श में "हम बनाम वे" की मानसिकता एक ऐसी विभाजक संरचना है, जो न केवल सामुदायिक पहचान को कठोर बनाती है बल्कि डिजिटल युग में भ्रामक सूचनाओं के प्रसार के लिए सबसे उर्वर मनोवैज्ञानिक धरातल भी प्रदान करती है। समाजशास्त्रीय दृष्टिकोण से, यह मानसिकता 'अंतःसमूह' (इन-ग्रुप) और 'बाह्य-समूह' (आउट-ग्रुप) के मध्य एक स्पष्ट और अक्सर शत्रुतापूर्ण विभाजक रेखा खींचती है, जहाँ 'हम' का अर्थ सदाचारी, रक्षक और पीड़ित होता है, जबकि 'वे' को एक आक्रामक, षड्यंत्रकारी और अनैतिक इकाई के रूप में चित्रित किया जाता है। व्हाट्सऐप

विश्वविद्यालय की विषय-वस्तु अक्सर इसी ढांचे पर आधारित होती है, जो नागरिक की तार्किक चेतना को समूह-निष्ठा के अधीन कर देती है। यह समझना अनिवार्य है कि झूठी खबरें शून्य में पैदा नहीं होतीं, बल्कि वे समाज में पहले से मौजूद ऐतिहासिक, धार्मिक और जातीय दरारों को पहचान कर उन्हें तीव्र करने का कार्य करती हैं।

समूह पहचान की मजबूती इस मनोवैज्ञानिक ढांचे का प्राथमिक लक्ष्य है। जब कोई भ्रामक संदेश किसी व्यक्ति के पास पहुँचता है, तो वह केवल जानकारी का आदान-प्रदान नहीं होता, बल्कि वह उसकी अस्मिता को संबोधित करता है। धार्मिक प्रतीकों का राजनीतिक उपयोग इस पहचान को और अधिक प्रखर बनाने के लिए किया जाता है। डिजिटल माध्यमों पर पवित्र प्रतीकों, धार्मिक स्थलों और महापुरुषों से जुड़ी ऐसी कहानियाँ गढ़ी जाती हैं जो व्यक्ति के भीतर 'सामूहिक स्वाभिमान' को जागृत करें। इन प्रतीकों को अक्सर एक आसन्न खतरे के घेरे में दिखाया जाता है, जिससे व्यक्ति को लगता है कि यदि वह इस सूचना को आगे नहीं बढ़ाएगा, तो वह अपने धर्म या समुदाय के प्रति विश्वासघात कर रहा है। यहाँ सूचना का प्रमाणीकरण गौण हो जाता है और समूह के प्रति वफादारी प्राथमिक बन जाती है। इस प्रकार, पहचान की राजनीति डिजिटल मंचों के माध्यम से व्यक्ति के निजी विश्वास को एक आक्रामक सार्वजनिक रुख में परिवर्तित कर देती है।

ऐतिहासिक घटनाओं का चयनात्मक प्रस्तुतीकरण "हम बनाम वे" की धारणा को ऐतिहासिक वैधता प्रदान करने की एक सोची-समझी रणनीति है। व्हाट्सऐप समूहों में अक्सर इतिहास के ऐसे अंश साझा किए जाते हैं जिन्हें संदर्भ से काटकर या पूरी तरह विकृत करके पेश किया जाता है। इसमें किसी एक समुदाय के ऐतिहासिक गौरव को अतिरंजित

किया जाता है और दूसरे समुदाय को ऐतिहासिक रूप से 'आक्रांता' या 'गद्दार' सिद्ध करने का प्रयास किया जाता है। यह चयनात्मक स्मृति व्यक्ति के भीतर प्रतिशोध की भावना को जन्म देती है। पीड़ितता की सामूहिक कथा (कलेक्टिव विक्टिमहुड) इसी ऐतिहासिक विरूपण की परिणति है। जब किसी समाज को निरंतर यह विश्वास दिलाया जाता है कि वह सदियों से षड्यंत्रों का शिकार रहा है और आज भी 'वे' (बाह्य समूह) उसकी प्रगति को बाधित कर रहे हैं, तो वह समाज रक्षात्मक और हिंसक प्रतिक्रिया के लिए तैयार हो जाता है। यह पीड़ितता का बोध ही है जो भ्रामक सूचनाओं को एक 'सत्य की लड़ाई' के रूप में वैधता प्रदान करता है।

विरोधी समूह का अमानवीकरण (डीह्यूमनाइजेशन) इस मनोवैज्ञानिक प्रक्रिया का सबसे घातक चरण है। जब किसी समुदाय को निरंतर डिजिटल संदेशों के माध्यम से 'शत्रु', 'संकट' या 'असंस्कृत' के रूप में चित्रित किया जाता है, तो धीरे-धीरे उनके प्रति मानवीय सहानुभूति समाप्त होने लगती है। अमानवीकरण की यह प्रक्रिया हिंसक प्रतिक्रियाओं को तर्कसंगत बनाने का कार्य करती है। यदि बाह्य समूह को मनुष्य के बजाय केवल एक 'खतरे' के रूप में देखा जाएगा, तो उनके विरुद्ध की गई किसी भी प्रकार की हिंसा या भेदभाव को समाज के भीतर 'आत्मरक्षा' का नाम दिया जा सकता है। सामाजिक माध्यमों में बंद विचार समूह (इको चैम्बर्स) इस अमानवीकरण को खाद-पानी देते हैं। इन समूहों में केवल वही सूचनाएं प्रवेश करती हैं जो 'हम' की श्रेष्ठता और 'वे' की दुष्टता को पुष्ट करती हों। संवाद की अनुपस्थिति में, बाह्य समूह के प्रति पूर्वाग्रह डिजिटल सुदृढ़ीकरण के माध्यम से एक अटल विश्वास में बदल जाते हैं।

राजनीति विज्ञान और लोक प्रशासन के परिप्रेक्ष्य में, यह मानसिकता लोकतांत्रिक संस्थानों के प्रति अविश्वास उत्पन्न करती है। जब नागरिक समाज "हम बनाम वे" के खांचों में विभाजित हो जाता है, तो वह राज्य की संस्थाओं को भी उसी चश्मे से देखने लगता है। यदि कोई संस्था (जैसे न्यायपालिका या पुलिस) कानून के अनुसार कार्य करती है, लेकिन उसका निर्णय किसी समूह की पहचान के विरुद्ध जाता है, तो उसे तुरंत 'पक्षपाती' घोषित कर दिया जाता है। यह स्थिति सामाजिक सामंजस्य और कानून के शासन के लिए गंभीर संकट उत्पन्न करती है। ध्रुवीकरण की इस स्थिति में, जनमत का निर्माण तथ्यों या नीतियों के आधार पर नहीं, बल्कि पहचान के आधार पर होता है। चुनाव अब केवल नीतियों का संघर्ष नहीं रह जाते, बल्कि वे 'अस्तित्व की लड़ाई' बन जाते हैं, जहाँ भ्रामक सूचनाएं एक अस्त्र की तरह प्रयोग की जाती हैं।

भारतीय समाज की जटिल संरचना, विशेषकर ग्रामीण और शहरी क्षेत्रों के बीच डिजिटल असमानता, इस मानसिकता के प्रभाव को और अधिक जटिल बनाती है। ग्रामीण अंचलों में, जहाँ शिक्षा और डिजिटल साक्षरता का स्तर भिन्न है, वहां इन भ्रामक नैरेटिव्स का प्रभाव अधिक गहरा और दीर्घकालिक होता है। भाषाई विविधता का लाभ उठाते हुए क्षेत्रीय भाषाओं में ऐसी भ्रामक सामग्री प्रसारित की जाती है जिसकी निगरानी करना मुख्यधारा के संस्थानों के लिए कठिन होता है। यहाँ सूचना प्रौद्योगिकी का प्रभाव सभी वर्गों पर समान नहीं पड़ता; हाशिए के समुदायों या कम शिक्षित वर्गों के लिए ये डिजिटल संदेश ही उनके सामाजिक और राजनीतिक ज्ञान का प्राथमिक स्रोत बन जाते हैं। यह स्पष्ट है कि तकनीक ने केवल सूचना का प्रसार नहीं किया, बल्कि उसने पूर्वाग्रहों के वितरण को अधिक कुशल और तीव्र बना दिया है।

मनोवैज्ञानिक रूप से, पूर्वधारणा पुष्टीकरण की प्रवृत्ति इस "हम बनाम वे" के ढांचे को अटूट बनाती है। व्यक्ति उन्हीं सूचनाओं को ग्रहण करता है जो उसके पहले से बने हुए धार्मिक या सामाजिक अविश्वास को पुष्ट करती हैं। यदि कोई तथ्य इस अविश्वास को चुनौती देता है, तो मस्तिष्क उसे संज्ञानात्मक आलस्य और सुरक्षात्मक भाव के कारण अस्वीकार कर देता है। बार-बार दोहराई गई भ्रामक सूचनाएं अंततः एक ऐसी 'वैकल्पिक वास्तविकता' का निर्माण करती हैं जहाँ सत्य वस्तुनिष्ठ नहीं, बल्कि सामुदायिक हो जाता है। भविष्य में कृत्रिम बुद्धिमत्ता और डीप-फेक जैसी तकनीकों का उपयोग इस विभाजन को और अधिक यथार्थवादी बनाने के लिए किया जा सकता है, जिससे वास्तविक और निर्मित शत्रु के बीच का भेद पूरी तरह समाप्त हो जाएगा।

"हम बनाम वे" मानसिकता व्हाट्सऐप विश्वविद्यालय की वह वैचारिक नींव है जो समाज को संकीर्ण पहचानों के कारागार में बंद करती है। यह प्रकरण यह स्पष्ट करता है कि झूठी खबरें केवल तकनीकी विफलता नहीं, बल्कि समाज में पहले से मौजूद नफरत और संशय के राजनीतिक उपयोग का परिणाम हैं। समाजशास्त्र और माध्यम अध्ययन के विद्यार्थियों के लिए यह विश्लेषण अनिवार्य है क्योंकि यह बताता है कि कैसे सूचना के माध्यम से मानवीय संवेदनाओं का मुद्रीकरण और ध्रुवीकरण किया जा रहा है। सत्य की रक्षा के लिए हमें 'हम' की परिभाषा को विस्तृत करना होगा और सूचना के प्रति एक ऐसी आलोचनात्मक दृष्टि विकसित करनी होगी जो पहचान के दबाव में न झुके। जब तक हम सूचना को सामुदायिक गौरव के चश्मे से देखेंगे, तब तक हम भ्रामक सूचनाओं के इस चक्रव्यूह से मुक्त नहीं हो पाएंगे।

अफवाहों के कारण सामाजिक तनाव

डिजिटल युग में सूचना के प्रसार की गति ने सामाजिक शांति और सार्वजनिक व्यवस्था के समक्ष एक अभूतपूर्व संरचनात्मक चुनौती प्रस्तुत की है। 'अफवाह' को समाजशास्त्रीय दृष्टिकोण से एक ऐसी अपुष्ट सूचना के रूप में परिभाषित किया जा सकता है जो अनिश्चितता के वातावरण में सत्य के विकल्प के रूप में उभरती है। भारतीय सामाजिक संदर्भ में, डिजिटल अफवाहें अब केवल आभासी जगत तक सीमित नहीं हैं, बल्कि वे वास्तविक धरातल पर गंभीर सामाजिक तनाव, सामुदायिक अविश्वास और प्रशासनिक संकट का प्राथमिक कारण बन रही हैं। जब कोई भ्रामक सूचना डिजिटल मंचों से निकलकर सड़कों पर भौतिक प्रतिक्रिया उत्पन्न करती है, तो वह केवल एक तकनीकी विफलता नहीं होती, बल्कि वह समाज के भीतर विद्यमान गहरे पूर्वाग्रहों और संस्थागत अविश्वास का प्रकटीकरण होती है। यह समझना अनिवार्य है कि डिजिटल अफवाहें सामाजिक विभाजन की रेखाओं को तीव्र करने वाले उत्प्रेरक के रूप में कार्य करती हैं, जिससे स्थानीय घटनाएं पल भर में व्यापक वैचारिक संघर्ष का रूप ले लेती हैं।

स्थानीय घटनाओं का बढ़ा-चढ़ाकर प्रसार डिजिटल अफवाहों की वह शक्ति है जो सूक्ष्म को वृहद में परिवर्तित कर देती है। किसी सीमित भौगोलिक क्षेत्र में घटित सामान्य विवाद, जैसे दो व्यक्तियों के बीच का झगड़ा या कोई छोटी दुर्घटना, जब व्हाट्सऐप जैसे समूहों में प्रविष्ट होती है, तो उसे अक्सर 'सामुदायिक अस्मिता' या 'धार्मिक अपमान' के रूप में पुनर्गठित किया जाता है। यहाँ दृश्य सामग्री का चयनात्मक उपयोग और उत्तेजक शीर्षकों के माध्यम से एक ऐसा नैरेटिव गढ़ा जाता

है जो घटना के वास्तविक संदर्भ को पूरी तरह ओझल कर देता है। इसके परिणामस्वरूप, वे लोग भी उस तनाव का हिस्सा बन जाते हैं जिनका उस घटना से कोई प्रत्यक्ष संबंध नहीं था। यह प्रसार तंत्र स्थानीय शांति समितियों और पारंपरिक मध्यस्थता प्रणालियों को निष्क्रिय कर देता है, क्योंकि डिजिटल गति प्रशासनिक संवेदनशीलता से कहीं अधिक तीव्र होती है।

सांप्रदायिक अफवाहों का त्वरित प्रसार भारतीय समाज की सबसे नाजुक नसों पर प्रहार करता है। धार्मिक पहचान और विश्वास से जुड़ी भ्रामक सूचनाएं सबसे अधिक भावनात्मक आवेग उत्पन्न करती हैं। जब किसी पवित्र स्थल के कथित अपमान या किसी समुदाय विशेष द्वारा नियोजित षड्यंत्र की अफवाहें निजी समूहों में फैलती हैं, तो वे 'पूर्वधारणा पुष्टिकरण' के मनोवैज्ञानिक सिद्धांत के कारण तत्काल स्वीकार कर ली जाती हैं। यहाँ 'हम बनाम वे' का ढांचा पूरी तरह सक्रिय हो जाता है, जहाँ बाह्य समूह को एक शत्रु के रूप में अमानवीयकृत कर दिया जाता है। सांप्रदायिक अफवाहें न केवल तात्कालिक तनाव पैदा करती हैं, बल्कि वे समुदायों के बीच के ऐतिहासिक सामाजिक अनुबंध को भी खंडित कर देती हैं। अविश्वास की यह जड़ें इतनी गहरी हो जाती हैं कि आधिकारिक खंडन के बाद भी समाज में एक 'अवशेष भय' बना रहता है, जो भविष्य के संघर्षों के लिए उर्वर भूमि तैयार करता है।

भीड़ मनोविज्ञान और तात्कालिक प्रतिक्रिया इस सामाजिक तनाव की सबसे हिंसक परिणति है। डिजिटल अफवाहें नागरिक को एक 'युद्धकालीन मानसिक ढांचे' में ढकेल देती हैं, जहाँ तार्किक विश्लेषण का स्थान 'लड़ो या भागो' वाली आदिम वृत्ति ले लेती है। जब बड़ी संख्या

में लोग एक ही प्रकार की उत्तेजक और भ्रामक सूचनाओं से घिरे होते हैं, तो उनमें एक 'सामूहिक डिजिटल चेतना' विकसित होती है। यह चेतना व्यक्ति की व्यक्तिगत नैतिक जिम्मेदारी को समाप्त कर उसे एक उन्मादी भीड़ के हिस्से के रूप में कार्य करने के लिए प्रेरित करती है। भारत में मॉब लिंचिंग जैसी दुखद घटनाएं, जो अक्सर बच्चा चोरी या गौ-तस्करी जैसी डिजिटल अफवाहों का परिणाम रही हैं, इस भीड़ मनोविज्ञान का साक्षात प्रमाण हैं। यहाँ डिजिटल संदेश एक 'न्यायिक आदेश' की तरह कार्य करते हैं, जो भीड़ को कानून अपने हाथ में लेने के लिए मनोवैज्ञानिक वैधता प्रदान करते हैं।

सार्वजनिक व्यवस्था और प्रशासनिक संस्थाओं पर दबाव इस परिघटना का एक गंभीर लोक प्रशासनिक आयाम है। जब अफवाहें धरातल पर तनाव उत्पन्न करती हैं, तो कानून-व्यवस्था बनाए रखने वाली एजेंसियों के पास प्रतिक्रिया देने के लिए बहुत कम समय होता है। पुलिस और स्थानीय प्रशासन को न केवल भौतिक रूप से शांति व्यवस्था बनाए रखनी होती है, बल्कि उन्हें डिजिटल मोर्चे पर भी इन अफवाहों का निरंतर खंडन करना पड़ता है। प्रशासनिक संस्थाओं पर यह दोहरा दबाव उनकी कार्यक्षमता को प्रभावित करता है। कई बार, अफवाहों के कारण उत्पन्न अविश्वास इतना अधिक होता है कि नागरिक सरकारी सूचनाओं के बजाय डिजिटल संदेशों पर अधिक विश्वास करने लगते हैं। यह संस्थागत क्षरण की वह स्थिति है जहाँ राज्य की आधिकारिक शक्ति सूचना-अराजकता के सामने असहाय महसूस करने लगती है।

चुनावी समय में तनाव की वृद्धि राजनीति विज्ञान के विद्यार्थियों के लिए एक विशेष अध्ययन का विषय है। चुनाव के दौरान भ्रामक सूचनाओं का उपयोग एक सुनियोजित 'रणनीति' के रूप में किया जाता है। यहाँ

अफवाहों का उद्देश्य केवल भ्रम फैलाना नहीं, बल्कि मतदाताओं के भीतर विशेष समुदायों या उम्मीदवारों के प्रति भय और घृणा पैदा करना होता है। चुनावी अफवाहें अक्सर ध्रुवीकरण को चरम पर पहुँचाती हैं, जिससे स्वस्थ लोकतांत्रिक विमर्श की जगह भावनात्मक टकराव ले लेता है। राजनीतिक प्रचार तंत्र ऐसी कहानियाँ गढ़ते हैं जो मतदाता की पहचान को सीधे संबोधित करें। यह 'सूक्ष्म लक्ष्यीकरण' समाज में एक स्थायी वैचारिक दरार पैदा करता है, जो चुनावों के समाप्त होने के बाद भी सामाजिक संबंधों को विषाक्त बनाए रखता है।

स्वास्थ्य संकट के दौरान अफवाहों का प्रभाव समाज की सामूहिक जीवन-रक्षा क्षमता को चुनौती देता है। वैश्विक महामारी या किसी क्षेत्रीय बीमारी के समय जब विज्ञान आधारित सूचना के स्थान पर 'चमत्कारी उपचार' या 'टीकाकरण के विरुद्ध षड्यंत्र' जैसी अफवाहें फैलती हैं, तो वे सीधे तौर पर जनहानि का कारण बनती हैं। स्वास्थ्य संबंधी अफवाहें भय और असहायता की भावना का लाभ उठाती हैं। जब नागरिक को लगता है कि अधिकारिक तंत्र उससे सत्य छिपा रहा है, तो वह उन भ्रामक सूचनाओं की ओर मुड़ता है जो उसे सरल समाधान प्रदान करती हैं। यह स्थिति न केवल स्वास्थ्य प्रणाली पर बोझ बढ़ाती है, बल्कि यह विज्ञान और विशेषज्ञता के प्रति एक स्थायी संशयवाद को जन्म देती है, जो भविष्य के संकटों में समाज को और अधिक असुरक्षित बनाता है।

भारतीय समाज की जटिल संरचना, डिजिटल असमानता और भाषाई विविधता इस तनाव को और अधिक विस्तार देती है। सूचना प्रौद्योगिकी का प्रभाव सभी वर्गों पर समान नहीं पड़ता; ग्रामीण क्षेत्रों में, जहाँ शिक्षा और डिजिटल साक्षरता का स्तर भिन्न है, वहां अफवाहों का प्रभाव

अधिक विनाशकारी होता है। भाषाई विविधता के कारण क्षेत्रीय भाषाओं में फैलने वाली अफवाहों की निगरानी करना कठिन होता है, जिससे वे स्थानीय स्तर पर एक अभेद्य सूचना दुर्ग बना लेती हैं। यह स्पष्ट है कि तकनीक ने केवल सूचना का प्रसार नहीं किया, बल्कि उसने पूर्वाग्रहों के वितरण को अधिक कुशल और तीव्र बना दिया है।

अफवाहों के कारण उत्पन्न सामाजिक तनाव आधुनिक लोकतंत्र और सामाजिक सद्भाव के लिए एक 'अस्तित्वगत संकट' है। यह प्रकरण यह स्पष्ट करता है कि डिजिटल अफवाहें केवल ऑनलाइन विमर्श का हिस्सा नहीं हैं, बल्कि वे जमीन पर रक्तपात, अविश्वास और संस्थागत पतन का कारण बन रही हैं। समाजशास्त्र और लोक प्रशासन के विद्यार्थियों के लिए यह विश्लेषण एक चेतावनी है कि सूचना-युद्ध के इस दौर में सामाजिक शांति की रक्षा केवल बल प्रयोग से संभव नहीं है, बल्कि इसके लिए एक प्रबुद्ध नागरिक समाज और सूचनात्मक उत्तरदायित्व की संस्कृति विकसित करना अनिवार्य है। जब तक हम अफवाहों के मनोवैज्ञानिक और संरचनात्मक स्रोतों को संबोधित नहीं करेंगे, तब तक हमारी सामाजिक स्थिरता इन अदृश्य संदेशों के रहमोकरम पर रहेगी।

समुदायों के बीच अविश्वास की वृद्धि

डिजिटल सूचना के अनियंत्रित प्रवाह और भ्रामक सामग्री के व्यवस्थित प्रसार ने भारतीय समाज के भीतर 'सामुदायिक अविश्वास' की एक ऐसी सूक्ष्म किंतु गहरी समस्या उत्पन्न कर दी है, जिसके परिणाम अत्यंत दीर्घकालिक हैं। समाजशास्त्र की दृष्टि से अविश्वास केवल सूचना की कमी नहीं है, बल्कि यह उस 'सामाजिक अनुबंध' का टूटना है जो

विभिन्न समूहों को एक साझा धागे में पिरोकर रखता है। जब व्हाट्सऐप जैसे व्यक्तिगत संदेश मंचों पर निरंतर ऐसी सामग्री साझा की जाती है जो दूसरे समुदायों के प्रति संशय, भय या घृणा उत्पन्न करती है, तो वह समाज की सहिष्णुता की सीमाओं को संकुचित कर देती है। यह अविश्वास रातों-रात पैदा नहीं होता, बल्कि यह बार-बार दोहराई गई भ्रामक सूचनाओं का संचयी प्रभाव है जो धीरे-धीरे सामाजिक विश्वास की जड़ों को क्षीण कर देता है। सूचना प्रौद्योगिकी की यह पहुँच जहाँ एक ओर लोगों को जोड़ रही है, वहीं दूसरी ओर वैचारिक स्तर पर समुदायों के बीच अभेद्य दीवारें खड़ी कर रही है, जिससे 'साझा सार्वजनिक क्षेत्र' का अस्तित्व ही संकट में पड़ गया है।

साझा सार्वजनिक क्षेत्र का सिकुड़ना इस सामाजिक अविश्वास की सबसे पहली और गंभीर परिणति है। ऐतिहासिक रूप से भारतीय समाज में सार्वजनिक स्थल जैसे बाज़ार, त्योहार और सामुदायिक केंद्र ऐसे स्थान रहे हैं जहाँ विभिन्न वर्गों के बीच अनौपचारिक संवाद और अंतःक्रिया होती थी। परंतु, डिजिटल 'प्रतिध्वनि कक्ष' (इको चैम्बर) के निर्माण ने व्यक्ति को उसके अपने ही वैचारिक समूह तक सीमित कर दिया है। जब उपयोगकर्ता अपने मोबाइल फोन पर निरंतर यह देखता है कि 'दूसरा पक्ष' उसके अस्तित्व के लिए खतरा है, तो वह वास्तविक जीवन में भी उन समूहों के साथ संवाद करने से बचने लगता है। यह 'डिजिटल अलगाववाद' सार्वजनिक विमर्श को समाप्त कर देता है और समुदायों के बीच एक ऐसी 'संवादहीनता' की स्थिति उत्पन्न करता है जहाँ केवल संदेह और कल्पित भय शेष रहते हैं।

सामाजिक पूँजी में गिरावट इस प्रक्रिया का एक अन्य महत्वपूर्ण समाजशास्त्रीय आयाम है। सामाजिक पूँजी का अर्थ है वह विश्वास, सहयोग और सामंजस्य जो समाज को क्रियाशील और संगठित रखता है। भ्रामक सूचनाएँ इस पूँजी का क्षरण करती हैं क्योंकि वे लोगों को एक-दूसरे के प्रति सशंकित बनाती हैं। जब पड़ोस और स्थानीय स्तर पर तनाव बढ़ने लगता है, तो वह केवल दो व्यक्तियों का झगड़ा नहीं रहता, बल्कि वह सामुदायिक अविश्वास का प्रतिबिंब बन जाता है। समुदायों के बीच का वह पारंपरिक भरोसा, जिसके आधार पर आर्थिक और सामाजिक व्यवहार संचालित होते थे, अब डिजिटल अफवाहों की भेंट चढ़ रहा है। स्थानीय स्तर पर यह तनाव अक्सर छोटी घटनाओं को सांप्रदायिक रंग देने की प्रवृत्ति से और अधिक गहरा होता है, जिससे सामाजिक समरसता का ताना-बाना छिन्न-भिन्न हो जाता है।

संस्थाओं पर घटता विश्वास और संवाद की जगह आरोप-प्रत्यारोप की संस्कृति राजनीति विज्ञान और लोक प्रशासन के लिए एक बड़ी चुनौती है। जब समाज वैचारिक आधार पर विभाजित हो जाता है, तो राज्य की निष्पक्ष संस्थाओं को भी उसी पक्षपाती दृष्टिकोण से देखा जाने लगता है। यदि भ्रामक सूचनाओं के माध्यम से यह नैरेटिव गढ़ा जाए कि न्यायपालिका, पुलिस या निर्वाचन आयोग किसी विशेष समुदाय के पक्ष में कार्य कर रहे हैं, तो आम नागरिक का संस्थानों से मोहभंग हो जाता है। यह अविश्वास लोकतांत्रिक जवाबदेही के सिद्धांतों को कमजोर करता है क्योंकि नागरिक अब तथ्यों या नीतियों के आधार पर नहीं, बल्कि अपनी सामुदायिक पहचान के आधार पर संस्थाओं का मूल्यांकन करता है। संवाद की कमी के कारण सार्वजनिक विमर्श अब केवल 'तू-तू मैं-मैं' और परस्पर विरोधी दावों तक सीमित रह गया है, जहाँ सत्य

की खोज के बजाय केवल दूसरे पक्ष को नीचा दिखाना ही उद्देश्य बन जाता है।

भारतीय समाज की जटिल संरचना और डिजिटल असमानता इस अविश्वास को और अधिक तीव्रता प्रदान करती है। ग्रामीण क्षेत्रों और भाषाई रूप से विविधतापूर्ण अंचलों में, जहाँ शिक्षा और डिजिटल साक्षरता की कमी है, वहां भ्रामक सूचनाओं का प्रभाव अधिक विनाशकारी होता है। यहाँ सूचना प्रौद्योगिकी का प्रभाव सशक्तिकरण के बजाय 'भय के संवर्द्धन' के रूप में प्रकट होता है। भाषाई समुदायों के भीतर फैलने वाली अफवाहें अक्सर स्थानीय सांस्कृतिक संवेदनशीलताओं का उपयोग करती हैं, जिससे ध्रुवीकरण की प्रक्रिया और अधिक प्रभावी हो जाती है। यह स्पष्ट करना अनिवार्य है कि झूठी खबरें केवल तकनीकी त्रुटियाँ नहीं हैं, बल्कि वे सत्ता संरचनाओं और राजनीतिक प्रचार तंत्र द्वारा जानबूझकर उपयोग किए जाने वाले ऐसे अस्त्र हैं जो समाज की सामूहिक चेतना को विभाजित करते हैं।

मनोवैज्ञानिक विश्लेषण यह दर्शाता है कि भावनात्मक उत्तेजना और 'पूर्वधारणा पुष्टिकरण' की प्रवृत्तियाँ इस अविश्वास को एक स्थायी संस्कार में बदल देती हैं। बार-बार एक ही प्रकार की नकारात्मक सूचना देखने से व्यक्ति का 'संज्ञान संबंधी नक्शा' (कॉग्निटिव मैप) बदल जाता है। वह अनजाने में ही बाह्य समूहों के प्रति एक 'शत्रुतापूर्ण पूर्वाग्रह' पालने लगता है। इस स्थिति में, यदि कोई सकारात्मक या तथ्यात्मक सूचना उसके सामने आती भी है, तो उसका मस्तिष्क उसे 'विरोधी पक्ष का प्रचार' मानकर अस्वीकार कर देता है। यह मनोवैज्ञानिक अवरोध समुदायों के बीच सुलह और संवाद की किसी भी संभावना को विफल

कर देता है, जिससे सामाजिक वैमनस्य का एक अंतहीन चक्र प्रारंभ हो जाता है।

समुदायों के बीच अविश्वास की यह वृद्धि एक ऐसी संरचनात्मक विफलता है जो आधुनिक भारतीय लोकतंत्र की स्थिरता के लिए सबसे बड़ा खतरा है। यह स्पष्ट है कि डिजिटल अफवाहें केवल ऑनलाइन विमर्श का हिस्सा नहीं हैं, बल्कि वे जमीनी हकीकत को बदलकर सामाजिक शांति की नींव कमजोर कर रही हैं। समाजशास्त्र, राजनीति विज्ञान और लोक प्रशासन के विद्यार्थियों के लिए यह प्रकरण यह समझने हेतु अनिवार्य है कि सूचना-युद्ध के इस दौर में सामाजिक समरसता की रक्षा केवल तकनीकी समाधानों से नहीं, बल्कि 'विश्वास की पुनर्स्थापना' और 'संवाद की संस्कृति' को पुनर्जीवित करने से ही संभव है। जब तक हम सूचना के प्रति एक सामूहिक आलोचनात्मक विवेक विकसित नहीं करेंगे और अपनी पहचान को सत्य से ऊपर रखेंगे, तब तक 'व्हाट्सऐप विश्वविद्यालय' के ये भ्रामक संदेश हमारे समाज को अविश्वास के अंधकार में धकेलते रहेंगे।

अध्याय 6: राजनीतिक दुष्प्रचार और लोकतंत्र

संगठित संदेश प्रसार तंत्र

आधुनिक लोकतंत्र में सूचना का अबाध और निष्पक्ष प्रवाह नागरिक स्वायत्तता की आधारशिला माना जाता है, परंतु डिजिटल क्रांति के उपरांत 'संगठित संदेश प्रसार तंत्र' (आर्गेनाइज्ड मैसेज डिसमिनेशन सिस्टम) के उदय ने इस लोकतांत्रिक आदर्श के समक्ष एक गंभीर संरचनात्मक चुनौती उत्पन्न कर दी है। राजनीति विज्ञान और माध्यम अध्ययन के परिप्रेक्ष्य में, राजनीतिक दुष्प्रचार अब कोई आकस्मिक या छिटपुट घटना नहीं रह गई है, बल्कि यह एक अत्यंत सुव्यवस्थित, तकनीकी रूप से उन्नत और रणनीतिक रूप रो रांचालित प्रक्रिया बन चुकी है। इस तंत्र का सामाजिक संदर्भ यह है कि यह 'व्हाट्सऐप विश्वविद्यालय' जैसे अनौपचारिक मंचों का उपयोग करके एक ऐसी समानांतर वास्तविकता निर्मित करता है, जहाँ सूचना का उद्देश्य ज्ञानवर्धन के स्थान पर जनमानस का 'मनोवैज्ञानिक अनुकूलन' करना होता है। यह समझना अनिवार्य है कि यह तंत्र देखने में जितना स्वतःस्फूर्त और अनौपचारिक प्रतीत होता है, इसकी जड़ें उतनी ही सुनियोजित और संस्थागत होती हैं, जो आधुनिक चुनाव प्रबंधन और सत्ता संरचनाओं के साथ गहराई से जुड़ी हुई हैं।

इस तंत्र की कार्यप्रणाली का प्रथम चरण संगठित समूहों द्वारा संदेश निर्माण की प्रक्रिया है। यहाँ सूचना का सृजन किसी व्यक्तिगत

अभिव्यक्ति का परिणाम नहीं होता, बल्कि यह विशेष 'सामग्री कक्षों' (कंटेंट रूम्स) में विशेषज्ञों द्वारा तैयार किया जाता है। पूर्वनिर्धारित कथानक (नैरेटिव) के अनुसार सामग्री तैयार करना इस रणनीति का केंद्र है। उदाहरण के तौर पर, यदि किसी विशेष राजनीतिक दल को अपनी छवि एक 'रक्षक' के रूप में गढ़नी है, तो पहले से ही समाज में विद्यमान सूक्ष्म असुरक्षाओं को पहचान कर उनसे संबंधित भ्रामक कहानियाँ बुनी जाती हैं। इन कहानियों में अक्सर इतिहास के चुनिंदा अंशों, धार्मिक प्रतीकों और राष्ट्रवाद की तीव्र संवेदनाओं का सम्मिश्रण किया जाता है। यहाँ 'प्रचार' और 'सूचना' के बीच का अंतर पूरी तरह समाप्त कर दिया जाता है; सूचना जहाँ तथ्यों पर आधारित और तटस्थ होती है, वहीं प्रचार का एकमात्र साध्य प्राप्तकर्ता के मस्तिष्क में एक निश्चित धारणा का बीजारोपण करना होता है।

एक ही संदेश के विभिन्न रूपों का प्रसार इस तंत्र की मारक क्षमता को कई गुना बढ़ा देता है। जब एक ही भ्रामक कथानक को कभी वीडियो, कभी चित्र, कभी कविता और कभी किसी प्रतिष्ठित व्यक्ति के छद्म उद्धरण के रूप में प्रस्तुत किया जाता है, तो उपयोगकर्ता के भीतर 'पुनरावृत्ति प्रभाव' (इल्यूजरी ट्रुथ इफेक्ट) कार्य करने लगता है। डिजिटल स्वयंसेवकों और समर्पित समर्थक समूहों की भूमिका यहाँ अत्यंत महत्वपूर्ण हो जाती है। ये समूह किसी भी केंद्रीय निर्देश को पल भर में लाखों की संख्या में साझा करने के लिए तैयार रहते हैं। यह 'डिजिटल सेना' संदेशों को एक कृत्रिम लोकप्रियता (एस्ट्रोटर्फिंग) प्रदान करती है, जिससे सामान्य नागरिक को यह भ्रम होता है कि यह सूचना समाज की सामूहिक आवाज़ है। यह प्रक्रिया लोकतंत्र की उस

'विचार-विमर्श' वाली प्रकृति को नष्ट करती है, जहाँ सत्य का निर्धारण तर्कों से होना चाहिए था, न कि साझा करने की संख्या से।

लक्षित समूहों (टारगेटेड ग्रुप्स) के अनुसार संदेशों का अनुकूलन इस तंत्र की तकनीकी सूक्ष्मता को दर्शाता है। डेटा विश्लेषण के माध्यम से अब यह संभव हो गया है कि प्रयोक्ता की जाति, धर्म, आयु और आर्थिक स्थिति के अनुसार उसके लिए विशिष्ट संदेश तैयार किए जाएं। ग्रामीण क्षेत्रों के लिए सामग्री का स्वरूप शहरी क्षेत्रों से भिन्न होता है, और क्षेत्रीय भाषाओं में सामग्री का प्रसार भाषाई विविधता का लाभ उठाकर किया जाता है। क्षेत्रीय भाषाओं में प्रसारित सामग्री की निगरानी करना मुख्यधारा की मीडिया और तथ्य-जाँच एजेंसियों के लिए एक बड़ी चुनौती है, जिससे ये संगठित तंत्र अधिक सुरक्षित रूप से अपना प्रभाव छोड़ पाते हैं। यहाँ सूचना प्रौद्योगिकी का प्रभाव सभी वर्गों पर समान नहीं पड़ता; कम शिक्षित और डिजिटल रूप से नए उपयोगकर्ताओं के लिए ये अनुकूलित संदेश ही उनके सामाजिक और राजनीतिक यथार्थ का प्राथमिक स्रोत बन जाते हैं।

निजी समूहों, विशेषकर व्हाट्सऐप जैसे मंचों के माध्यम से संदेशों का नियंत्रित वितरण इस तंत्र का सबसे अभेद्य हिस्सा है। चूँकि ये संदेश बंद समूहों (क्लोज्ड ग्रुप्स) में प्रवाहित होते हैं, इसलिए इन्हें सार्वजनिक जवाबदेही के दायरे में लाना लगभग असंभव होता है। यहाँ 'स्रोत की अस्पष्टता' एक सुरक्षा कवच का कार्य करती है। जब कोई भ्रामक सूचना किसी मित्र या सगे-संबंधी द्वारा भेजी जाती है, तो उसकी विश्वसनीयता स्वतः ही बढ़ जाती है। यह तंत्र व्यक्ति के निजी संबंधों का उपयोग राजनीतिक लाभ के लिए करता है, जिससे समाज में अविश्वास और

ध्रुवीकरण की जड़ें और गहरी होती हैं। लोक प्रशासन के दृष्टिकोण से, यह 'अदृश्य चुनाव प्रचार' निर्वाचन नियमावली और पारदर्शिता के सिद्धांतों का उल्लंघन है, क्योंकि यहाँ सूचना का प्रवाह किसी संस्थागत नियंत्रण में नहीं होता।

भारतीय समाज की जटिल संरचना को ध्यान में रखते हुए, यह संगठित तंत्र सामाजिक पूर्वाग्रहों और धार्मिक ध्रुवीकरण को तीव्र करने वाले उत्प्रेरक के रूप में कार्य करता है। जब संगठित समूहों द्वारा निर्मित 'पीड़ितता की कथा' (विक्टिमहुड नैरेटिव) बार-बार दोहराई जाती है, तो समाज में 'हम बनाम वे' की मानसिकता सुदृढ़ होती है। यह प्रक्रिया केवल चुनाव तक सीमित नहीं रहती, बल्कि यह सामाजिक समरसता को स्थायी रूप से क्षति पहुँचाती है। पारंपरिक समाचार माध्यमों की गिरती साक्ष और डिजिटल असमानता ने इस तंत्र को और अधिक शक्तिशाली बना दिया है। जब मुख्यधारा की संस्थाओं के प्रति अविश्वास बढ़ता है, तो नागरिक इन अनौपचारिक परंतु सुव्यवस्थित सूचना स्रोतों की ओर मुड़ता है, जहाँ उसे वही सत्य परोसा जाता है जिसे वह सुनना चाहता है।

मनोवैज्ञानिक रूप से, यह संगठित तंत्र 'संज्ञानात्मक आलस्य' और 'भावनात्मक उत्तेजना' का भरपूर लाभ उठाता है। संदेशों को इतना सरल और उत्तेजक बनाया जाता है कि पाठक उस पर प्रश्न उठाने के बजाय उसे साझा करने में अधिक गर्व अनुभव करता है। भय-आधारित संदेश और समूह पहचान की भावना व्यक्ति को उस 'सूचनात्मक युद्ध' का हिस्सा बना देती है जहाँ वह स्वयं ही एक हथियार बन जाता है। तकनीकी साधनों, जैसे कृत्रिम बुद्धिमत्ता और स्वचालित खातों (बॉट्स) के उपयोग ने इस दुष्प्रचार को एक उद्योग का स्वरूप दे दिया है। यह

तकनीकी अंध-गौरव नहीं, बल्कि लोकतंत्र के भविष्य के लिए एक यथार्थवादी खतरा है, जहाँ वास्तविक जनमत के स्थान पर 'निर्मित सहमति' (मैनुफैक्चर्ड कन्सेंट) का शासन हो सकता है।

संगठित संदेश प्रसार तंत्र आधुनिक लोकतंत्र के समक्ष सबसे बड़ी संरचनात्मक विफलता और चुनौती है। यह स्पष्ट है कि दुष्प्रचार कोई आकस्मिक त्रुटि नहीं, बल्कि सत्ता प्राप्ति और सामाजिक नियंत्रण का एक अत्यंत परिष्कृत अस्त्र है। समाजशास्त्र, राजनीति विज्ञान और लोक प्रशासन के विद्यार्थियों के लिए यह प्रकरण यह समझने हेतु अनिवार्य है कि सूचना-युद्ध के इस युग में लोकतंत्र की रक्षा केवल मतदान से नहीं, बल्कि सूचनात्मक विवेक और नागरिक उत्तरदायित्व की पुनर्स्थापना से होगी। जब तक हम इन संगठित तंत्रों की कार्यप्रणाली को पहचान कर उनके विरुद्ध एक सचेत प्रतिरोध विकसित नहीं करेंगे, तब तक हमारा सार्वजनिक विमर्श और लोकतांत्रिक निर्णय इन अदृश्य प्रचार मशीनों के रहमोकरम पर रहेंगे। सत्य की रक्षा के लिए सूचना के लोकतंत्रीकरण को 'उत्तरदेही संचार' के साथ जोड़ना ही इस संकट का एकमात्र स्थाायी समाधान है।

चुनावी कथानक निर्माण

चुनावी राजनीति के समकालीन परिदृश्य में 'कथानक निर्माण' (नैरेटिव बिल्डिंग) केवल सूचनाओं का संग्रह नहीं है, बल्कि यह एक सूक्ष्म मनोवैज्ञानिक और रणनीतिक ढांचा है, जिसका उद्देश्य जनमानस की सामूहिक चेतना को एक विशिष्ट दिशा में निर्देशित करना होता है। राजनीति विज्ञान और माध्यम अध्ययन के शोधार्थियों के लिए यह समझना अनिवार्य है कि चुनाव से पूर्व मुद्दों की प्राथमिकता तय करना

(एजेंडा सेटिंग) एक ऐसी संगठित प्रक्रिया है, जहाँ वास्तविक समस्याओं को पार्श्व में धकेलकर भावनात्मक और पहचान-आधारित विषयों को विमर्श के केंद्र में स्थापित किया जाता है। चुनावी कथानक निर्माण का मूल उद्देश्य तथ्यों का प्रसार करना नहीं, बल्कि एक ऐसा 'भावनात्मक ढांचा' तैयार करना है, जिसके भीतर मतदाता अपने निर्णयों को तार्किक के स्थान पर संवेगात्मक आधार प्रदान कर सके। भारतीय सामाजिक संरचना में, जहाँ विविधता और ऐतिहासिक स्मृतियों का गहरा प्रभाव है, वहां डिजिटल माध्यमों के माध्यम से गढ़े गए ये कथानक नागरिक के राजनीतिक व्यवहार को गहराई से प्रभावित करते हैं।

विरोधी पक्ष की छवि निर्माण इस कथानक निर्माण प्रक्रिया का एक अत्यंत महत्वपूर्ण और आक्रामक चरण है। यहाँ उद्देश्य केवल अपनी उपलब्धियों का गुणगान करना नहीं, बल्कि प्रतिद्वंद्वी को एक 'अस्तित्वगत संकट' या 'नैतिक पतन' के प्रतीक के रूप में प्रस्तुत करना होता है। इसके लिए 'चरित्र हनन' की सूक्ष्म युक्तियों का प्रयोग किया जाता है, जहाँ विरोधी नेता के पुराने बयानों को संदर्भ से काटकर या उनके व्यक्तिगत जीवन से जुड़ी भ्रामक कथाओं को प्रचारित करके उन्हें अविश्वसनीय सिद्ध किया जाता है। यह प्रक्रिया समाज में एक प्रकार का 'नकारात्मक ध्रुवीकरण' पैदा करती है, जहाँ मतदाता किसी के 'पक्ष' में मतदान करने के बजाय किसी 'भय' या 'घृणा' के कारण दूसरे के विरुद्ध मतदान करने के लिए प्रेरित होता है। व्हाट्सऐप विश्वविद्यालय की विषय-वस्तु में अक्सर विरोधियों को राष्ट्रविरोधी या किसी विशेष समुदाय के शत्रु के रूप में चित्रित किया जाता है, जिससे लोकतांत्रिक विमर्श की गरिमा खंडित होती है।

राष्ट्रवाद, सुरक्षा और विकास जैसे विषयों का भावनात्मक उपयोग चुनावी कथानक को एक 'पवित्र' आवरण प्रदान करता है। इन विषयों को जब डिजिटल दुष्प्रचार के साथ मिश्रित किया जाता है, तो वे तार्किक प्रश्न पूछने की संभावना को ही समाप्त कर देते हैं। उदाहरण के तौर पर, राष्ट्रीय सुरक्षा से जुड़ी किसी संवेदनशील घटना को इस प्रकार प्रस्तुत किया जाता है कि उस पर संदेह करना या विस्तृत जानकारी माँगना ही 'राष्ट्रद्रोह' जैसा प्रतीत होने लगे। विकास के दावों को अक्सर अतिशयोक्तिपूर्ण चित्रों और भ्रामक आँकड़ों के माध्यम से साझा किया जाता है, जिससे एक 'कृत्रिम समृद्धि' का बोध होता है। यहाँ सूचना का तकनीकी उपयोग केवल तथ्यों को दिखाने के लिए नहीं, बल्कि मतदाता के भीतर गर्व या भय की तीव्र संवेदनाएं जाग्रत करने के लिए किया जाता है। यह भावनात्मक ढांचा नागरिक को एक स्वतंत्र निर्णयकर्ता के स्थान पर एक 'समूह घटक' में बदल देता है, जो अपनी पहचान की रक्षा के लिए किसी भी सूचना को सत्य मान लेता है।

ऐतिहासिक घटनाओं की चयनात्मक व्याख्या इस कथा निर्माण को एक 'ऐतिहासिक वैधता' प्रदान करती है। चुनावी माहौल में इतिहास का उपयोग ज्ञानवर्धन के लिए नहीं, बल्कि वर्तमान के राजनीतिक प्रतिशोध को न्यायोचित ठहराने के लिए किया जाता है। बीते हुए कल की ऐसी घटनाओं को चुनकर साझा किया जाता है, जो किसी विशेष वर्ग के प्रति अविश्वास बढ़ा सकें या किसी दल विशेष को 'ऐतिहासिक अपराधी' सिद्ध कर सकें। यह चयनात्मक स्मृति समाज की सामूहिक एकता को प्रभावित करती है और समुदायों के बीच अविश्वास की खाई को गहरा करती है। स्थानीय घटनाओं को व्यापक राजनीतिक प्रतीक बनाना इसी रणनीति का विस्तार है। किसी सुदूर क्षेत्र में घटित एक छोटी सी घटना

को, जिसमें दो अलग-अलग पहचान वाले समूह शामिल हों, पूरे राष्ट्र के लिए एक 'चेतावनी' या 'संकेत' के रूप में प्रस्तुत किया जाता है। यह प्रक्रिया स्थानीय प्रशासनिक मुद्दों को राष्ट्रीय अस्मिता के प्रश्न में बदल देती है, जिससे चुनाव का वास्तविक आधार ही बदल जाता है।

झूठी या आंशिक सूचनाओं के माध्यम से जनमत को प्रभावित करना डिजिटल युग की एक कड़वी वास्तविकता है। आंशिक सूचनाएँ पूर्णतः असत्य सूचनाओं से अधिक खतरनाक होती हैं क्योंकि उनमें सत्य का एक छोटा सा अंश होता है, जो पूरे झूठ को विश्वसनीय बना देता है। चुनावी रणनीतिकार जानते हैं कि पूर्णतः कल्पित कथा को स्थापित करना कठिन है, इसलिए वे 'अर्ध-सत्य' का सहारा लेते हैं। जब यह सूचना डिजिटल माध्यमों की तीव्र गति के साथ प्रसारित होती है, तो उसके सत्यापन का अवसर ही नहीं बचता। मतदान से पूर्व सूचना का यह तीव्र प्रसार (इन्फॉर्मेशन ब्लास्ट) विशेष रूप से प्रभावकारी होता है। मतदान के ठीक चौबीस से अड़तालीस घंटे पहले फैलाई गई कोई भी अफवाह पूरे चुनावी गणित को बदल सकती है, क्योंकि उस सीमित समय में प्रशासनिक या कानूनी तंत्र के पास प्रभावी खंडन का पर्याप्त समय नहीं होता।

संस्थाओं के प्रति अविश्वास का फैलाव इस चुनावी कथानक निर्माण का एक गंभीर उप-उत्पाद है। जब राजनीतिक दल अपनी सफलता के लिए संवैधानिक संस्थाओं—जैसे चुनाव आयोग या न्यायपालिका—को भी संदिग्ध बनाने वाले कथानक गढ़ते हैं, तो वे दीर्घकाल में लोकतंत्र की जड़ें खोद रहे होते हैं। नागरिक को यह विश्वास दिलाया जाता है कि "सत्य केवल वही है जो उसे उसके निजी समूहों में मिल रहा है" और शेष सभी संस्थागत सूचनाएँ 'षड्यंत्र' का हिस्सा हैं। लोक प्रशासन के

लिए यह स्थिति एक बड़ी चुनौती है क्योंकि चुनावी समय में शांति बनाए रखने के लिए जिस नागरिक सहयोग की आवश्यकता होती है, वह इस डिजिटल अविश्वास के कारण लुप्त हो जाता है। सूचना प्रौद्योगिकी का यह प्रभाव दर्शाता है कि तकनीक ने केवल सूचना का प्रसार नहीं किया, बल्कि उसने पूर्वाग्रहों के 'आयुधकरण' को सुलभ बना दिया है।

भारतीय समाज की जटिल संरचना, विशेषकर डिजिटल असमानता और भाषाई विविधता, इन चुनावी कथानकों को और अधिक मारक बनाती है। क्षेत्रीय भाषाओं में तैयार किए गए कथानक स्थानीय संवेदनाओं और मुहावरों का प्रयोग करते हैं, जिससे वे मुख्यधारा की निगरानी से बचते हुए सीधे ग्रामीण और अर्ध-शहरी मतदाताओं के अवचेतन को प्रभावित करते हैं। शिक्षा में असमानता के कारण एक बड़ा वर्ग यह नहीं समझ पाता कि जो कहानियाँ वे अपने फोन पर पढ़ रहे हैं, वे वास्तव में 'डेटा विश्लेषण' के माध्यम रो उनके मानसिक ढांचे के अनुसार तैयार की गई हैं। यह 'सूक्ष्म लक्ष्यीकरण' (माइक्रो-टारगेटिंग) नागरिक की सोचने की स्वायत्तता पर एक मूक प्रहार है।

चुनावी कथानक निर्माण आधुनिक लोकतंत्र के समक्ष एक ऐसी संरचनात्मक चुनौती है जो तथ्यों की वस्तुनिष्ठता को समाप्त कर 'धारणाओं का युद्ध' स्थापित करती है। यह प्रकरण स्पष्ट करता है कि चुनावी संदेश केवल प्रचार नहीं हैं, बल्कि वे समाज के मनोवैज्ञानिक और सामाजिक ताने-बाने को पुनर्निर्मित करने का प्रयास हैं। समाजशास्त्र और राजनीति विज्ञान के विद्यार्थियों के लिए यह विश्लेषण एक चेतावनी है कि जब सूचना का साध्य केवल सत्ता प्राप्ति हो जाए, तो वह ज्ञान के स्थान पर भ्रम और संवाद के स्थान पर ध्रुवीकरण को जन्म

देती है। लोकतांत्रिक स्वास्थ्य के लिए यह अनिवार्य है कि नागरिक इन निर्मित कथाओं के पीछे छिपे रणनीतिक ढांचे को पहचानें और अपनी तार्किक संप्रभुता को किसी भी भावनात्मक जाल में फंसने से बचाएं। भविष्य का लोकतंत्र इस बात पर निर्भर करेगा कि हम निर्मित कथाओं और वास्तविक तथ्यों के बीच की रेखा को कितना स्पष्ट रख पाते हैं।

मतदाताओं की सोच में परिवर्तन

समकालीन लोकतांत्रिक व्यवस्थाओं में 'व्हाट्सऐप विश्वविद्यालय' जैसी परिघटनाओं ने केवल सूचना के प्रसार के तरीके को ही नहीं बदला है, बल्कि इसने मतदाताओं की संज्ञानात्मक प्रक्रिया और उनके राजनीतिक व्यवहार के मौलिक आधारों को भी पुनर्परिभाषित किया है। समाजशास्त्र और राजनीति विज्ञान के विद्यार्थियों के लिए यह अध्ययन का एक गंभीर विषय है कि कैसे डिजिटल सूचना तंत्र व्यक्तिगत राजनीतिक विवेक को समूह-आधारित पहचान के अधीन कर देते हैं। मतदाताओं की सोच में यह परिवर्तन किसी आकस्मिक तकनीकी परिवर्तन का परिणाम नहीं है, बल्कि यह उस मनोवैज्ञानिक और संरचनात्मक अनुकूलन की परिणति है जहाँ सूचना का वस्तुनिष्ठ मूल्यांकन 'पहचान की राजनीति' और 'संज्ञानात्मक सुगमता' के बोझ तले दब गया है। यहाँ मतदाता केवल एक तटस्थ सूचना ग्राही के रूप में कार्य नहीं करता, बल्कि वह अपनी सामाजिक, धार्मिक और जातीय अस्मिता के चश्मे से राजनीतिक यथार्थ को देखता और परखता है।

बार-बार प्राप्त होने वाले संदेशों के माध्यम से धारणा निर्माण की प्रक्रिया मतदाताओं के अवचेतन को प्रभावित करने का एक अत्यंत शक्तिशाली अस्त्र है। संज्ञानात्मक मनोविज्ञान में इसे 'पुनरावृत्ति प्रभाव' (इल्यूजरी

ट्रुथ इफेक्ट) कहा जाता है, जहाँ एक ही झूठ या अर्ध-सत्य को विभिन्न स्रोतों से निरंतर सुनने पर मस्तिष्क उसे सत्य के रूप में स्वीकार करने लगता है। डिजिटल मंचों पर राजनीतिक प्रचार तंत्र इस मनोवैज्ञानिक विवशता का भरपूर लाभ उठाते हैं। जब एक मतदाता को सुबह से रात तक अपने पारिवारिक, मित्र और व्यावसायिक समूहों में एक ही प्रकार के राजनीतिक कथानक या विरोधी पक्ष के विरुद्ध भ्रामक सामग्री प्राप्त होती है, तो उसका संदेह धीरे-धीरे विश्वास में बदलने लगता है। यह प्रक्रिया धीरे-धीरे उसे एक ऐसे वैचारिक सुरक्षा घेरे (इको चैम्बर) में बंद कर देती है, जहाँ उसे अपने विचारों के विपरीत कोई भी तथ्य 'षड्यंत्र' या 'दुष्प्रचार' प्रतीत होने लगता है। इस स्थिति में मतदाता का निर्णय तथ्यों पर नहीं, बल्कि उसके मस्तिष्क में निर्मित एक कृत्रिम निरंतरता पर आधारित होता है।

जटिल नीतिगत मुद्दों का सरल भावनात्मक रूपांतरण मतदाताओं की सोच को गहराई से प्रभावित करने वाली एक अन्य रणनीतिक विधा है। वास्तविक लोकतंत्र में नीतिगत निर्णय जैसे आर्थिक सुधार, कृषि नीति या विदेश नीति अत्यंत तकनीकी और जटिल होते हैं, जिन्हें समझने के लिए गंभीर विश्लेषण की आवश्यकता होती है। राजनीतिक दुष्प्रचार तंत्र इन जटिलताओं को हटाकर उन्हें सरल, उत्तेजक और भावनात्मक कहानियों में बदल देते हैं। उदाहरण के तौर पर, किसी जटिल आर्थिक मंदी के कारणों पर चर्चा करने के स्थान पर उसे किसी बाह्य शत्रु के षड्यंत्र या पूर्ववर्ती सरकारों की कथित गद्दारी के रूप में प्रस्तुत किया जाता है। मतदाता के लिए यह सरलीकरण 'संज्ञानात्मक आलस्य' को बढ़ावा देता है, क्योंकि उसे जटिल आँकड़ों के स्थान पर एक स्पष्ट और भावनात्मक 'नायक बनाम खलनायक' वाली कथा मिल जाती है। यह

रूपांतरण मतदाता के विवेक को कुंठित करता है, जिससे वह शासन की वास्तविक जवाबदेही तय करने के स्थान पर प्रतीकात्मक गौरव या भय के आधार पर मतदान करने लगता है।

विरोधी विचारों के प्रति बढ़ती असहिष्णुता डिजिटल दुष्प्रचार के सबसे चिंताजनक सामाजिक परिणामों में से एक है। जब सूचना तंत्र निरंतर यह संदेश देता है कि विरोधी विचारधारा केवल राजनीतिक प्रतिद्वंद्वी नहीं, बल्कि राष्ट्र या धर्म के लिए 'अस्तित्वगत खतरा' है, तो मतदाता के भीतर लोकतांत्रिक उदारवाद की भावना समाप्त होने लगती है। यह विमर्श मतदाता को यह विश्वास दिलाता है कि राजनीतिक विरोध का अर्थ व्यक्तिगत शत्रुता है। इस मनोवैज्ञानिक ढांचे के कारण, मतदाता अब केवल अपने समूह की सूचनाओं पर विश्वास करता है और विरोधी पक्ष के तार्किक दावों को भी सुनने से इनकार कर देता है। यह स्थिति समाज में एक ऐसे 'वैचारिक ध्रुवीकरण' को जन्म देती है जहाँ संवाद की संभावनाएँ पूरी तरह समाप्त हो जाती हैं। यहाँ मतदाता का लक्ष्य अब केवल अपने पक्ष की जीत नहीं, बल्कि दूसरे पक्ष का पूर्ण निराकरण हो जाता है, जो लोकतांत्रिक स्वास्थ्य के लिए एक घातक संकेत है।

मतदाता का सूचना स्रोत सीमित होना और डिजिटल माध्यम से पहचान आधारित मतदान इस संकट को और अधिक विस्तृत बनाता है। भारतीय समाज की जटिल संरचना में डिजिटल असमानता एक कड़वी वास्तविकता है। ग्रामीण और अर्ध-शहरी क्षेत्रों में, जहाँ पारंपरिक विश्वसनीय मीडिया की पहुँच कम हुई है या जहाँ उन पर अविश्वास बढ़ा है, वहां व्हाट्सएप जैसे मंच ही एकमात्र 'सूचना के स्रोत' बन गए हैं। इन स्रोतों में सूचना का प्रमाणीकरण केवल इस आधार पर होता है कि वह किस सामाजिक या धार्मिक समूह से प्राप्त हुई है। मतदाता अब

नीतियों के आधार पर अपना मत देने के स्थान पर अपनी 'पहचान' को सुरक्षित करने के लिए मतदान करता है। डिजिटल संदेश निरंतर उसे यह याद दिलाते रहते हैं कि उसकी जाति या धर्म के हित केवल एक विशिष्ट दल के साथ सुरक्षित हैं। यह 'पहचान आधारित अनुकूलन' मतदाता को एक स्वतंत्र नागरिक से घटाकर केवल एक 'सामुदायिक घटक' में सीमित कर देता है।

स्वतंत्र विचार और समूह प्रभाव का संघर्ष आधुनिक मतदाताओं के मानस में एक निरंतर चलने वाला द्वंद्व है। यद्यपि डिजिटल क्रांति ने सूचना के लोकतंत्रीकरण का वादा किया था, परंतु वास्तविकता में इसने 'समूह दबाव' (ग्रुप प्रेशर) को और अधिक सशक्त बना दिया है। जब किसी व्यक्ति के निजी समूहों में कोई विशिष्ट राजनीतिक नैरेटिव छाया होता है, तो वह समाज से बहिष्कृत होने के डर से या समूह में अपनी प्रतिष्ठा बनाए रखने के लिए अपने स्वतंत्र संदेह को दबा देता है। यह 'मौन की सर्पिल' (स्पाइरल ऑफ साइलेंस) की वह स्थिति है जहाँ व्यक्ति अपनी निजी राय को समूह की सार्वजनिक राय के अनुकूल ढालने लगता है। इस प्रकार, मतदाता का अंतिम निर्णय उसकी अपनी मौलिक सोच का परिणाम न होकर उस संगठित दुष्प्रचार का परिणाम होता है जिसने समूह के माध्यम से उसे घेर रखा है।

लोक प्रशासन और चुनाव प्रबंधन के दृष्टिकोण से, मतदाताओं की इस परिवर्तित सोच ने संस्थागत अविश्वास को बढ़ावा दिया है। जब मतदाता को डिजिटल माध्यमों से यह निरंतर विश्वास दिलाया जाता है कि निर्वाचन आयोग, पुलिस या प्रशासनिक तंत्र किसी षड्यंत्र का हिस्सा हैं, तो वह राज्य की निष्पक्षता पर संदेह करने लगता है। यह अविश्वास

चुनाव परिणामों की वैधता को चुनौती देता है और समाज में अस्थिरता पैदा करता है। सूचना प्रौद्योगिकी का यह प्रभाव दर्शाता है कि तकनीक ने मतदाता को केवल सशक्त नहीं बनाया, बल्कि उसे 'धारणाओं के युद्ध' का एक अनजाना सैनिक भी बना दिया है। शिक्षा में असमानता और भाषाई विविधता का लाभ उठाकर राजनीतिक प्रचार तंत्र ऐसी सामग्री गढ़ते हैं जो तार्किक विश्लेषण के द्वार बंद कर देती है।

मतदाताओं की सोच में आया यह परिवर्तन 'व्हाट्सऐप विश्वविद्यालय' की सबसे बड़ी और खतरनाक सफलता है। यह प्रकरण यह स्पष्ट करता है कि मतदाता केवल सूचना ग्रहण नहीं करता, बल्कि वह एक निर्मित मनोवैज्ञानिक और सामाजिक ढांचे के भीतर अपनी पहचान की सुरक्षा के लिए निर्णय लेता है। समाजशास्त्र और राजनीति विज्ञान के विद्यार्थियों के लिए यह विश्लेषण एक चेतावनी है कि भविष्य का लोकतंत्र केवल मतदान की प्रक्रिया पर नहीं, बल्कि मतदाताओं की 'सूचनात्मक संप्रभुता' पर टिका होगा। जब तक मतदाता अपनी भावनाओं और पहचान के दबाव से ऊपर उठकर तथ्यों की वस्तुनिष्ठता को स्वीकार नहीं करेगा, तब तक लोकतांत्रिक निर्णय इन अदृश्य दुष्प्रचार मशीनों द्वारा नियंत्रित होते रहेंगे। सत्य की रक्षा के लिए मतदाता को अपने संज्ञानात्मक आलस्य का त्याग कर एक आलोचनात्मक नागरिक के रूप में स्वयं को पुनर्जीवित करना अनिवार्य है।

संस्थाओं पर अविश्वास

लोकतांत्रिक व्यवस्था की सुदृढ़ता और उसकी निरंतरता अनिवार्य रूप से उन संस्थागत स्तंभों की साख पर टिकी होती है, जो शासन और

नागरिक के मध्य एक विश्वसनीय सेतु का कार्य करते हैं। समाजशास्त्र और लोक प्रशासन के परिप्रेक्ष्य में, इन संस्थाओं की वैधता केवल संवैधानिक उपबंधों से प्राप्त नहीं होती, बल्कि यह नागरिकों के उस सामूहिक विश्वास से सिंचित होती है कि न्यायपालिका, निर्वाचन आयोग और प्रशासनिक संरचनाएँ निष्पक्ष एवं तटस्थ रूप से कार्य करेंगी। परंतु, समकालीन डिजिटल सूचना-अराजकता और 'व्हाट्सऐप विश्वविद्यालय' के माध्यम से प्रवाहित होने वाले सुनियोजित दुष्प्रचार ने इन संस्थाओं की नींव पर ही प्रहार करना प्रारंभ कर दिया है। संस्थाओं पर अविश्वास का यह संकट केवल एक तात्कालिक प्रतिक्रिया नहीं है, बल्कि यह उस रणनीतिक सूचना युद्ध का परिणाम है जहाँ लोकतांत्रिक प्रक्रिया की पारदर्शिता को संदिग्ध बनाकर नागरिक को एक अनिश्चित और संशयवादी मानसिक अवस्था में धकेल दिया जाता है।

न्यायपालिका, निर्वाचन आयोग और प्रशासनिक संस्थाओं पर प्रश्नचिह्न लगाना अब डिजिटल दुष्प्रचार का एक प्राथमिक उपकरण बन गया है। जब भी कोई संस्थागत निर्णय किसी विशेष राजनीतिक या सामाजिक हित के प्रतिकूल होता है, तो डिजिटल मंचों पर उस संस्था की निष्पक्षता को लक्षित करने वाला एक वृहद कथानक निर्मित कर दिया जाता है। निर्वाचन प्रक्रिया की सुचिता पर बिना किसी ठोस प्रमाण के लगाए गए दावे इसके प्रत्यक्ष उदाहरण हैं। मतदान की तकनीक और निर्वाचन आयोग की कार्यप्रणाली के विरुद्ध बार-बार लगाए गए आरोपों से नागरिकों के विश्वास में ऐसी कमी आती है जिसे बाद में तथ्यों के माध्यम से भी पुनः प्राप्त करना दुष्कर होता है। यह प्रवृत्ति 'संस्थागत क्षरण' (इंस्टीट्यूशनल इरोज़न) को जन्म देती है, जहाँ नागरिक अब निर्वाचन

के परिणामों को जनमत की अभिव्यक्ति मानने के बजाय 'प्रक्रियात्मक हेरफेर' का परिणाम समझने लगते हैं।

षड्यंत्र कथाओं का निर्माण इस अविश्वास को एक वैचारिक आधार प्रदान करता है। डिजिटल माध्यमों पर ऐसी कहानियाँ गढ़ी जाती हैं जिनमें संस्थाओं की तटस्थता पर संदेह करते हुए उन्हें किसी 'अदृश्य सत्ता' या 'बाहरी शक्तियों' के एजेंट के रूप में प्रस्तुत किया जाता है। ये षड्यंत्र कथाएँ प्रायः आंशिक सत्यों और पूर्णतः कल्पित सूचनाओं का एक ऐसा जटिल सम्मिश्रण होती हैं कि एक सामान्य नागरिक के लिए उनके पीछे के हेरफेर को समझना असंभव हो जाता है। उदाहरण के तौर पर, न्यायपालिका के किसी निर्णय को संवैधानिक व्याख्या के स्थान पर 'किसी दल विशेष के प्रति झुकाव' के रूप में चित्रित करना इसी रणनीति का हिस्सा है। जब प्रशासनिक प्रक्रियाओं को राजनीतिक रंग दे दिया जाता है, तो लोक सेवा की निष्पक्षता की अवधारणा ही समाप्त होने लगती है। नागरिक को यह विश्वास दिलाया जाता है कि नियम और प्रक्रियाएँ केवल एक मुखौटा हैं और वास्तविक निर्णय केवल राजनीतिक लाभ-हानि के आधार पर लिए जा रहे हैं।

संस्थागत प्रक्रियाओं के प्रति इस बढ़ते संशय का सबसे घातक परिणाम नागरिकों का वैकल्पिक और अनौपचारिक सूचना स्रोतों पर पूर्णतः निर्भर होना है। जब मुख्यधारा की संस्थाओं और सूचना तंत्रों के प्रति अविश्वास अपनी चरम सीमा पर पहुँचता है, तो व्यक्ति सूचना के लिए उन निजी समूहों और बंद मंचों की शरण लेता है जहाँ केवल उसकी पूर्वधारणाओं को पुष्ट किया जाता है। यहाँ 'स्रोत की प्रामाणिकता' का स्थान 'समूह की निष्ठा' ले लेती है। नागरिक को यह अनुभव होने लगता है कि "सच्ची बात" केवल इन्हीं समूहों में मिल रही है और आधिकारिक

सूचनाएँ केवल एक सुनियोजित 'नैरेटिव' का हिस्सा हैं। यह स्थिति एक समानांतर सूचना जगत का निर्माण करती है, जहाँ सत्य वस्तुनिष्ठ नहीं बल्कि वैचारिक सुविधा का विषय बन जाता है। इससे लोकतांत्रिक विमर्श की वह साझा भूमि समाप्त हो जाती है जहाँ नागरिक तथ्यों के आधार पर संवाद कर सकते थे।

भारतीय सामाजिक संरचना की जटिलता, विशेषकर डिजिटल असमानता और भाषाई विविधता, इस संस्थागत अविश्वास को और अधिक व्यापक बनाती है। ग्रामीण क्षेत्रों और भाषाई समुदायों में, जहाँ आधिकारिक सूचनाओं का विश्लेषण करने वाले स्वतंत्र संस्थानों की कमी है, वहां ये भ्रामक षड्यंत्र कथाएँ अधिक तीव्रता से फैलती हैं। सूचना प्रौद्योगिकी का प्रभाव यहाँ केवल सशक्तिकरण के रूप में नहीं, बल्कि 'संस्थागत संशय' के संवाहक के रूप में प्रकट होता है। लोक प्रशासन के विद्यार्थियों के लिए यह समझना अनिवार्य है कि जब एक बार प्रशासनिक तंत्र की साख गिर जाती है, तो राज्य की किसी भी नीति का क्रियान्वयन लगभग असंभव हो जाता है, क्योंकि नागरिक प्रत्येक निर्देश के पीछे किसी न किसी दुर्भावना की तलाश करने लगता है। यह 'वैधता का संकट' लोकतंत्र को आंतरिक रूप से अस्थिर और कमजोर बनाता है।

मनोवैज्ञानिक रूप से, संस्थाओं पर अविश्वास पैदा करने वाला दुष्प्रचार 'भय-आधारित संदेशों' और 'समूह पहचान' की प्रवृत्तियों का लाभ उठाता है। मतदाता को यह डराया जाता है कि यदि वह इन संस्थाओं पर आँख मूँदकर विश्वास करेगा, तो उसका समूह या उसकी पहचान संकट में पड़ जाएगी। बार-बार दोहराई गई सूचनाएँ, भले ही वे पूर्णतः

निराधार हों, नागरिक के मस्तिष्क में 'भ्रमपूर्ण सत्य प्रभाव' (इल्यूजरी ट्रुथ इफेक्ट) पैदा करती हैं। भविष्य में कृत्रिम बुद्धिमत्ता द्वारा निर्मित विरूपित सामग्री इस अविश्वास को और अधिक यथार्थवादी बना सकती है, जहाँ किसी संस्था प्रमुख का कल्पित बयान समाज में अराजकता उत्पन्न करने के लिए पर्याप्त होगा। यह तकनीकी अंध-गौरव नहीं, बल्कि उस 'उत्तर-सत्य' (पोस्ट-ट्रुथ) युग की चेतावनी है जहाँ लोकतंत्र की स्थिरता स्वयं सत्य के अस्तित्व पर निर्भर होगी।

संस्थाओं पर अविश्वास का यह प्रसार आधुनिक लोकतंत्र के सम्मुख सबसे गंभीर राजनीतिक और सामाजिक चुनौती है। यह स्पष्ट है कि जब नागरिक अपनी ही बनाई संस्थाओं पर संदेह करने लगता है, तो लोकतंत्र की नैतिक और विधिक शक्ति समाप्त होने लगती है। यह प्रकरण यह रेखांकित करता है कि भ्रामक सूचनाएँ केवल 'खबर' नहीं हैं, बल्कि वे उन प्रक्रियाओं के विरुद्ध एक सुनियोजित विद्रोह हैं जो एक संगठित समाज को संभव बनाती हैं। समाजशास्त्र, राजनीति विज्ञान और लोक प्रशासन के विद्यार्थियों के लिए यह विश्लेषण एक स्पष्ट संदेश है कि संस्थाओं की साख बचाना केवल सरकार का कार्य नहीं है, बल्कि यह नागरिक उत्तरदायित्व का वह हिस्सा है जो सूचना के विवेकपूर्ण उपभोग से जुड़ा है। जब तक हम षड्यंत्र कथाओं के आकर्षण से मुक्त होकर संस्थागत प्रक्रियाओं की गरिमा और तथ्यों की वस्तुनिष्ठता को पुनः स्थापित नहीं करेंगे, तब तक लोकतांत्रिक स्थिरता इन डिजिटल तूफानों के बीच असुरक्षित बनी रहेगी।

समाचार माध्यमों की विश्वसनीयता में कमी

लोकतंत्र के चतुर्थ स्तंभ के रूप में समाचार माध्यमों की भूमिका सूचना के प्रवाह को संतुलित करने और सत्ता की जवाबदेही तय करने की रही है। समाजशास्त्र और माध्यम अध्ययन के परिप्रेक्ष्य में, औपचारिक समाचार माध्यमों की विश्वसनीयता केवल एक व्यावसायिक आवश्यकता नहीं, बल्कि लोकतांत्रिक स्थिरता के लिए एक अनिवार्य सामाजिक अनुबंध है। परंतु, विगत दशकों में पारंपरिक समाचार माध्यमों की साख में निरंतर आई गिरावट ने एक ऐसा सूचनात्मक शून्य उत्पन्न कर दिया है, जिसे 'व्हाट्सऐप विश्वविद्यालय' जैसे अप्रमाणित स्रोतों ने अत्यंत आक्रामक ढंग से भर दिया है। विश्वसनीयता के इस संकट का विश्लेषण केवल पत्रकारों की व्यक्तिगत नैतिकता तक सीमित नहीं रखा जा सकता; इसके पीछे आर्थिक संरचनाओं, सत्ता के दबाव, तीव्र तकनीकी प्रतिस्पर्धा और बदलती माध्यम संस्कृति के गहरे अंतर्संबंध कार्य कर रहे हैं। यह समझना अनिवार्य है कि जब समाज का विश्वास औपचारिक सूचना तंत्रों से विच्छिन्न होता है, तो वह अनजाने में उन स्रोतों की ओर मुड़ जाता है जहाँ सत्यता के मापदंड पूरी तरह अनुपस्थित होते हैं।

पारंपरिक समाचार माध्यमों पर पक्षपात के बढ़ते आरोपों ने नागरिकों के मन में एक गहरा संशय उत्पन्न किया है। जब समाचार पत्रों और टेलीविजन चैनलों को किसी विशेष राजनीतिक विचारधारा या सत्ता संरचना के प्रति स्पष्ट रूप से झुका हुआ देखा जाता है, तो उनकी 'मध्यस्थ' की भूमिका समाप्त हो जाती है। राजनीति विज्ञान के दृष्टिकोण से, निष्पक्ष मीडिया का कार्य तथ्यों को तटस्थ रूप से प्रस्तुत करना है,

परंतु जब समाचारों का चयन और उनकी प्रस्तुति किसी विशिष्ट नैरेटिव को पुष्ट करने के लिए की जाने लगती है, तो दर्शक उसे सूचना के बजाय 'प्रचार' के रूप में देखने लगता है। यह पक्षपातपूर्ण आचरण ही वह प्राथमिक कारण है जिसने सामान्य नागरिक को वैकल्पिक मंचों की खोज के लिए विवश किया है। संस्थानों के प्रति इस अविश्वास का लाभ उठाकर संगठित दुष्प्रचार तंत्र यह दावा करने लगते हैं कि "असली सच" मुख्यधारा के मीडिया में दबाया जा रहा है और केवल उनके द्वारा भेजे गए संदेश ही वास्तविक सत्य हैं।

विज्ञापन और आर्थिक दबावों ने समाचार माध्यमों की स्वायत्तता को संरचनात्मक रूप से प्रभावित किया है। आधुनिक मीडिया संस्थानों का राजस्व मॉडल मुख्य रूप से विज्ञापनों, विशेषकर सरकारी और बड़े कॉर्पोरेट विज्ञापनों पर निर्भर है। इस आर्थिक निर्भरता ने संपादकीय स्वतंत्रता को संकुचित कर दिया है, जिससे जनहित के मुद्दों के स्थान पर विज्ञापनदाताओं के हितों को वरीयता मिलने लगी है। लोक प्रशासन और समाजशास्त्र के विद्यार्थी यह देख सकते हैं कि कैसे आर्थिक हितों के टकराव ने उन गंभीर मुद्दों की 'सेंसरशिप' कर दी है जो सत्ता या व्यापारिक घरानों के विरुद्ध जा सकते हैं। इस प्रक्रिया ने मीडिया की उस 'वॉचडॉग' या प्रहरी वाली भूमिका को कमजोर किया है, जिसके कारण आम जनता में यह धारणा दृढ़ हुई है कि औपचारिक माध्यम अब उनके हितों का प्रतिनिधित्व नहीं करते।

तीव्र प्रतिस्पर्धा और सनसनी की प्रवृत्ति ने सूचना की गुणवत्ता और गहराई को गंभीर क्षति पहुँचाई है। डिजिटल युग में 'टीआरपी' (टेलीविजन रेटिंग पॉइंट) और 'क्लिक' की होड़ ने समाचारों को एक वस्तु (कमोडिटी) में बदल दिया है। दर्शकों का ध्यान खींचने के लिए

जटिल विषयों को भी सनसनीखेज शीर्षकों और उत्तेजक संगीत के साथ प्रस्तुत किया जाता है। सामाजिक माध्यमों के साथ प्रतिस्पर्धा करने की इस व्याकुलता में पारंपरिक माध्यम अक्सर तथ्यों की गहन जाँच (फैक्ट-चेकिंग) की प्रक्रिया को दरकिनार कर देते हैं। जब कोई प्रतिष्ठित चैनल किसी गलत सूचना को केवल इसलिए प्रसारित करता है ताकि वह 'सबसे पहले' खबर दे सके, तो वह अपनी दशकों की साख को दांव पर लगा देता है। बार-बार होने वाली ऐसी चूकें दर्शकों को यह विश्वास दिलाती हैं कि औपचारिक मीडिया और व्हाट्सएप समूहों के बीच का अंतर केवल तकनीकी प्रारूप का है, सामग्री की प्रामाणिकता का नहीं।

तथ्य-जाँच की प्रक्रिया पर बढ़ता संदेह और दर्शकों का वैकल्पिक मंचों की ओर झुकाव इसी अविश्वास की अगली कड़ी है। यद्यपि कई मीडिया संस्थानों ने 'फैक्ट-चेक' विभाग स्थापित किए हैं, परंतु उनकी चयनात्मकता पर भी प्रश्न उठाए जाते हैं। जब तथ्य-जाँच की प्रक्रिया भी वैचारिक झुकाव से प्रभावित दिखने लगती है, तो वह अपना मूल उद्देश्य खो देती है। दर्शक अब उन मंचों की तलाश करते हैं जहाँ उन्हें उनकी अपनी पूर्वधारणाओं (पुष्टि पूर्वाग्रह) की तुष्टि मिले। इस प्रकार, औपचारिक मीडिया पर अविश्वास ही वह अवसर बनता है जहाँ दुष्प्रचार जड़ें जमाता है। व्हाट्सऐप जैसे बंद समूहों में प्रसारित होने वाली सूचनाएं इसलिए विश्वसनीय मान ली जाती हैं क्योंकि वे 'अपनों' के माध्यम से आती हैं और उन पर 'बिकाऊ मीडिया' का ठप्पा नहीं होता। यह एक विडंबनापूर्ण स्थिति है जहाँ व्यक्ति एक संदिग्ध संस्था (पारंपरिक मीडिया) से बचने के लिए एक पूर्णतः अपारदर्शी और गैर-जिम्मेदार तंत्र (व्हाट्सऐप विश्वविद्यालय) पर भरोसा करने लगता है।

भारतीय समाज की जटिल संरचना में डिजिटल असमानता और भाषाई विविधता इस संकट को और अधिक विस्तृत बनाती है। क्षेत्रीय भाषाओं के समाचार माध्यम अक्सर संसाधनों की कमी और स्थानीय राजनीतिक दबावों के कारण राष्ट्रीय माध्यमों की तुलना में अधिक प्रभावित होते हैं। ग्रामीण क्षेत्रों में, जहाँ शिक्षा में असमानता है, वहां औपचारिक मीडिया की गिरती साक्ष ने लोगों को पूरी तरह से डिजिटल अफवाहों के रहमोकरम पर छोड़ दिया है। सूचना प्रौद्योगिकी का प्रभाव यहाँ सशक्तिकरण के बजाय 'सूचनात्मक पृथकतावाद' के रूप में प्रकट होता है, जहाँ प्रत्येक समुदाय का अपना 'सच' है और जो औपचारिक माध्यमों द्वारा दिए गए तथ्यों से मेल नहीं खाता। यह स्थिति सामाजिक समरसता और लोकतांत्रिक विमर्श के लिए एक अस्तित्वगत खतरा उत्पन्न करती है।

मनोवैज्ञानिक रूप से, मीडिया पर अविश्वास 'संज्ञानात्मक आलस्य' और 'भावनात्मक उत्तेजना' के साथ मिलकर कार्य करता है। जब नागरिक को यह लगता है कि सभी सूचनाएं किसी न किसी स्वार्थ से प्रेरित हैं, तो वह 'सत्य' की खोज का प्रयास ही छोड़ देता है और केवल वही स्वीकार करता है जो उसे भावनात्मक रूप से उत्तेजित करे। बार-बार दोहराई गई यह बात कि "मीडिया बिका हुआ है" नागरिकों के मस्तिष्क में एक स्थायी संशयवाद पैदा कर देती है। भविष्य में कृत्रिम बुद्धिमत्ता द्वारा निर्मित विरूपित सामग्री इस संकट को और बढ़ा सकती है, क्योंकि जब वास्तविक और कल्पित के बीच का अंतर समाप्त होगा, तो नागरिक को दिशा दिखाने वाली कोई विश्वसनीय संस्था शेष नहीं होगी। यह तकनीकी अंध-गौरव नहीं, बल्कि उस 'उत्तर-सत्य' (पोस्ट-

ट्रुथ) युग की कड़वी हकीकत है जहाँ अविश्वास ही एकमात्र विश्वसनीय मुद्रा बन जाती है।

समाचार माध्यमों की विश्वसनीयता में कमी केवल मीडिया संस्थानों की समस्या नहीं है, बल्कि यह लोकतंत्र की संरचनात्मक विफलता है। यह प्रकरण यह स्पष्ट करता है कि जब औपचारिक मीडिया अपनी तटस्थता और साख खो देता है, तो वह समाज में उस 'सूचनात्मक अराजकता' का मार्ग प्रशस्त करता है जहाँ अफवाहें ही अधिकारिक सूचना बन जाती हैं। समाजशास्त्र, राजनीति विज्ञान और लोक प्रशासन के विद्यार्थियों के लिए यह विश्लेषण एक चेतावनी है कि भविष्य का लोकतंत्र केवल सूचना की अधिकता से नहीं, बल्कि सूचना की 'विश्वसनीयता' से बचेगा। सत्य की रक्षा के लिए पारंपरिक मीडिया को अपने आर्थिक और राजनीतिक बंधनों से मुक्त होकर पुनः उस नागरिक विश्वास को प्राप्त करना होगा, जिसके बिना 'व्हाट्सऐप विश्वविद्यालय' जैसे भ्रामक संस्थान समाज के वैचारिक धरातल को विषाक्त करते रहेंगे। जब तक औपचारिक माध्यम तथ्यों की वस्तुनिष्ठता को अपनी सर्वोच्च प्राथमिकता नहीं बनाएंगे, तब तक वे दुष्प्रचार के इस महासागर में अपनी प्रासंगिकता खोते रहेंगे।

लोकतांत्रिक व्यवस्था पर प्रभाव

लोकतांत्रिक व्यवस्था की जीवंतता केवल समय-समय पर होने वाले मतदान की औपचारिकता में नहीं, बल्कि निरंतर चलने वाले तर्कसंगत संवाद, सार्वजनिक विमर्श की गुणवत्ता और नागरिकों की सूचित भागीदारी में निहित होती है। समाजशास्त्र और राजनीति विज्ञान के परिप्रेक्ष्य में, 'व्हाट्सऐप विश्वविद्यालय' जैसी परिघटनाओं ने सूचना के

प्रवाह को जिस प्रकार प्रभावित किया है, उसने लोकतांत्रिक ढांचे की आधारशिला—जनमत निर्माण की प्रक्रिया—को ही मौलिक रूप से परिवर्तित कर दिया है। भ्रामक सूचनाओं और संगठित दुष्प्रचार के इस युग में, लोकतंत्र का 'विमर्शी स्वरूप' (डेलिब्रेटिव नेचर) संकट में है। यह संकट केवल सूचना के गलत होने तक सीमित नहीं है, बल्कि यह उस संपूर्ण संरचनात्मक ढांचे को विकृत कर रहा है जिसके माध्यम से एक समाज अपनी सामूहिक प्राथमिकताओं और नीतिगत दिशा का निर्धारण करता है। जब सूचना का प्राथमिक स्रोत ही दूषित और पूर्वग्रहों से ग्रस्त हो जाए, तो लोकतांत्रिक स्थिरता और नागरिक स्वायत्तता के समक्ष एक अस्तित्वगत चुनौती उत्पन्न होना स्वाभाविक है।

जनमत निर्माण की प्रक्रिया में आया यह परिवर्तन आधुनिक राजनीति के सबसे चिंताजनक पहलुओं में से एक है। पारंपरिक रूप से, जनमत का निर्माण विभिन्न सूचना स्रोतों के विश्लेषण, सार्वजनिक बहस और संस्थागत मध्यस्थता के माध्यम से होता था। परंतु, डिजिटल माध्यमों ने 'मध्यस्थता' की इस अनिवार्य प्रक्रिया को समाप्त कर दिया है, जिससे सूचना का सीधा और अनियंत्रित प्रभाव नागरिकों के मानस पर पड़ता है। वर्तमान में जनमत निर्माण 'तथ्य-आधारित' होने के बजाय 'धारणा-आधारित' होता जा रहा है। संगठित प्रचार तंत्र डेटा विश्लेषण के माध्यम से नागरिकों के अवचेतन को इस प्रकार अनुकूलित करते हैं कि वे स्वयं को एक स्वतंत्र विचारक समझने के बावजूद वास्तव में पूर्व-नियोजित कथानकों के वाहक बन जाते हैं। यह प्रक्रिया लोकतंत्र की उस मूल भावना के विरुद्ध है जहाँ प्रत्येक नागरिक से अपेक्षा की जाती है कि वह सार्वजनिक नीतियों का मूल्यांकन तर्क और साक्ष्यों के आधार पर करेगा।

सार्वजनिक बहस की गुणवत्ता में गिरावट इस सूचनात्मक अराजकता की प्रत्यक्ष परिणति है। एक स्वस्थ लोकतंत्र में बहस का उद्देश्य समस्याओं के समाधान खोजना और विभिन्न दृष्टिकोणों के मध्य सामंजस्य स्थापित करना होता है। परंतु, भ्रामक सूचनाओं के वर्चस्व ने इस बहस को एक 'शून्य-योग खेल' (जीरो-सम गेम) में बदल दिया है, जहाँ एक पक्ष की जीत दूसरे की पूर्ण पराजय और अपमान पर टिकी होती है। नीतिगत चर्चाओं, जैसे स्वास्थ्य, शिक्षा, अर्थव्यवस्था और पर्यावरण, का स्थान अब पूरी तरह से भावनात्मक, पहचान-आधारित और विभाजनकारी मुद्दों ने ले लिया है। जटिल सामाजिक-आर्थिक समस्याओं पर चर्चा करने के लिए जिस धैर्य और बौद्धिक श्रम की आवश्यकता होती है, उसे डिजिटल माध्यमों की तात्कालिकता और 'सनसनी' की प्रवृत्ति ने समाप्त कर दिया है। अब विमर्श का स्तर केवल प्रतीकों, नारों और एक-दूसरे पर लगाए जाने वाले लांछनों तक सिमट गया है, जिससे विधायी और सामाजिक स्तर पर होने वाले सुधारों की गति बाधित होती है।

सार्वजनिक संवाद का ध्रुवीकरण लोकतांत्रिक संस्कृति के उस ताने-बाने को छिन्न-भिन्न कर रहा है जो समुदायों के बीच सह-अस्तित्व को संभव बनाता है। 'हम बनाम वे' की मानसिकता, जो डिजिटल दुष्प्रचार द्वारा पोषित होती है, संवाद के साझा धरातल को ही समाप्त कर देती है। जब समाज के विभिन्न वर्ग एक-दूसरे को राजनीतिक प्रतिद्वंद्वी के स्थान पर 'शत्रु' के रूप में देखने लगते हैं, तो लोकतंत्र की 'असहमति की गरिमा' समाप्त हो जाती है। यह ध्रुवीकरण केवल चुनाव तक सीमित नहीं रहता, बल्कि यह परिवारों, पड़ोस और कार्यस्थलों तक पहुँचकर सामाजिक पूँजी का क्षरण करता है। संवाद का यह विरूपण समाज को

ऐसे बंद विचार समूहों (इको चैम्बर्स) में विभाजित कर देता है जहाँ व्यक्ति केवल अपनी ही राय की प्रतिध्वनि सुनना चाहता है। इस स्थिति में, सत्य की खोज गौण हो जाती है और अपनी पहचान की श्रेष्ठता सिद्ध करना प्राथमिक लक्ष्य बन जाता है।

स्वतंत्र पत्रकारिता पर बढ़ता दबाव और नागरिक भागीदारी के स्वरूप में बदलाव इस लोकतांत्रिक संकट के अन्य महत्वपूर्ण आयाम हैं। स्वतंत्र प्रेस, जिसे लोकतंत्र का प्रहरी माना जाता है, आज दोहरे संकट से जूझ रहा है। एक ओर आर्थिक दबाव और विज्ञापन तंत्र उसे सत्ता के अनुकूल होने के लिए विवश करते हैं, तो दूसरी ओर डिजिटल दुष्प्रचार तंत्र उसे 'बिकाऊ' या 'पक्षपाती' सिद्ध करके उसकी साख को निरंतर क्षति पहुँचाते हैं। जब नागरिक पारंपरिक समाचार माध्यमों के स्थान पर अप्रमाणित डिजिटल संदेशों पर अधिक विश्वास करने लगते हैं, तो पत्रकारिता की जवाबदेही तय करने वाली शक्ति निष्प्रभावी हो जाती है। इसी प्रकार, नागरिक भागीदारी का स्वरूप भी अब केवल 'ऑनलाइन सक्रियता' या 'संदेश साझा करने' तक सीमित हो गया है। यह आभासी सक्रियता नागरिक को यह भ्रम देती है कि वह सामाजिक परिवर्तन का हिस्सा है, जबकि वास्तव में वह केवल किसी राजनीतिक दल या व्यावसायिक कंपनी के प्रचार तंत्र का एक अनजाना पुर्जा बनकर रह जाता है।

चुनावी प्रक्रिया की पारदर्शिता पर पड़ने वाला प्रभाव लोकतंत्र की विधिक और नैतिक वैधता को सीधे चुनौती देता है। चुनाव केवल मतदान के दिन की प्रक्रिया नहीं है, बल्कि यह उस लंबी अवधि का परिणाम है जिसमें मतदाता अपनी राय बनाता है। यदि यह राय निर्माण की पूरी अवधि ही भ्रामक सूचनाओं, ऐतिहासिक विरूपणों और 'सूक्ष्म

लक्ष्यीकरण' (माइक्रो-टारगेटिंग) के प्रभावों से दूषित है, तो मतदान की निष्पक्षता स्वतः ही संदेहास्पद हो जाती है। इसके अतिरिक्त, निर्वाचन आयोग जैसी संस्थाओं की तटस्थता पर बिना साक्ष्य के किए जाने वाले प्रहार मतदाताओं के मन में पूरी व्यवस्था के प्रति अविश्वास उत्पन्न करते हैं। जब नागरिक को यह विश्वास दिलाया जाता है कि चुनावी परिणाम जनमत का नहीं बल्कि 'हेरफेर' का परिणाम हैं, तो वह लोकतांत्रिक प्रणाली से विमुख होने लगता है। यह अविश्वास ही वह द्वार है जहाँ से तानाशाही और अराजकतावादी प्रवृत्तियाँ प्रवेश करती हैं।

दीर्घकालिक लोकतांत्रिक संस्कृति का क्षरण इस संपूर्ण विमर्श का सबसे गंभीर पक्ष है। लोकतंत्र केवल एक शासन पद्धति नहीं, बल्कि एक जीवन शैली है जो धैर्य, सहिष्णुता, सत्य के प्रति आग्रह और संवाद की निरंतरता पर आधारित होती है। डिजिटल दुष्प्रचार इन मूल्यों पर निरंतर प्रहार करता है। यह नागरिक को अधीर, असहिष्णु और संशयवादी बनाता है। जब बार-बार दोहराई गई झूठी खबरें व्यक्ति के मानसिक ढांचे का हिस्सा बन जाती हैं, तो वह 'तर्क' की क्षमता खो देता है। भारतीय समाज की जटिल संरचना, जहाँ डिजिटल असमानता और भाषाई विविधता व्यापक है, वहां यह क्षरण और भी तीव्र है। ग्रामीण और कम शिक्षित वर्गों के लिए, जहाँ सूचना के अन्य विकल्प सीमित हैं, वहां ये डिजिटल नैरेटिव ही एकमात्र यथार्थ बन जाते हैं। यह स्थिति एक ऐसी 'सूचनात्मक दासता' को जन्म देती है जहाँ नागरिक की संप्रभुता केवल कागजों तक सीमित रह जाती है।

लोक प्रशासन और नीति-निर्माण के क्षेत्र में, यह सूचनात्मक विकृति शासन की प्रभावशीलता को कम करती है। जब जनता के बीच किसी

सरकारी नीति (जैसे टीकाकरण अभियान या आर्थिक सुधार) के विरुद्ध संगठित रूप से अफवाहें फैलाई जाती हैं, तो राज्य को अपनी ऊर्जा समस्याओं के समाधान के बजाय 'धारणाओं के प्रबंधन' में व्यय करनी पड़ती है। यह संस्थागत अविश्वास की वह स्थिति है जहाँ सार्वजनिक हित के कार्य भी संदेह के घेरे में आ जाते हैं। सूचना प्रौद्योगिकी का यह प्रभाव दर्शाता है कि तकनीक ने केवल सूचना को सुलभ नहीं बनाया, बल्कि उसने अज्ञान और नफरत के वितरण को भी एक व्यावसायिक और राजनीतिक शक्ति में बदल दिया है।

लोकतांत्रिक व्यवस्था पर डिजिटल दुष्प्रचार का प्रभाव एक 'धीमे विष' की तरह है जो तंत्र के अंगों को भीतर से खोखला कर रहा है। यह स्पष्ट है कि लोकतंत्र केवल मतदान तक सीमित नहीं है, बल्कि यह एक निरंतर संवाद की प्रक्रिया है—और दुष्प्रचार उस संवाद को इस प्रकार विकृत करता है कि वह समाज को जोड़ने के बजाय तोड़ने का माध्यम बन जाता है। समाजशास्त्र, राजनीति विज्ञान और माध्यम अध्ययन के विद्यार्थियों के लिए यह विश्लेषण एक चेतावनी है कि यदि सूचना की वस्तुनिष्ठता और संवाद की मर्यादा को पुनः स्थापित नहीं किया गया, तो लोकतांत्रिक संस्थाओं का ढांचा तो खड़ा रहेगा, परंतु उसकी आत्मा लुप्त हो जाएगी। सत्य की रक्षा अब केवल एक नैतिक प्रश्न नहीं, बल्कि लोकतंत्र की उत्तरजीविता की अनिवार्य शर्त है। भविष्य की लोकतांत्रिक स्थिरता इस बात पर निर्भर करेगी कि नागरिक समाज इन डिजिटल तूफानों के बीच अपने विवेक और तार्किक स्वायत्तता को कितना सुरक्षित रख पाता है।

अध्याय 7: तकनीकी ढांचा और कृत्रिम बुद्धिमत्ता का खतरा

संदेश मंचों की संरचना और सीमाएँ

सूचना प्रौद्योगिकी के वर्तमान युग में संदेश मंचों, विशेषकर व्हाट्सऐप जैसे व्यक्तिगत संवाद तंत्रों ने वैश्विक संचार व्यवस्था को मौलिक रूप से परिवर्तित कर दिया है। समाजशास्त्र और माध्यम अध्ययन के शोधार्थियों के लिए इन मंचों की 'तकनीकी वास्तुकला' (आर्किटेक्चर) को समझना इसलिए अनिवार्य है क्योंकि यह संरचना ही सूचना के प्रसार की गति, दिशा और प्रभाव को निर्धारित करती है। निजी संवाद पर आधारित यह संरचना एक ऐसे 'बंद पारिस्थितिकी तंत्र' का निर्माण करती है, जहाँ सूचना का विनिमय केवल दो व्यक्तियों या एक पूर्व-निर्धारित समूह के भीतर होता है। यह तकनीकी प्रारूप जहाँ एक ओर व्यक्तिगत गोपनीयता को सुरक्षित करता है, वहीं दूसरी ओर सूचना के सार्वजनिक सत्यापन की संभावनाओं को लगभग समाप्त कर देता है। यह समझना आवश्यक है कि ये मंच स्वयं में किसी विचार या झूठ के जनक नहीं होते, परंतु उनकी तकनीकी बनावट और विशेषताएँ अनजाने में ही भ्रामक सूचनाओं के 'गुणक प्रभाव' (मल्टीप्लायर इफेक्ट) को जन्म देती हैं, जिससे एक स्थानीय झूठ क्षण भर में वैश्विक विमर्श का हिस्सा बन जाता है।

इन मंचों की सबसे महत्वपूर्ण और विवादास्पद विशेषता 'अंत से अंत तक सुरक्षित संदेश प्रणाली' (एंड-टू-एंड एन्क्रिप्शन) है। तकनीकी रूप

से इसका अर्थ यह है कि संदेश प्रेषक और प्राप्तकर्ता के अतिरिक्त कोई भी तीसरा पक्ष, यहाँ तक कि स्वयं वह कंपनी भी जो इस सेवा को प्रदान कर रही है, संदेश की सामग्री को पढ़ या देख नहीं सकती। निजता के अधिकार और लोकतांत्रिक अभिव्यक्ति के दृष्टिकोण से यह एक क्रांतिकारी उपलब्धि है, परंतु सामाजिक सुरक्षा और लोक प्रशासन के परिप्रेक्ष्य में यह एक 'सूचनात्मक काला छिद्र' (ब्लैक होल) निर्मित करती है। चूँकि संदेश की सामग्री कंपनी के सर्वर पर केवल सांकेतिक भाषा (कोड) के रूप में होती है, इसलिए किसी भी आपत्तिजनक या भ्रामक सूचना की निगरानी करना और उसे प्रसार से पूर्व रोकना तकनीकी रूप से असंभव हो जाता है। यह सुरक्षित प्रणाली भ्रामक सूचनाओं के निर्माताओं को एक अभेद्य सुरक्षा कवच प्रदान करती है, जहाँ वे विधिक निगरानी से बचते हुए समाज में विद्वेष फैला सकते हैं।

संदेश अग्रेषण (फॉरवर्डिंग) की सुविधा और समूह निर्माण की सरलता इस तकनीकी ढांचे के वे अंग हैं जो सूचना की गतिशीलता को 'विषाणुवत' (वायरल) बनाते हैं। पारंपरिक मीडिया में सूचना का प्रसार 'एक से अनेक' (वन टू मेनी) के प्रारूप में होता था, जहाँ संपादकीय नियंत्रण बना रहता था। इसके विपरीत, संदेश मंचों पर यह प्रसार 'अनेक से अनेक' (मेनी टू मेनी) के रूप में होता है। यहाँ 'अग्रसारण' का बटन सूचना के सत्यापन की आवश्यकता को समाप्त कर उसे केवल एक यांत्रिक क्रिया में बदल देता है। समूह निर्माण की न्यूनतम बाधाएँ और उनकी विशाल क्षमता एक ऐसी 'डिजिटल भीड़' को जन्म देती है, जहाँ सूचना का प्रवाह तर्क के बजाय समूह पहचान के संवेगों से संचालित होता है। जब एक ही सूचना हजारों समूहों में एक साथ प्रवाहित होती है, तो वह समाज में एक 'कृत्रिम सहमति' का आभास

कराती है, जिससे नागरिक का आलोचनात्मक विवेक शिथिल पड़ जाता है।

स्रोत पहचान की कठिनाई इस तकनीकी संरचना की एक और गंभीर सीमा है। जब कोई संदेश बार-बार अग्रेषित होकर किसी व्यक्ति तक पहुँचता है, तो उसका मूल प्रेषक कौन था और वह सूचना किस उद्देश्य से गढ़ी गई थी, इसका पता लगाना लगभग असंभव होता है। डिजिटल विमर्श में यह 'अनाम पहचान' उत्तरदायित्व के सिद्धांत को नष्ट कर देती है। पारंपरिक माध्यमों में लेखक या प्रकाशक की पहचान उसकी साख से जुड़ी होती थी, परंतु व्हाट्सऐप विश्वविद्यालय के इस युग में सूचना का 'प्रसारक' ही उसका 'प्रमाणक' बन जाता है। प्रयोक्ता अक्सर यह मान लेता है कि यदि यह संदेश किसी विश्वसनीय मित्र से आया है, तो इसका स्रोत भी विश्वसनीय होगा। स्रोत की यह दृश्यहीनता ही षड्यंत्र कथाओं और भ्रामक नैरेटिव्स को फलने-फूलने का अवसर प्रदान करती है, जहाँ झूठ को एक लावारिस सत्य की तरह समाज में छोड़ दिया जाता है।

मंच की तटस्थता बनाम जिम्मेदारी का प्रश्न आधुनिक विधिक और राजनीतिक दर्शन का एक प्रमुख द्वंद्व है। ये तकनीकी कंपनियाँ स्वयं को केवल एक 'मध्यस्थ' (इंटरमीडियरी) के रूप में प्रस्तुत करती हैं और यह तर्क देती हैं कि वे केवल एक डाकघर की तरह कार्य कर रही हैं, जहाँ पत्र की सामग्री के लिए वे उत्तरदायी नहीं हैं। परंतु, समाजशास्त्रीय स्तर पर यह तर्क संदिग्ध है क्योंकि मंच के एल्गोरिदम और सुविधाएँ (जैसे संदेश अग्रेषण की सीमा तय करना या 'फॉरवर्डेड' का लेबल लगाना) सीधे तौर पर सूचना के व्यवहार को प्रभावित करती हैं। सीमित

नियमन और निगरानी की यह स्थिति लोक प्रशासन के लिए एक नियंत्रणहीन वातावरण निर्मित करती है। जब डिजिटल अफवाहें धरातल पर हिंसा या दंगों का रूप लेती हैं, तो राज्य के पास इन मंचों के भीतर हस्तक्षेप करने के सीमित विकल्प होते हैं, जिससे न्याय की प्रक्रिया बाधित होती है और संस्थागत अविश्वास गहरा होता है।

भारतीय समाज की जटिल संरचना, विशेषकर डिजिटल असमानता और भाषाई विविधता, इस तकनीकी ढांचे की सीमाओं को और अधिक स्पष्ट करती है। ग्रामीण क्षेत्रों में, जहाँ सूचना के वैकल्पिक स्रोत सीमित हैं, वहां व्हाट्सऐप जैसे मंचों की 'पहुँच' ही उनकी 'सत्यता' का पैमाना बन जाती है। क्षेत्रीय भाषाओं में सूचना का प्रवाह तकनीकी निगरानी के फिल्टर से सुगमता से निकल जाता है, क्योंकि वैश्विक कंपनियों के पास स्थानीय भाषाओं और सांस्कृतिक संदर्भों को समझने वाले पर्याप्त संसाधन नहीं हैं। सूचना प्रौद्योगिकी का यह प्रभाव सभी वर्गों पर समान नहीं पड़ता; यह युवाओं को जहाँ सूचना के प्रति अधिक संदेहास्पद बनाता है, वहीं बुजुर्गों और डिजिटल रूप से नए उपयोगकर्ताओं को अपनी सरल और तीव्र प्रसार क्षमता से भ्रमित कर देता है। यह तकनीकी असमानता अंततः सामाजिक विखंडन का कारण बनती है।

मनोवैज्ञानिक रूप से, ये मंच 'संज्ञानात्मक आलस्य' और 'पुष्टि पूर्वाग्रह' को बढ़ावा देने वाली एक संरचना प्रदान करते हैं। सूचना की अति-प्रचुरता और उसकी प्राप्ति की सरलता मस्तिष्क को गहरी छानबीन करने से रोकती है। प्रयोक्ता अक्सर संदेशों को पढ़ने के बजाय केवल उनकी हेडलाइन या उनके साथ लगे उत्तेजक चित्रों के आधार पर निष्कर्ष निकाल लेते हैं। बार-बार दोहराई गई सूचनाएँ स्मृति में एक स्थायी विश्वास के रूप में अंकित हो जाती हैं, जिसे 'पुनरावृत्ति प्रभाव'

कहा जाता है। भविष्य में कृत्रिम बुद्धिमत्ता के समावेश से ये मंच और भी अधिक घातक हो सकते हैं, जहाँ व्यक्तिगत डेटा के आधार पर प्रत्येक व्यक्ति के लिए उसकी पसंद और भय के अनुसार 'तैयार किया गया झूठ' सीधे उसके निजी इनबॉक्स तक पहुँचाया जाएगा।

संदेश मंचों की तकनीकी संरचना स्वयं में तटस्थ होते हुए भी अपने डिजाइन के कारण भ्रामक सूचनाओं के लिए एक आदर्श आश्रय स्थल बन गई है। यह स्पष्ट है कि इन मंचों की निजता और सुरक्षा संबंधी विशेषताएँ ही उनके दुरुपयोग की संभावनाओं को जन्म देती हैं। समाजशास्त्र, माध्यम अध्ययन और लोक प्रशासन के विद्यार्थियों के लिए यह प्रकरण यह समझना अनिवार्य बनाता है कि सूचना-अराजकता का समाधान केवल तकनीक में नहीं, बल्कि तकनीकी डिजाइन की नैतिक जिम्मेदारी और नागरिक साक्षरता के समन्वय में निहित है। जब तक मंच की तटस्थता को सामाजिक उत्तरदायित्व के साथ संतुलित नहीं किया जाएगा और स्रोत की पहचान के लिए पारदर्शी विधिक ढांचे नहीं बनाए जाएंगे, तब तक 'व्हाट्सऐप विश्वविद्यालय' जैसे तंत्र हमारी लोकतांत्रिक चेतना को तकनीकी सुरक्षा की आड़ में बंधक बनाए रखेंगे।

बंद समूहों की समस्या

सूचना के समकालीन डिजिटल पारिस्थितिकी तंत्र में 'बंद समूह' (क्लोज्ड ग्रुप्स) एक ऐसी विशिष्ट संरचना के रूप में उभरे हैं, जो सार्वजनिक विमर्श के पारंपरिक मानदंडों को चुनौती देते हुए एक 'डिजिटल एकांत' (डिजिटल आइसोलेशन) का निर्माण करते हैं। समाजशास्त्र और माध्यम अध्ययन के शोधार्थियों के लिए इन समूहों की कार्यप्रणाली का विश्लेषण इसलिए अनिवार्य है क्योंकि ये केवल संवाद

के माध्यम नहीं, बल्कि विचारों के 'अभिवर्धन कक्ष' (इको चैम्बर्स) बन गए हैं। एक बंद समूह की संकल्पना उस आभासी स्थान से है जहाँ सूचना का प्रवाह केवल पूर्व-निर्धारित सदस्यों के मध्य होता है, और जहाँ बाहरी हस्तक्षेप या विपरीत दृष्टिकोणों के प्रवेश की संभावनाएँ न्यूनतम होती हैं। भारतीय सामाजिक परिवेश में, जहाँ व्हाट्सएप जैसे मंचों पर पारिवारिक, धार्मिक और राजनीतिक समूहों की भरमार है, यह तकनीकी एकांत सूचना के वस्तुनिष्ठ मूल्यांकन की प्रक्रिया को पूरी तरह बाधित कर देता है। यहाँ सूचना की वैधता उसके 'तथ्य' से नहीं, बल्कि भेजने वाले के साथ प्राप्तकर्ता के 'भावनात्मक विश्वास तंत्र' से निर्धारित होती है।

निजी समूहों का भावनात्मक विश्वास तंत्र इस डिजिटल एकांत की सबसे प्रबल शक्ति और सबसे बड़ी दुर्बलता है। जब कोई सूचना किसी सार्वजनिक समाचार पत्र या वेबसाइट के माध्यम से आती है, तो नागरिक के भीतर एक स्वाभाविक आलोचनात्मक संशय बना रहता है। इसके विपरीत, जब वही सूचना किसी बंद पारिवारिक या मित्र समूह में प्राप्त होती है, तो प्राप्तकर्ता का 'संज्ञानात्मक रक्षा तंत्र' शिथिल पड़ जाता है। प्रेषक के साथ व्यक्तिगत संबंध होने के कारण सूचना को बिना किसी संदेह के स्वीकार कर लिया जाता है। यह भावनात्मक जुड़ाव ही वह कारण है जिसके चलते समाज के शिक्षित वर्ग भी भ्रामक सूचनाओं के जाल में फँस जाते हैं। यहाँ सत्यता का पैमाना यह नहीं है कि सूचना कितनी तार्किक है, बल्कि यह है कि उसे साझा करने वाला व्यक्ति हमारे कितना निकट है। इस प्रकार, बंद समूह सूचना को एक 'सामुदायिक उपहार' में बदल देते हैं, जिस पर प्रश्न उठाना व्यक्तिगत संबंधों में अविश्वास व्यक्त करने के समान माना जाने लगता है।

समूह के भीतर बिना चुनौती के विचारों का प्रसार इस तकनीकी संरचना की एक और गंभीर विसंगति है। एक खुले सार्वजनिक मंच पर यदि कोई गलत सूचना साझा की जाती है, तो वहां विपरीत मत रखने वाले लोग तुरंत उसका प्रतिवाद या तथ्य-जाँच (फैक्ट-चेक) प्रस्तुत कर सकते हैं। परंतु, बंद समूहों में 'बाहरी दृष्टिकोण' का पूर्ण अभाव होता है। यहाँ केवल वही लोग उपस्थित होते हैं जो सामान्यतः एक जैसी विचारधारा, धर्म या राजनीतिक झुकाव रखते हैं। इस एकरूपता के कारण, किसी भी भ्रामक संदेश को समूह के भीतर एक मूक या सक्रिय सहमति प्राप्त हो जाती है। जब एक ही प्रकार के विचार बार-बार दोहराए जाते हैं, तो वे समूह के सदस्यों के लिए 'परम सत्य' बन जाते हैं। यह स्थिति 'सूचनात्मक प्रतिध्वनि' उत्पन्न करती है जहाँ व्यक्ति केवल अपनी ही मान्यताओं की गूँज सुनता है और उसे यह भ्रम होने लगता है कि पूरा विश्व उसी की तरह सोच रहा है।

विरोधी मतों का निष्कासन और समूह में आलोचनात्मक सोच का ह्रास इस डिजिटल एकांत को और अधिक कट्टर बनाता है। यदि समूह का कोई सदस्य किसी प्रचलित भ्रामक सूचना पर प्रश्न उठाने या उसका खंडन करने का साहस करता है, तो उसे अक्सर 'समूह विरोधी' या 'पक्षपाती' मानकर हतोत्साहित किया जाता है। कई मामलों में, ऐसे सदस्यों को समूह से बाहर (एक्जिट) कर दिया जाता है या वे स्वयं 'सामाजिक विलगन' (सोशल एलीनेशन) के भय से चुप रहना बेहतर समझते हैं। इसे 'मौन की सर्पिल' (स्पाइरल ऑफ साइलेंस) की वह स्थिति कहा जा सकता है जहाँ बहुमत के विचार के विरुद्ध बोलने का साहस धीरे-धीरे समाप्त हो जाता है। आलोचनात्मक सोच के इस अभाव में, समूह के सदस्य अपनी 'आलोचनात्मक स्वायत्तता' खो देते हैं और

संगठित प्रचार तंत्रों द्वारा परोसे गए नैरेटिव्स के निष्क्रिय वाहक बन जाते हैं। यह मनोवैज्ञानिक घेराबंदी व्यक्ति को एक ऐसे 'वैचारिक कारागार' में बंद कर देती है जहाँ तर्क के लिए कोई स्थान नहीं रहता।

छोटे समूहों का बड़े प्रभाव में बदलना इस परिघटना का एक महत्वपूर्ण राजनीतिक और सामाजिक आयाम है। यद्यपि एक व्यक्तिगत व्हाट्सएप समूह में सदस्यों की संख्या सीमित हो सकती है, परंतु ऐसे लाखों समूहों का जाल एक विशाल समानांतर सूचना तंत्र का निर्माण करता है। राजनीतिक प्रचार तंत्र और सत्ता संरचनाएं इन बंद समूहों के महत्व को भली-भांति समझते हैं। वे जानते हैं कि सार्वजनिक विमर्श को प्रभावित करने के बजाय, इन छोटे-छोटे 'निजी विमर्शों' को प्रभावित करना अधिक सुगम और मारक है। इन समूहों के माध्यम से भेजी गई सूचनाएं सीधे व्यक्ति के निजी जीवन और उसके अवचेतन को लक्षित करती हैं। चुनावी समय में, ये बंद समूह एक 'अदृश्य चुनाव प्रचार' के केंद्र बन जाते हैं जहाँ बिना किसी विधिक निगरानी के भ्रामक कथानक फैलाए जाते हैं। यह प्रक्रिया लोकतंत्र की उस 'पारदर्शी सार्वजनिक संवाद' की अवधारणा को नष्ट करती है जहाँ प्रत्येक दावे का सार्वजनिक परीक्षण होना चाहिए था।

भारतीय समाज की जटिल संरचना में, जहाँ डिजिटल असमानता और भाषाई विविधता व्यापक है, ये बंद समूह सामाजिक ध्रुवीकरण को और अधिक तीव्र करते हैं। ग्रामीण क्षेत्रों में, जहाँ औपचारिक समाचार माध्यमों की पहुँच सीमित है, वहां जातीय और धार्मिक आधार पर बने ये बंद समूह ही सूचना के प्राथमिक स्रोत बन जाते हैं। सूचना प्रौद्योगिकी का प्रभाव यहाँ केवल जुड़ाव (कनेक्टिविटी) के रूप में नहीं, बल्कि 'सूचनात्मक पृथकतावाद' (इंफॉर्मेशनल सेग्रिगेशन) के रूप में प्रकट

होता है। भाषाई समूहों के भीतर फैलने वाली अफवाहों को रोकना और भी कठिन होता है क्योंकि वे स्थानीय सांस्कृतिक मुहावरों और प्रतीकों का प्रयोग करती हैं। यह स्पष्ट है कि तकनीक ने केवल सूचना का प्रसार नहीं किया, बल्कि उसने पूर्वाग्रहों को एक सुरक्षित और निजी आश्रय स्थल प्रदान कर दिया है जहाँ वे बिना किसी चुनौती के फल-फूल सकते हैं।

मनोवैज्ञानिक रूप से, बंद समूहों की समस्या 'संज्ञानात्मक आलस्य' और 'समूह पहचान' की प्रवृत्तियों का चरम लाभ उठाती है। व्यक्ति को अपने समूह के भीतर रहना सुखद लगता है क्योंकि वहां उसके विचारों को चुनौती नहीं मिलती। यह 'वैचारिक सुख' उसे सत्य की कठिन खोज से दूर ले जाता है। बार-बार दोहराई गई भ्रामक सूचनाएं समूह के सदस्यों के मध्य एक 'सामूहिक स्मृति' का निर्माण करती हैं, जिससे समाज में अविश्वास और विद्वेष की जड़ें गहरी होती हैं। भविष्य में कृत्रिग बुद्धिमत्ता के माध्यम से इन बंद समूहों को और अधिक प्रभावी ढंग से नियंत्रित किया जा सकता है, जहाँ प्रत्येक समूह की पसंद और नापसंद के अनुसार 'अनुकूलित झूठ' (कस्टमाइज्ड लाइज) परोसे जाएंगे। यह तकनीकी अंध-गौरव नहीं, बल्कि उस सामाजिक स्थिरता के लिए एक यथार्थवादी खतरा है जो संवाद और समझ पर टिकी होती है।

बंद समूहों की समस्या डिजिटल युग की एक ऐसी संरचनात्मक विफलता है जो सूचना के लोकतंत्रीकरण के नाम पर 'वैचारिक एकाधिकार' को बढ़ावा दे रही है। यह प्रकरण स्पष्ट करता है कि बंद समूह विचारों की जाँच को सीमित कर देते हैं और समाज को छोटे-छोटे अविश्वासी और विरोधी गुटों में विभाजित कर देते हैं। समाजशास्त्र,

राजनीति विज्ञान और लोक प्रशासन के विद्यार्थियों के लिए यह विश्लेषण एक चेतावनी है कि यदि सार्वजनिक संवाद के साझा धरातल को पुनः प्राप्त नहीं किया गया, तो हमारा लोकतंत्र इन निजी समूहों के 'भ्रामक विमर्शों' के नीचे दब जाएगा। सत्य की रक्षा के लिए डिजिटल मंचों के भीतर 'पारदर्शिता' और 'विपरीत विचारों के प्रति सहिष्णुता' को पुनः स्थापित करना अनिवार्य है। जब तक हम अपने बंद समूहों के दरवाज़े तर्क और तथ्यों के लिए नहीं खोलेंगे, तब तक व्हाट्सऐप विश्वविद्यालय की ये दीवारें हमें वास्तविक यथार्थ से दूर रखती रहेंगी।

सूचना के सीमित दायरे में घूमते रहना

समकालीन डिजिटल विमर्श में सूचना के 'सीमित दायरे' (फिल्टर बबल) की अवधारणा आधुनिक नागरिक की वैचारिक स्वतंत्रता और सूचनात्मक स्वायत्तता के समक्ष एक अत्यंत सूक्ष्म परंतु गंभीर संकट के रूप में उभरी है। समाजशास्त्र और माध्यम अध्ययन के परिप्रेक्ष्य में, यह एक ऐसी तकनीकी और मनोवैज्ञानिक स्थिति है जहाँ व्यक्ति अनजाने में स्वयं द्वारा निर्मित या तकनीक द्वारा थोपे गए एक ऐसे 'सूचनात्मक बुलबुले' में कैद हो जाता है, जहाँ उसे केवल अपनी ही मान्यताओं की प्रतिध्वनि सुनाई देती है। इस संकल्पना का सामाजिक संदर्भ यह है कि डिजिटल माध्यम अब केवल सूचना के संवाहक नहीं रहे, बल्कि वे व्यक्ति की पसंद, रुचि और पूर्वग्रहों के आधार पर सूचना को परिष्कृत (फ़िल्टर) करने वाले सक्रिय तंत्र बन गए हैं। यह प्रक्रिया एक 'वैचारिक विलगन' को जन्म देती है, जहाँ व्यक्ति शेष विश्व के विविध दृष्टिकोणों से पूरी तरह कट जाता है। यह तकनीकी संरचना जहाँ एक ओर उपयोगकर्ता को उसकी सुविधा की सामग्री प्रदान करती है, वहीं दूसरी

ओर लोकतांत्रिक संवाद की उस आधारशिला को नष्ट कर देती है जो भिन्न विचारों के टकराव और सामंजस्य पर टिकी होती है।

समान विचारों का बार-बार सामना होना इस सीमित दायरे की प्राथमिक विशेषता है, जो व्यक्ति के संज्ञानात्मक ढांचे को निरंतर संकुचित करती रहती है। जब कोई प्रयोक्ता डिजिटल मंचों पर किसी विशेष राजनीतिक या सामाजिक विचारधारा से संबंधित सामग्री के साथ सक्रिय जुड़ाव (इंगेजमेंट) प्रदर्शित करता है, तो सूचना प्रणालियाँ उसे वैसी ही और अधिक सामग्री परोसना प्रारंभ कर देती हैं। इस 'सूचनात्मक सुगमता' के कारण व्यक्ति को निरंतर अपने ही विचारों की पुष्टि प्राप्त होती रहती है, जिससे उसके भीतर यह विश्वास दृढ़ हो जाता है कि उसका दृष्टिकोण ही एकमात्र सत्य है। अलग दृष्टिकोणों से यह बढ़ती दूरी नागरिक के आलोचनात्मक विवेक को कुंठित कर देती है। जब व्यक्ति को कभी भी अपने विचारों के विपरीत कोई तर्क या तथ्य नहीं मिलता, तो वह बौद्धिक रूप से आलसी हो जाता है और विरोधी मतों को समझने की अपनी क्षमता खो देता है। यह स्थिति समाज में 'संवादहीनता' के उस संकट को जन्म देती है जहाँ विभिन्न समूहों के बीच साझा भाषा और साझा तथ्यों का लोप होने लगता है।

एल्गोरिद्मिक सुझावों की भूमिका इस परिघटना को एक तकनीकी स्वायत्तता प्रदान करती है, जहाँ 'सूचना चयन' की प्रक्रिया अब मानवीय नियंत्रण से बाहर होकर गणितीय सूत्रों (एल्गोरिदम) के अधीन हो गई है। यद्यपि ये सुझाव सामान्य रूप से उपयोगकर्ता के अनुभव को बेहतर बनाने के नाम पर दिए जाते हैं, परंतु वास्तविकता में ये एक 'अदृश्य सेंसरशिप' का कार्य करते हैं। ये तकनीकी सूत्र केवल उन्हीं सूचनाओं

को प्राथमिकता देते हैं जो उपयोगकर्ता को मंच पर अधिक समय तक बनाए रखें, और मनोवैज्ञानिक रूप से मनुष्य उसी सामग्री पर अधिक समय व्यतीत करता है जो उसकी भावनाओं को उत्तेजित करे या उसके विश्वासों को पुष्ट करे। व्यक्तिगत पसंद के आधार पर सामग्री का यह 'सूक्ष्म-चयन' (माइक्रो-सिलेक्शन) एक ऐसे वैचारिक घेरे का निर्माण करता है जहाँ सूचना का वस्तुनिष्ठ होना लगभग असंभव हो जाता है। लोक प्रशासन और राजनीति विज्ञान के विद्यार्थियों के लिए यह समझना अनिवार्य है कि यह तकनीकी संरचना नागरिक को एक 'सूचित मतदाता' के स्थान पर एक 'अनुकूलित उपभोक्ता' में बदल देती है, जिससे लोकतांत्रिक निर्णयों की गुणवत्ता प्रभावित होती है।

ध्रुवीकरण की तीव्रता और वैचारिक कठोरता का विकास इस सूचनात्मक बुलबुले की सबसे खतरनाक सामाजिक परिणति है। जब समाज का प्रत्येक समूह अपने-अपने सूचनात्मक दायरों में बंद हो जाता है, तो उनके बीच अविश्वास की खाई गहरी होने लगती है। यह विभाजन केवल विचारों तक सीमित नहीं रहता, बल्कि यह सामाजिक व्यवहार में भी 'धार्मिक ध्रुवीकरण' और 'सामुदायिक विद्वेष' के रूप में प्रकट होता है। वैचारिक कठोरता की स्थिति में व्यक्ति तथ्यों की उपेक्षा करने लगता है और केवल उन्हीं भ्रामक सूचनाओं को सत्य मानता है जो उसके समूह की पहचान को पुष्ट करती हों। व्हाट्सऐप विश्वविद्यालय जैसे मंच इस कठोरता को 'पारिवारिक और निजी विश्वास' का आवरण प्रदान करते हैं, जहाँ किसी भी विरोधाभासी सूचना को 'दुष्प्रचार' या 'षड्यंत्र' मानकर तुरंत खारिज कर दिया जाता है। यह स्थिति समाज को ऐसे छोटे-छोटे अविश्वासी गुटों में विभाजित कर देती है जो एक ही राष्ट्र में

रहते हुए भी पूरी तरह से अलग मानसिक और सूचनात्मक सत्यों में निवास करते हैं।

"सब लोग यही सोचते हैं" का भ्रम इस मनोवैज्ञानिक चक्र को पूर्ण करता है। जब व्यक्ति को अपने डिजिटल दायरे में केवल वही विचार दिखाई देते हैं जो वह स्वयं रखता है, तो उसे यह आभास होने लगता है कि समाज का बहुसंख्यक वर्ग भी उसी की तरह सोच रहा है। यह 'झूठी सर्वसम्मति का प्रभाव' (फॉल्स कंसेंसस इफेक्ट) नागरिक को और अधिक कट्टर बनाता है क्योंकि उसे लगता है कि उसके विचार ही सर्वव्यापी और न्यायोचित हैं। यह भ्रम उसे विरोधी मत रखने वाले अल्पसंख्यकों के प्रति और भी अधिक असहिष्णु बना देता है। लोकतांत्रिक संवाद के लिए यह स्थिति अत्यंत घातक है क्योंकि लोकतंत्र की आत्मा 'अल्पमत के सम्मान' और 'बहुमत के विवेक' पर टिकी होती है। जब सूचना का दायरा ही सीमित हो जाए, तो रागाज गें 'सहमति के निर्माण' की प्रक्रिया बाधित हो जाती है और केवल 'टकराव का विमर्श' शेष रह जाता है। यह भ्रम नागरिक को उस यथार्थ से दूर ले जाता है जहाँ जटिल सामाजिक समस्याओं के समाधान के लिए विविधतापूर्ण संवाद अनिवार्य होता है।

भारतीय समाज की जटिल संरचना में डिजिटल असमानता और भाषाई विविधता इस सूचनात्मक घेराबंदी को और अधिक जटिल बनाती है। ग्रामीण और भाषाई रूप से विविधतापूर्ण अंचलों में, जहाँ सूचना के स्रोत पहले से ही सीमित हैं, वहां ये डिजिटल बुलबुले और भी अधिक अभेद्य हो जाते हैं। क्षेत्रीय भाषाओं में उपलब्ध भ्रामक सामग्री अक्सर स्थानीय सांस्कृतिक संवेदनशीलता का उपयोग करती है, जिससे ध्रुवीकरण की

गति तीव्र हो जाती है। सूचना प्रौद्योगिकी का प्रभाव यहाँ सभी वर्गों पर समान नहीं पड़ता; जहाँ शिक्षित शहरी वर्ग को कम से कम इन तकनीकी प्रवृत्तियों का आभास हो सकता है, वहीं एक बड़ा वर्ग पूरी तरह से अनजाने में इन एल्गोरिद्मिक सुझावों का शिकार होकर अपनी सोचने की स्वायत्तता खो देता है। पारंपरिक समाचार माध्यमों की गिरती साख ने भी नागरिकों को इन वैकल्पिक और संकुचित सूचना स्रोतों की ओर धकेला है, जिससे संस्थागत अविश्वास और अधिक गहरा हुआ है।

मनोवैज्ञानिक आयाम से देखें तो, सूचना के सीमित दायरे में घूमते रहना 'पुष्टि पूर्वाग्रह' और 'संज्ञानात्मक आलस्य' को तकनीकी समर्थन प्रदान करता है। मस्तिष्क स्वाभाविक रूप से उस जानकारी से बचना चाहता है जो उसके पुराने विश्वासों को चुनौती दे। तकनीक इसी मानवीय कमजोरी का मुद्रीकरण करती है। बार-बार दोहराई गई वही सूचनाएं 'भ्रमपूर्ण सत्य प्रभाव' पैदा करती हैं, जहाँ परिचिति ही सत्य का मापदंड बन जाती है। भविष्य में कृत्रिम बुद्धिमत्ता और डीपफेक जैसी तकनीकों का समावेश इस घेराबंदी को और भी अधिक यथार्थवादी बना सकता है, जहाँ उपयोगकर्ता को ऐसे दृश्य और श्रव्य प्रमाण दिए जाएंगे जो उसके सीमित दायरे के 'सत्य' को कभी टूटने नहीं देंगे। यह तकनीकी अंध-गौरव नहीं, बल्कि उस सामाजिक वास्तविकता के प्रति एक ईमानदार चेतावनी है जहाँ 'सत्य' अब केवल एक वैचारिक सुविधा बनकर रह गया है।

सूचना के सीमित दायरे में घूमते रहना 'व्हाट्सऐप विश्वविद्यालय' की वह संरचनात्मक शक्ति है जो लोकतांत्रिक संवाद की जड़ों को खोखला कर रही है। यह प्रकरण यह स्पष्ट करता है कि जब तक सूचना का प्रवाह विविध और खुला नहीं होगा, तब तक एक स्वस्थ और समावेशी

समाज का निर्माण असंभव है। समाजशास्त्र, राजनीति विज्ञान और माध्यम अध्ययन के विद्यार्थियों के लिए यह विश्लेषण एक आह्वान है कि वे तकनीकी सुगमता के पीछे छिपे इन वैचारिक खतरों को पहचानें। सत्य की रक्षा के लिए नागरिकों को अपने 'सूचनात्मक बुलबुले' से बाहर निकलकर विरोधी विचारों के प्रति जिज्ञासा और सहिष्णुता विकसित करनी होगी। जब तक हम तकनीक को अपनी सोच निर्धारित करने की अनुमति देंगे, तब तक हमारी लोकतांत्रिक संप्रभुता इन अदृश्य एल्गोरिदम और संगठित दुष्प्रचार के जाल में उलझी रहेगी। सूचनात्मक विविधता को पुनः प्राप्त करना ही इस डिजिटल अंधकार से बाहर निकलने का एकमात्र मार्ग है।

कृत्रिम बुद्धिमत्ता द्वारा निर्मित वीडियो —दृश्य विश्वसनीयता का अवसान

सूचना के आधुनिक युग में दृश्य साक्ष्य को ऐतिहासिक रूप से अकाट्य सत्य का सर्वोच्च प्रमाण माना जाता रहा है, परंतु कृत्रिम बुद्धिमत्ता (आर्टिफिशियल इंटेलिजेंस) के उद्भव ने इस पारंपरिक विश्वास को एक गहरे अस्तित्वगत संकट में डाल दिया है। कृत्रिम रूप से निर्मित दृश्य सामग्री, जिसे तकनीकी विमर्श में 'गहन कूट' (डीपफेक) कहा जाता है, एक ऐसी जटिल प्रक्रिया है जिसमें 'मशीन लर्निंग' और 'न्यूरल नेटवर्क' जैसे उन्नत गणितीय प्रतिमानों का उपयोग करके किसी व्यक्ति के चेहरे, हाव-भाव और आवाज़ का कृत्रिम सृजन किया जाता है। समाजशास्त्रीय दृष्टिकोण से यह केवल एक तकनीकी प्रगति नहीं है, बल्कि 'सत्य' की उस वस्तुनिष्ठ परिभाषा का विलोपन है जिस पर आधुनिक नागरिक समाज और न्याय प्रणाली टिकी हुई है। जब तकनीक

के माध्यम से किसी व्यक्ति के चेहरे को किसी ऐसे दृश्य या परिस्थिति में जोड़ दिया जाता है जहाँ वह वास्तव में कभी उपस्थित ही नहीं था, तो यह न केवल उस व्यक्ति की निजता का उल्लंघन है, बल्कि यह सूचनात्मक यथार्थ के विरुद्ध एक संगठित तकनीकी आक्रमण है जो दृश्य विश्वसनीयता के मनोविज्ञान को पूरी तरह खंडित कर देता है।

सार्वजनिक व्यक्तियों, विशेषकर राजनेताओं, सामाजिक कार्यकर्ताओं और सांस्कृतिक प्रतीकों के काल्पनिक बयान निर्मित करना इस तकनीक का सबसे भयावह रणनीतिक उपयोग है। 'संवेगात्मक बुद्धिमत्ता' का लाभ उठाते हुए ये एल्गोरिदम किसी सार्वजनिक व्यक्तित्व की बोलने की शैली, उनके स्वर के उतार-चढ़ाव और उनके मुख की मांसपेशियों के सूक्ष्म संचालन का विश्लेषण करते हैं, जिससे निर्मित वीडियो में व्यक्ति का बोलना इतना यथार्थवादी प्रतीत होता है कि उसे सामान्य मानवीय दृष्टि से पहचानना असंभव हो जाता है। चुनावी समय में इस तकनीक का संभावित दुरुपयोग लोकतंत्र की नींव को हिलाने की क्षमता रखता है। चुनाव से ठीक पहले किसी प्रभावशाली नेता का कोई ऐसा कृत्रिम वीडियो प्रसारित किया जा सकता है जिसमें वे कोई विवादित, सांप्रदायिक या राष्ट्रविरोधी बयान दे रहे हों। चूँकि ऐसे संवेदनशील समय में मतदाताओं का मनोवैज्ञानिक झुकाव 'भावनात्मक उत्तेजना' और 'तात्कालिक प्रतिक्रिया' की ओर अधिक होता है, इसलिए ऐसे वीडियो का प्रभाव विनाशकारी हो सकता है। यह 'निर्मित जनमत' का वह दौर है जहाँ मतदाता वास्तविक मुद्दों के बजाय तकनीकी रूप से रचित भ्रमों के आधार पर निर्णय लेने के लिए विवश किया जाता है।

दृश्य विश्वसनीयता का मनोवैज्ञानिक प्रभाव मानवीय संज्ञान के उन प्राचीन तंत्रों पर आधारित है जो यह मानते हैं कि "जो हम देख रहे हैं, वह सत्य है।" मनोविज्ञान के शोध यह सिद्ध करते हैं कि मानवीय मस्तिष्क लिखित सूचना की तुलना में दृश्य सूचना पर न केवल अधिक तीव्रता से विश्वास करता है, बल्कि उसे लंबे समय तक स्मृति में भी सुरक्षित रखता है। कृत्रिम बुद्धिमत्ता द्वारा निर्मित वीडियो इसी मनोवैज्ञानिक सुभेद्यता का लाभ उठाते हैं। जब कोई नागरिक किसी प्रतिष्ठित व्यक्ति को अपनी आँखों से कुछ कहते हुए देखता है, तो उसके भीतर का संशयवाद (स्केप्टिसिज्म) स्वतः ही समाप्त हो जाता है। यह स्थिति तब और भी जटिल हो जाती है जब इन वीडियो का उपयोग 'अमानवीकरण' या 'पीड़िततता की कथा' गढ़ने के लिए किया जाता है। एक बार जब किसी व्यक्ति का कृत्रिम परंतु अपमानजनक वीडियो समाज के अवचेतन में स्थापित हो जाता है, तो बाद में प्रस्तुत किए गए तथ्य या आधिकारिक खंडन उस 'दृश्य प्रभाव' को मिटाने में विफल सिद्ध होते हैं।

सत्यापन की तकनीकी कठिनाई और सामान्य नागरिक के लिए इसकी पहचान की असंभवता इस संकट को एक स्थायी प्रशासनिक और सामाजिक चुनौती बना देती है। यद्यपि तकनीकी रूप से इन वीडियो की पहचान के लिए 'फोरेंसिक' विश्लेषण के उपकरण उपलब्ध हैं, परंतु वे अत्यंत जटिल और समय लेने वाले होते हैं। दूसरी ओर, कृत्रिम बुद्धिमत्ता की प्रगति की गति इतनी तीव्र है कि 'पहचान करने वाले' उपकरण अक्सर 'निर्माण करने वाले' एल्गोरिदम से एक कदम पीछे ही रहते हैं। एक सामान्य नागरिक, जिसके पास न तो उन्नत तकनीकी संसाधन हैं और न ही विशिष्ट प्रशिक्षण, वह इन वीडियो में मौजूद सूक्ष्म तकनीकी

त्रुटियों (जैसे आँखों के झपकने का अप्राकृतिक क्रम या प्रकाश का असंतुलन) को पकड़ने में सक्षम नहीं होता। लोक प्रशासन और विधि प्रवर्तन एजेंसियों के लिए यह स्थिति 'सूचनात्मक अराजकता' उत्पन्न करती है, जहाँ अपराध और प्रमाण के बीच का अंतर पूरी तरह धुंधला हो जाता है। यह दृश्य प्रमाणों के उस 'स्वर्ण युग' का अंत है जहाँ कैमरे के लेंस को सत्य का निर्विवाद साक्षी माना जाता था।

भारतीय समाज की जटिल संरचना, डिजिटल असमानता और भाषाई विविधता इस तकनीकी खतरे को और अधिक सघन बनाती है। ग्रामीण क्षेत्रों में, जहाँ डिजिटल साक्षरता अभी भी केवल 'उपयोग' तक सीमित है, वहां कृत्रिम वीडियो को 'ब्रह्मवाक्य' की तरह स्वीकार कर लिया जाता है। सूचना प्रौद्योगिकी का प्रभाव यहाँ सभी वर्गों पर समान नहीं पड़ता; जहाँ तकनीकी रूप से सक्षम वर्ग कम से कम संशय व्यक्त कर सकता है, वहीं समाज का एक बड़ा हिस्सा इन दृश्य छद्मों का सहज शिकार हो जाता है। राजनीतिक प्रचार तंत्र इन वीडियो को क्षेत्रीय भाषाओं और स्थानीय संदर्भों में ढालकर सीधे उन समुदायों तक पहुँचाते हैं जहाँ पारंपरिक मीडिया की पहुँच या विश्वसनीयता कम है। यह 'सूक्ष्म लक्ष्यीकरण' (माइक्रो-टारगेटिंग) नागरिक की सोचने की स्वायत्तता पर एक तकनीकी प्रहार है, जो समाज को अविश्वास और संशय के एक ऐसे दलदल में धकेलता है जहाँ कोई भी सूचना सुरक्षित नहीं रह जाती।

मनोवैज्ञानिक आयाम से देखें तो, कृत्रिम वीडियो 'पूर्वधारणा पुष्टिकरण' की प्रवृत्ति को एक विजुअल आधार प्रदान करते हैं। यदि कोई व्यक्ति पहले से ही किसी समूह या विचारधारा के प्रति द्वेष रखता है, तो उस विचारधारा के विरुद्ध बनाया गया कोई भी कृत्रिम वीडियो उसके लिए 'परम प्रमाण' बन जाता है। वह उस पर प्रश्न उठाने के बजाय उसे अपनी

मान्यताओं की विजय के रूप में देखता है। यह 'पुनरावृत्ति प्रभाव' के साथ मिलकर वैचारिक कठोरता को जन्म देता है। तकनीक ने अब झूठ को केवल विश्वसनीय नहीं बनाया, बल्कि उसे 'अकाट्य' दिखाने का सामर्थ्य प्राप्त कर लिया है। यह तकनीकी अंध-गौरव के विरुद्ध एक चेतावनी है कि जिस विज्ञान ने हमें देखने और सुनने की शक्ति दी थी, वही अब हमारी दृष्टि को भ्रमित करने का सबसे बड़ा उपकरण बन चुका है।

कृत्रिम बुद्धिमत्ता द्वारा निर्मित वीडियो केवल एक तकनीकी नवाचार नहीं, बल्कि सत्य की वस्तुनिष्ठता के विरुद्ध एक दार्शनिक और राजनीतिक संकट हैं। यह स्पष्ट है कि दृश्य प्रमाण अब पूर्ण सत्य का पर्याय नहीं रहा और भविष्य में हमें अपनी आँखों पर विश्वास करने से पहले तकनीकी सत्यापन की कड़वी प्रक्रिया से गुजरना होगा। समाजशास्त्र, राजनीति विज्ञान और माध्यम अध्ययन के विद्यार्थियों के लिए यह विश्लेषण अनिवार्य है क्योंकि यह बताता है कि कैसे 'सत्य-पश्चात' (पोस्ट-ट्रुथ) युग में तकनीक ने यथार्थ को एक 'उत्पाद' में बदल दिया है। लोकतांत्रिक स्थिरता के लिए यह आवश्यक है कि हम दृश्य सामग्री के प्रति एक 'आलोचनात्मक संशयवाद' विकसित करें और संस्थानों को इस प्रकार सुसज्जित करें कि वे इन तकनीकी छद्मों के विरुद्ध समाज का ढाल बन सकें। जब तक हम यह स्वीकार नहीं करेंगे कि डिजिटल पर्दों पर दिखने वाला प्रत्येक यथार्थ निर्मित हो सकता है, तब तक हमारी वैचारिक और सामाजिक संप्रभुता इन अदृश्य एल्गोरिदम के रहमोकरम पर रहेगी।

आवाज़ की नकलः ध्वनि आधारित भ्रम और विश्वसनीयता का संकट

सूचना और संचार के क्रमिक विकास में ध्वनि को मानवीय अभिव्यक्ति का सबसे अंतरंग और विश्वसनीय माध्यम माना जाता रहा है। समाजशास्त्रीय और मनोवैज्ञानिक दृष्टिकोण से, किसी व्यक्ति की आवाज़ न केवल उसकी विशिष्ट पहचान होती है, बल्कि वह विश्वास और भावनात्मक जुड़ाव का एक प्राथमिक आधार भी होती है। परंतु, कृत्रिम बुद्धिमत्ता की उन्नत विधाओं, विशेषकर 'ध्वनि संश्लेषण' और 'वाक् क्लोनिंग' (वॉयस क्लोनिंग) ने इस नैसर्गिक विश्वास को एक अभूतपूर्व संकट में डाल दिया है। कृत्रिम रूप से आवाज़ उत्पन्न करने की यह तकनीक अब केवल मनोरंजन या डबिंग तक सीमित नहीं रही, बल्कि यह 'व्हाट्सऐप विश्वविद्यालय' जैसे मंचों पर भ्रामक सूचनाओं को एक नया यथार्थवादी आयाम प्रदान कर रही है। यह समझना अनिवार्य है कि तकनीक ने अब आवाज़ की उन सूक्ष्म बारीकियों, जैसे सांस लेने का अंतराल, उच्चारण की विशिष्ट शैली और भावनात्मक उतार-चढ़ाव को इस सटीकता से पकड़ना शुरू कर दिया है कि एक सामान्य कान के लिए वास्तविक और कृत्रिम ध्वनि के बीच भेद करना लगभग असंभव हो गया है।

नेताओं, वरिष्ठ प्रशासनिक अधिकारियों या हमारे अत्यंत परिचित व्यक्तियों की नकली ध्वनि निर्मित करना इस तकनीकी दुरुपयोग का सबसे घातक राजनीतिक और सामाजिक पक्ष है। जब किसी प्रतिष्ठित नेता की आवाज़ में कोई भ्रामक निर्देश या विवादास्पद वक्तव्य व्हाट्सएप समूहों में 'ध्वनि संदेश' (वॉयस नोट) के रूप में प्रसारित होता

है, तो उसका प्रभाव लिखित संदेशों की तुलना में कई गुना अधिक गहरा होता है। लिखित शब्द जहाँ संशय के लिए स्थान छोड़ते हैं, वहीं आवाज़ सीधे प्राप्तकर्ता के अवचेतन में 'सत्य' की तरह उतरती है। चुनावी समय में इस तकनीक का उपयोग करके मतदाताओं के बीच भ्रम पैदा किया जा सकता है, जहाँ किसी उम्मीदवार के नाम से ऐसे बयान जारी किए जा सकते हैं जो वास्तव में कभी दिए ही नहीं गए। इसी प्रकार, उच्चाधिकारियों की आवाज़ का उपयोग करके प्रशासनिक व्यवस्था में अराजकता उत्पन्न की जा सकती है, जहाँ नीचे के कर्मचारी किसी 'नकली आदेश' को वास्तविक मानकर कार्य करने लगें।

वित्तीय धोखाधड़ी में आवाज़ की नकल का उपयोग इस संकट के आर्थिक और सुरक्षात्मक आयाम को उजागर करता है। अपराधी अब 'समानांतर स्वर सृजन' के माध्यम से परिवार के किसी सदस्य या मित्र की आवाज़ में संकटकालीन सहायता मांगते हैं, जिससे भावनात्मक विश्वास का चरम दुरुपयोग होता है। जब कोई पिता अपने पुत्र की हुबहू आवाज़ में फोन पर किसी दुर्घटना की सूचना और धन की आवश्यकता सुनता है, तो उसका संवेगात्मक आवेग उसे तार्किक सत्यापन करने का अवसर ही नहीं देता। यह 'भावनात्मक अपहरण' की वह स्थिति है जहाँ तकनीक ने मानवीय संवेदनाओं को एक अपराध उपकरण में बदल दिया है। लोक प्रशासन और विधि प्रवर्तन एजेंसियों के लिए यह स्थिति एक नई चुनौती है, क्योंकि यहाँ साक्ष्य स्वयं संदेहास्पद हो चुका है। ध्वनि प्रमाण, जिसे पहले न्यायालयों में एक मजबूत साक्ष्य माना जाता था, अब अपनी वह निर्विवाद विश्वसनीयता खो चुका है।

ध्वनि प्रमाण की विश्वसनीयता पर मंडराता यह संकट लोकतांत्रिक विमर्श और व्यक्तिगत सुरक्षा के लिए एक विस्थापन की स्थिति निर्मित करता है। परंपरागत रूप से, आवाज़ को 'स्वत्व' का प्रतीक माना जाता था—अर्थात यदि वह आवाज़ मेरी है, तो वह कथन भी मेरा ही होगा। परंतु, अब यह अवधारणा पूरी तरह खंडित हो चुकी है। यह स्थिति समाज में एक व्यापक 'संशयवाद' (स्केप्टिसिज्म) को जन्म देती है, जहाँ लोग वास्तविक और आवश्यक सूचनाओं पर भी अविश्वास करने लगते हैं। जब नागरिक को यह अनुभव होने लगता है कि वह अपने कानों पर भी विश्वास नहीं कर सकता, तो वह पूर्णतः अपने 'वैचारिक बुलबुलों' और पूर्व-नियोजित धारणाओं की शरण में चला जाता है। यह संस्थागत और सामाजिक अविश्वास ही वह उर्वर भूमि है जहाँ व्हाट्सऐप विश्वविद्यालय की भ्रामक कथाएं अपनी जड़ें जमाती हैं।

कानूनी और नैतिक प्रश्न इस तकनीकी अराजकता के समाधान की दिशा में सबसे जटिल बाधाएं हैं। वर्तमान विधिक ढांचा, जो मुख्य रूप से भौतिक साक्ष्यों या सरल डिजिटल हस्ताक्षरों पर आधारित है, वह इन कृत्रिम बुद्धिमत्ता जनित ध्वनियों को रोकने या उनके विरुद्ध दंड सुनिश्चित करने में सक्षम नहीं है। 'ध्वनि की नकल' को बौद्धिक संपदा का उल्लंघन माना जाए या इसे 'छद्मवेश धारण' (इम्पर्सनेशन) के अपराध में रखा जाए, यह विमर्श अभी भी प्रारंभिक अवस्था में है। नैतिक रूप से, यह तकनीक व्यक्ति के 'व्यक्तित्व अधिकार' (पर्सनैलिटी राइट्स) का हनन करती है, जहाँ उसकी आवाज़ का उपयोग उसकी सहमति के बिना उसके ही विरुद्ध किया जा सकता है। सूचना प्रौद्योगिकी का यह प्रभाव सभी वर्गों पर समान नहीं पड़ता; जहाँ डिजिटल रूप से प्रबुद्ध वर्ग थोड़ा सतर्क हो सकता है, वहीं ग्रामीण और

कम शिक्षित वर्ग, जो अपनी जड़ों और रिश्तों की आवाज़ को सर्वोच्च सत्य मानते हैं, वे इस 'ध्वनि छल' के सबसे आसान शिकार बन जाते हैं।

भारतीय समाज की जटिल संरचना और भाषाई विविधता इस समस्या को और अधिक सघन बनाती है। क्षेत्रीय भाषाओं और बोलियों में आवाज़ की नकल करना तकनीकी रूप से अब और भी सुगम हो गया है। स्थानीय संदर्भों और मुहावरों का प्रयोग करके बनाई गई ये नकली ध्वनियाँ समुदायों के बीच अविश्वास की खाई को और चौड़ा करती हैं। जब किसी स्थानीय प्रभावक या धार्मिक गुरु की आवाज़ में भ्रामक निर्देश फैलाए जाते हैं, तो वे धरातल पर तात्कालिक हिंसा या सामाजिक विद्वेष का कारण बन सकते हैं। लोक प्रशासन के विद्यार्थियों के लिए यह समझना अनिवार्य है कि भविष्य में सूचना की सत्यता केवल 'सुनने' से सिद्ध नहीं होगी, बल्कि उसके लिए तकनीकी 'ध्वनि विश्लेषण' और डिजिटल प्रमाणन (वाटरमार्किंग) जैसी प्रक्रियाओं को प्रशासनिक कार्यप्रणाली का हिस्सा बनाना होगा।

आवाज़ की नकल केवल एक तकनीकी नवाचार नहीं है, बल्कि यह मानवीय संवाद की मौलिक ईमानदारी पर एक प्रहार है। यह प्रकरण यह स्पष्ट करता है कि ध्वनि, जिसे पहले अकाट्य प्रमाण माना जाता था, अब चुनौतीपूर्ण और संदेहास्पद हो चुकी है। समाजशास्त्र और राजनीति विज्ञान के विद्यार्थियों के लिए यह विश्लेषण एक चेतावनी है कि हम एक ऐसे 'सत्य-पश्चात' युग की ओर बढ़ रहे हैं जहाँ हमारी इंद्रियाँ अब सत्य की विश्वसनीय साक्षी नहीं रही हैं। सत्य की रक्षा के लिए अब हमें न केवल अपनी आँखों को, बल्कि अपने कानों को भी आलोचनात्मक प्रशिक्षण देना होगा। जब तक तकनीकी विकास को नैतिक जवाबदेही

और सशक्त विधिक ढांचे के साथ नहीं जोड़ा जाएगा, तब तक 'व्हाट्सऐप विश्वविद्यालय' की ये गूँजती हुई नकली आवाजें हमारे सामाजिक विवेक और लोकतांत्रिक स्थिरता को खंडित करती रहेंगी।

भविष्य में सत्य पहचानने की चुनौती

सूचना प्रौद्योगिकी के विकास ने जिस तीव्र गति से मानव सभ्यता के सामाजिक और राजनीतिक विमर्श को प्रभावित किया है, उसने 'सत्य' की पारंपरिक अवधारणा को एक गहन ज्ञानमीमांसीय संकट (एपिस्टेमोलॉजिकल क्राइसिस) के मुहाने पर खड़ा कर दिया है। समाजशास्त्र और दर्शनशास्त्र के परिप्रेक्ष्य में, यह चुनौती केवल तकनीकी त्रुटियों या भ्रामक सूचनाओं के प्रसार तक सीमित नहीं है, बल्कि यह इस मौलिक प्रश्न से जुड़ी है कि हम सत्य को कैसे जानेंगे और उसकी पहचान के हमारे आधार क्या होंगे। जब दृश्य और ध्वनि साक्ष्य—जिन्हें सदियों से यथार्थ का अंतिम प्रमाण माना जाता रहा है—पूरी तरह से अविश्वसनीय और कृत्रिम रूप से निर्मित हो सकते हैं, तब समाज में 'साझा सत्य' (शेयर्ड ट्रुथ) का लोप होने लगता है। भविष्य में सत्य पहचानने की चुनौती केवल एक सूचनात्मक समस्या नहीं, बल्कि लोकतंत्र और सामाजिक सामंजस्य की उत्तरजीविता से जुड़ा एक अनिवार्य संघर्ष है, जहाँ तकनीक और नैतिकता के मध्य का द्वंद्व एक निर्णायक मोड़ पर पहुँच चुका है।

दृश्य और ध्वनि प्रमाण का अविश्वसनीय होना भविष्य की सबसे बड़ी बौद्धिक बाधा है, जो मानवीय संज्ञान के उन प्राचीन तंत्रों को चुनौती देती है जो प्रत्यक्ष अनुभव को ही प्रमाण मानते थे। कृत्रिम बुद्धिमत्ता के माध्यम से रचित 'गहन कूट' (डीपफेक) और वाक् क्लोनिंग जैसी

तकनीकें यथार्थ का ऐसा भ्रम रचती हैं कि आँखों और कानों पर आधारित हमारे स्वाभाविक निर्णय संदेहास्पद हो जाते हैं। यह स्थिति 'दृश्य साक्ष्य के अवसान' की ओर संकेत करती है, जहाँ किसी भी वीडियो या ऑडियो रिकॉर्डिंग को बिना गहन तकनीकी परीक्षण के सत्य नहीं माना जा सकेगा। इस अविश्वास का मनोवैज्ञानिक प्रभाव यह होता है कि नागरिक वास्तविक और आवश्यक सूचनाओं को भी 'निर्मित' मानकर खारिज करने लगता है। जब प्रमाण ही संदेहास्पद हो जाए, तो न्याय प्रणाली, ऐतिहासिक दस्तावेजीकरण और दैनिक सामाजिक संवाद का आधार ही हिल जाता है, जिससे समाज में एक स्थायी 'सूचनात्मक अराजकता' व्याप्त हो जाती है।

सत्यापन संस्थाओं की सीमाएँ इस संकट को और अधिक गहरा बनाती हैं, क्योंकि तकनीक के दुरुपयोग की गति उसके नियमन की क्षमता से कहीं अधिक तीव्र है। वर्तमान में जो तथ्य-जाँच (फैक्ट-चेकिंग) रांरथान कार्यरत हैं, वे मुख्य रूप से सूचना के प्रसार के बाद प्रतिक्रियात्मक (रिएक्टिव) ढंग से कार्य करते हैं। परंतु, भविष्य में सूचनाओं का निर्माण इतना व्यक्तिगत और लक्षित (टारगेटेड) होगा कि उनका सामूहिक सत्यापन लगभग असंभव हो जाएगा। तकनीक बनाम नैतिकता का संघर्ष यहाँ स्पष्ट रूप से परिलक्षित होता है, जहाँ नवाचार के नाम पर उत्तरदायित्व की पूरी तरह उपेक्षा की जा रही है। जब तक तकनीकी विकास को एक सुदृढ़ नैतिक ढांचे के साथ नहीं जोड़ा जाएगा, तब तक ये संस्थाएँ केवल बहती हुई सूचना की लहरों को रोकने का निष्फल प्रयास ही करती रहेंगी। यह द्वंद्व यह भी उजागर करता है कि केवल तकनीकी समाधान पर्याप्त नहीं हैं, क्योंकि तकनीक स्वयं में कोई नैतिक

मूल्य नहीं रखती; उसका मूल्य उसके उपयोग करने वाली सत्ता संरचनाओं और उनके उद्देश्यों से निर्धारित होता है।

डिजिटल साक्षरता की अनिवार्यता अब केवल एक कौशल नहीं, बल्कि आधुनिक नागरिकता की एक अनिवार्य शर्त बन चुकी है। भविष्य में सत्य को पहचानने के लिए नागरिक को केवल 'उपयोगकर्ता' से बढ़कर एक 'आलोचनात्मक विश्लेषक' बनना होगा। डिजिटल साक्षरता का अर्थ केवल इंटरनेट चलाना नहीं, बल्कि सूचना के पीछे छिपे रणनीतिक हितों, एल्गोरिदम के प्रभाव और स्वयं के मनोवैज्ञानिक पूर्वाग्रहों को समझना है। भारतीय समाज की जटिल संरचना में, जहाँ डिजिटल असमानता और भाषाई विविधता व्यापक है, वहां शिक्षा के माध्यम से इस विवेक को जाग्रत करना एक बड़ी चुनौती है। यदि समाज का एक बड़ा हिस्सा केवल अपनी भावनाओं और पहचान के आधार पर सूचनाओं को ग्रहण करता रहेगा, तो वह संगठित दुष्प्रचार का सुगम लक्ष्य बना रहेगा। अतः, औपचारिक शिक्षा प्रणाली में 'सूचनात्मक साक्षरता' को एक मूल विषय के रूप में सम्मिलित करना भविष्य की न्यूनतम आवश्यकता है, ताकि भावी पीढ़ियाँ सूचना के इस महासागर में अपना तार्किक संतुलन बनाए रख सकें।

कानून और तकनीकी विकास के बीच बढ़ता अंतराल लोक प्रशासन और विधि प्रवर्तन के लिए एक निरंतर चुनौती बना रहेगा। विधिक प्रक्रियाएँ प्रायः धीमी और पारंपरिक साक्ष्यों पर आधारित होती हैं, जबकि डिजिटल अपराध और दुष्प्रचार की प्रकृति सीमाहीन और तात्कालिक होती है। जब तक कोई नया कानून आकार लेता है, तब तक तकनीक के नए रूप (जैसे 'जनरेटिव एआई') पुराने नियमों को अप्रासंगिक बना देते हैं। लोकतंत्र में तथ्य की भूमिका अत्यंत महत्वपूर्ण है, क्योंकि

तथ्यहीन लोकतंत्र केवल 'धारणाओं का युद्ध' बनकर रह जाता है। यदि नागरिक और राजनीतिक दल साझा तथ्यों पर सहमत नहीं हो सकते, तो नीतिगत चर्चाओं और संवैधानिक संवाद की कोई संभावना शेष नहीं रहती। यह स्थिति संस्थागत अविश्वास को बढ़ाती है, जहाँ प्रत्येक पक्ष अपना 'वैकल्पिक सत्य' गढ़ने लगता है, जिससे लोकतांत्रिक स्थिरता प्रभावित होती है।

नागरिक की जिम्मेदारी इस पूरे विमर्श का केंद्र बिंदु है, क्योंकि अंततः सूचना का प्रसार और उसका प्रभाव मानवीय चयन पर ही निर्भर करता है। भविष्य में सत्य पहचानने की चुनौती का समाधान केवल सरकारों या तकनीकी कंपनियों के पास नहीं है, बल्कि यह नागरिक के उस आत्म-नियंत्रण में निहित है जो उसे किसी भी उत्तेजक और अपुष्ट सूचना को साझा करने से रोकता है। नागरिक को यह समझना होगा कि उसकी एक 'शेयर' या 'फॉरवर्ड' की क्रिया समाज के वैचारिक धरातल को विषाक्त करने की क्षमता रखती है। यह जिम्मेदारी उस 'संज्ञानात्मक आलस्य' के विरुद्ध लड़ने की है जो हमें सरल और सुविधाजनक झूठ की ओर ले जाता है। सत्य की खोज के लिए श्रम, धैर्य और विपरीत विचारों को सुनने की सहिष्णुता आवश्यक है, जो डिजिटल युग की तात्कालिकता के दौर में दुर्लभ होती जा रही है।

भविष्य में सत्य को पहचानना केवल एक तकनीकी समस्या नहीं, बल्कि एक ज्ञानमीमांसीय पुनर्निर्माण का कार्य है। यह प्रकरण यह स्पष्ट करता है कि जैसे-जैसे यथार्थ को निर्मित करने वाली तकनीकें उन्नत होंगी, सत्य की पहचान के लिए हमें बाह्य साक्ष्यों के बजाय अपने आंतरिक विवेक और आलोचनात्मक विश्लेषण पर अधिक निर्भर होना होगा।

समाजशास्त्र, राजनीति विज्ञान और माध्यम अध्ययन के विद्यार्थियों के लिए यह विश्लेषण एक संदेश है कि सूचना-युद्ध के इस दौर में 'सत्य' की सुरक्षा ही लोकतंत्र की सुरक्षा है। हमें एक ऐसे समाज का निर्माण करना होगा जहाँ तकनीक का अंध-गौरव नहीं, बल्कि मानवीय नैतिकता और तार्किक गहराई सूचना के विनिमय का आधार बने। जब तक हम यह स्वीकार नहीं करेंगे कि डिजिटल स्क्रीन पर दिखने वाला प्रत्येक दृश्य संदेहास्पद हो सकता है, तब तक हम 'व्हाट्सऐप विश्वविद्यालय' के अदृश्य कारागार से मुक्त नहीं हो पाएंगे। सत्य की पहचान के लिए अपनी इंद्रियों को पुनः प्रशिक्षित करना और सूचना के प्रति एक 'सभ्य संशयवाद' विकसित करना ही आने वाले समय का एकमात्र विकल्प है।

अध्याय 8: समाधान — डिजिटल साक्षरता से नागरिक जिम्मेदारी तक

आलोचनात्मक सोच का विकास — सूचनात्मक विवेक का आधार

समकालीन सूचना युग में, जहाँ भ्रामक समाचार और संगठित दुष्प्रचार ने सामाजिक विमर्श को अत्यधिक जटिल बना दिया है, वहाँ 'आलोचनात्मक सोच' (क्रिटिकल थिंकिंग) केवल एक शैक्षणिक कौशल नहीं, बल्कि एक अनिवार्य नागरिक रक्षा तंत्र के रूप में उभरी है। समाजशास्त्र और माध्यम अध्ययन के परिप्रेक्ष्य में, आलोचनात्मक सोच को एक ऐसी मानसिक प्रक्रिया के रूप में परिभाषित किया जा सकता है, जो प्राप्त सूचना का केवल निष्क्रिय उपभोग नहीं करती, बल्कि उसकी वैधता, तर्कसंगतता और उद्देश्य का सक्रिय विश्लेषण करती है। 'व्हाट्सऐप विश्वविद्यालय' के बढ़ते प्रभाव के विरुद्ध सबसे स्थायी और प्रभावी समाधान विधिक या तकनीकी प्रतिबंधों से अधिक नागरिक के भीतर इस 'सूचनात्मक विवेक' को जाग्रत करना है। यह प्रक्रिया केवल "संदेह करने" की नकारात्मक वृत्ति नहीं है, बल्कि यह एक व्यवस्थित मानसिक प्रशिक्षण है, जो व्यक्ति को सत्य और निर्मित सत्य के बीच की महीन रेखा को पहचानने में सक्षम बनाता है। आलोचनात्मक सोच का विकास एक दीर्घकालिक शैक्षणिक और सामाजिक उपक्रम है, जो सूचना के प्रति व्यक्ति के संवेदनात्मक जुड़ाव को तार्किक धरातल पर पुनर्स्थापित करने का प्रयास करता है।

सूचना के स्रोत की पहचान करने की क्षमता आलोचनात्मक सोच का प्राथमिक स्तंभ है। वर्तमान डिजिटल पारिस्थितिकी तंत्र में सूचना का उद्गम अक्सर अज्ञात या अनाम होता है, जो उत्तरदायित्व के सिद्धांत को पूरी तरह समाप्त कर देता है। एक प्रबुद्ध नागरिक के लिए यह समझना अनिवार्य है कि सूचना कहाँ से आ रही है और उसे भेजने वाले का आर्थिक या राजनीतिक हित क्या हो सकता है। स्रोत की साख की जाँच करना केवल संस्थागत नामों को देखना नहीं है, बल्कि उस सूचना की ऐतिहासिक निरंतरता और उसके प्रसार के पैटर्न को समझना भी है। जब कोई संदेश किसी मित्र या संबंधी द्वारा भेजा जाता है, तो वहाँ 'भावनात्मक विश्वास' का तत्व हावी होता है, जिसे आलोचनात्मक सोच 'तार्किक संशय' में बदलने का कार्य करती है। यह क्षमता व्यक्ति को 'स्रोतांधता' (सोर्स ब्लाइंडनेस) से बाहर निकालती है, जहाँ वह केवल माध्यम की चमक या प्रेषक के साथ अपने संबंधों के आधार पर सूचना को सत्य नहीं मानता।

तथ्य और मत (ओपिनियन) में अंतर समझना वैचारिक परिपक्वता का परिचायक है, जो डिजिटल युग में पूरी तरह धुंधला हो चुका है। भ्रामक सूचनाएँ अक्सर व्यक्तिगत मान्यताओं या पूर्वाग्रहों को 'वस्तुनिष्ठ तथ्य' बनाकर प्रस्तुत करती हैं। आलोचनात्मक सोच व्यक्ति को यह सिखाती है कि तथ्य वह है जिसे साक्ष्यों के माध्यम से प्रमाणित किया जा सके, जबकि मत एक व्यक्तिगत दृष्टिकोण है। इसके साथ ही, आँकड़ों की व्याख्या का मूल ज्ञान होना भी अत्यंत आवश्यक है, क्योंकि दुष्प्रचार तंत्र अक्सर संख्यात्मक डेटा का चयनात्मक उपयोग करके एक झूठा निष्कर्ष प्रस्तुत करते हैं। 'सांख्यिकी साक्षरता' (स्टैटिस्टिकल लिटरेसी) नागरिक को यह समझने में मदद करती है कि कैसे ग्राफ,

प्रतिशत और बड़ी संख्याएँ संदर्भात्मक त्रुटियों के माध्यम से भ्रम पैदा कर सकती हैं। इन कौशलों का अभाव ही वह कारण है जिससे सामान्य नागरिक उन जटिल नीतिगत चर्चाओं को भी सहजता से स्वीकार कर लेता है जिनका कोई वास्तविक आधार नहीं होता।

भावनात्मक भाषा की पहचान करना और उसके पीछे छिपे रणनीतिक उद्देश्य को समझना आलोचनात्मक सोच का एक चिकित्सक आयाम है। दुष्प्रचार अक्सर क्रोध, भय, गौरव या घृणा जैसे तीव्र संवेगों को जाग्रत करने वाली शब्दावली का उपयोग करता है। जब किसी सूचना का उद्देश्य पाठक को उत्तेजित करना हो, तो उसे तुरंत 'लाल ध्वज' (रेड फ्लैग) माना जाना चाहिए। आलोचनात्मक सोच व्यक्ति को सिखाती है कि वह अपनी भावनाओं को सूचना के मूल्यांकन के बीच न आने दे। संदर्भ की जाँच करने की आदत इसी प्रक्रिया का विस्तार है, जहाँ किसी पुरानी घटना के चित्र या वीडियो को वर्तमान संदर्भ में जोड़कर फैलाया जाता है। यह 'संदर्भ विलोपन' (डी-कॉन्टेक्स्टुअलाइजेशन) आधुनिक दुष्प्रचार का सबसे प्रभावी हथियार है। नागरिक के भीतर यह प्रवृत्ति विकसित करना आवश्यक है कि वह सूचना के समय, स्थान और मूल परिस्थितियों का मिलान अन्य स्वतंत्र स्रोतों से करे, ताकि वह आंशिक सत्य के जाल में न फँसे।

दृश्य सामग्री की विश्वसनीयता पर प्रश्न उठाना भविष्य की सबसे बड़ी चुनौती है, जिसे आलोचनात्मक सोच के ढांचे में प्राथमिकता मिलनी चाहिए। कृत्रिम बुद्धिमत्ता और अत्याधुनिक संपादन उपकरणों ने "देखना ही विश्वास करना है" के सदियों पुराने मुहावरे को अर्थहीन बना दिया है। अब दृश्य प्रमाणों का तकनीकी सत्यापन संभव नहीं है,

इसलिए एक नागरिक के रूप में 'दृश्य संशयवाद' (विजुअल स्केप्टिसिज्म) का विकास अनिवार्य है। यह समझना कि डिजिटल स्क्रीन पर दिखने वाला प्रत्येक यथार्थ निर्मित हो सकता है, व्यक्ति को उन 'गहन कूट' (डीपफेक) वीडियो और विरूपित छवियों के प्रति सतर्क करता है जो समाज में ध्रुवीकरण पैदा करने के लिए गढ़े जाते हैं। यह तकनीकी साक्षरता से अधिक एक 'सूचनात्मक दर्शन' है, जो व्यक्ति को अपनी इंद्रियों के प्रति भी एक तार्किक दूरी बनाए रखने के लिए प्रेरित करता है, ताकि वह तकनीकी छद्मों का शिकार न हो।

त्वरित प्रतिक्रिया की बजाय 'ठहराव की संस्कृति' (कल्चर ऑफ पॉज) का विकास आधुनिक डिजिटल नागरिकता का सबसे महत्वपूर्ण समाधान है। डिजिटल मंचों की गतिशीलता उपयोगकर्ता को तुरंत 'शेयर' या 'कमेंट' करने के लिए उकसाती है, जो आलोचनात्मक विवेक का सबसे बड़ा शत्रु है। यह ठहराव व्यक्ति को सोचने का अवसर देता है कि क्या यह सूचना साझा करना समाज के लिए हितकारी है या यह केवल विद्वेष को बढ़ावा देगी। पूर्वधारणा से बाहर सोचने का अभ्यास (अनबायस्ड थिंकिंग) इस प्रक्रिया को पूर्ण करता है। मनुष्य स्वभाव से उन्हीं सूचनाओं को सत्य मानता है जो उसके पहले से बने हुए धार्मिक, राजनीतिक या सामाजिक पूर्वाग्रहों को पुष्ट करती हैं। आलोचनात्मक सोच इस 'पुष्टि पूर्वाग्रह' (कंफर्मेशन बायस) को पहचानने और जानबूझकर उन विचारों को पढ़ने और समझने की प्रेरणा देती है जो हमारे दृष्टिकोण के विपरीत हों। यह वैचारिक खुलापन ही लोकतांत्रिक संवाद को जीवित रख सकता है।

आलोचनात्मक सोच का विकास कोई तात्कालिक समाधान नहीं है, बल्कि यह शिक्षा प्रणाली से जुड़ी एक दीर्घकालिक प्रक्रिया है। भारतीय

सामाजिक संरचना में, जहाँ शिक्षा अक्सर केवल सूचनाओं को रटने और परीक्षाओं में सफलता पाने तक सीमित है, वहां आलोचनात्मक विवेक का अभाव स्पष्ट दिखाई देता है। हमें अपनी प्राथमिक और उच्च शिक्षा के पाठ्यक्रम में 'मीडिया साक्षरता' को एक अनिवार्य अंग बनाना होगा, जहाँ विद्यार्थियों को सूचना के प्रसंस्करण, विनिर्माण और प्रभाव का वैज्ञानिक विश्लेषण करना सिखाया जाए। यह केवल छात्रों तक सीमित नहीं होना चाहिए, बल्कि वयस्क शिक्षा कार्यक्रमों और सामुदायिक चर्चाओं के माध्यम से इसे समाज के हर वर्ग, विशेषकर डिजिटल रूप से नए उपयोगकर्ताओं और बुजुर्गों तक पहुँचाना होगा। जब तक आलोचनात्मक सोच एक सामाजिक स्वभाव नहीं बनेगी, तब तक तकनीकी समाधान केवल सतही सिद्ध होंगे।

लोक प्रशासन और लोक नीति के क्षेत्र में, आलोचनात्मक सोच का प्रसार संस्थानों के प्रति बढ़ते अविश्वास को कम करने का मार्ग प्रशस्त करता है। एक प्रबुद्ध नागरिक जब आधिकारिक सूचनाओं और भ्रामक अफवाहों के बीच अंतर करना सीख जाता है, तो वह शासन की नीतियों का अधिक सार्थक मूल्यांकन कर पाता है। यह संस्थागत पारदर्शिता और नागरिक जवाबदेही के मध्य एक स्वस्थ संतुलन स्थापित करता है। भारतीय समाज की जटिलता और डिजिटल असमानता को देखते हुए, यह अनिवार्य है कि सूचना के प्रति यह आलोचनात्मक दृष्टिकोण भाषाई सीमाओं को तोड़कर क्षेत्रीय भाषाओं में भी उपलब्ध हो। सूचना प्रौद्योगिकी का प्रभाव तभी सकारात्मक हो सकता है जब उसे नियंत्रित करने वाला मानवीय मस्तिष्क तार्किक रूप से स्वतंत्र और संवेगात्मक रूप से स्थिर हो।

आलोचनात्मक सोच का विकास 'व्हाट्सऐप विश्वविद्यालय' की भ्रामक लहरों के विरुद्ध एक ऐसा अभेद्य दुर्ग है, जो नागरिक की वैचारिक संप्रभुता की रक्षा करता है। यह प्रकरण स्पष्ट करता है कि समस्या केवल तकनीक की नहीं, बल्कि उस मानवीय विवेक की है जो तकनीक के प्रभाव में अपनी स्वायत्तता खो रहा है। समाजशास्त्र, राजनीति विज्ञान और माध्यम अध्ययन के विद्यार्थियों के लिए यह विश्लेषण एक आह्वान है कि वे सत्य की खोज को एक नैतिक साधना के रूप में स्वीकार करें। सत्य की पहचान के लिए किया गया यह मानसिक प्रशिक्षण ही आने वाले समय में लोकतंत्र की वास्तविक सुरक्षा सुनिश्चित करेगा। जब तक समाज के भीतर प्रश्न पूछने, संदर्भ जाँचने और भावनाओं के आवेग को रोकने की संस्कृति विकसित नहीं होगी, तब तक सत्य और झूठ का यह द्वंद्व समाज को विभाजित करता रहेगा।

विद्यालयों में मीडिया शिक्षा — भविष्य के नागरिकों का सूचनात्मक सुदृढ़ीकरण

सूचनात्मक अराजकता के इस युग में, जहाँ भ्रामक सामग्री सामाजिक स्थिरता के लिए एक गंभीर संरचनात्मक चुनौती बन चुकी है, वहाँ 'मीडिया शिक्षा' (मीडिया लिटरेसी एजुकेशन) का विद्यालयों के पाठ्यक्रम में समावेश एक अनिवार्य समाधान के रूप में उभरता है। समाजशास्त्र और शिक्षाशास्त्र के परिप्रेक्ष्य में, मीडिया शिक्षा केवल सूचना तक पहुँचने का तकनीकी कौशल नहीं है, बल्कि यह वह नागरिक प्रशिक्षण है जो आगामी पीढ़ियों को लोकतांत्रिक मूल्यों, तार्किक विमर्श और सूचना के प्रति एक उत्तरदायी दृष्टिकोण के साथ तैयार करता है। 'व्हाट्सऐप विश्वविद्यालय' के प्रभाव को कम करने के

लिए यह आवश्यक है कि हम शिक्षा के उस पारंपरिक ढांचे को परिवर्तित करें जो केवल सूचना के संग्रहण पर बल देता है। विद्यालय वह प्राथमिक स्थान हैं जहाँ भविष्य के नागरिकों की विश्वदृष्टि निर्मित होती है, और यहीं से सूचना साक्षरता (इन्फॉर्मेशन लिटरेसी) के बीजों को अंकुरित किया जा सकता है।

पाठ्यक्रम में सूचना साक्षरता का समावेश करने का अर्थ केवल कंप्यूटर आधारित ज्ञान देना नहीं है, बल्कि विद्यार्थियों को सूचना के विनिर्माण और उसके प्रसार की राजनीति से अवगत कराना है। प्राथमिक और माध्यमिक स्तर पर ही विद्यार्थियों को समाचार और अफवाह के बीच का सूक्ष्म परंतु मूलभूत अंतर सिखाना अनिवार्य है। समाचार जहाँ उत्तरदेही संस्थानों द्वारा तथ्यों के आधार पर तैयार किए जाते हैं, वहीं अफवाहें अक्सर बिना किसी प्रमाण के और विशेष उद्देश्यों की पूर्ति हेतु गढ़ी जाती हैं। डिजिटल सामग्री का विश्लेषण करना सीखने से विद्यार्थी यह रागझ सकेंगे कि एक ही सूचना को अलग-अलग दृष्टिकोणों से कैसे प्रस्तुत किया जा सकता है और उसका समाज पर क्या प्रभाव पड़ता है। यह शैक्षणिक प्रयास विद्यार्थियों के भीतर उस आलोचनात्मक विवेक को जन्म देगा जो उन्हें केवल एक 'सूचना उपभोक्ता' से ऊपर उठाकर एक 'सजग नागरिक' के रूप में स्थापित करेगा।

समूह चर्चा के माध्यम से विचार निर्माण की प्रक्रिया मीडिया शिक्षा का एक महत्वपूर्ण चिकित्सक आयाम है। विद्यालयों में ऐसी गतिविधियों को प्रोत्साहित किया जाना चाहिए जहाँ विद्यार्थी विभिन्न डिजिटल संदेशों पर सामूहिक रूप से विमर्श करें और उनके पीछे छिपे भावनात्मक आवेगों या पूर्वाग्रहों की पहचान करें। चित्र और वीडियो की सत्यता

जाँचने के तरीके सिखाना इस प्रशिक्षण का एक अनिवार्य तकनीकी पक्ष है। कृत्रिम बुद्धिमत्ता और संपादन द्वारा निर्मित विरूपित सामग्री के इस काल में, विद्यार्थियों को यह सिखाना आवश्यक है कि कैसे दृश्य प्रमाण अब पूर्ण सत्य के पर्याय नहीं रहे। उन्हें 'उल्टे चित्र खोज' (रिवर्स इमेज सर्च) और दृश्य विश्लेषण के सामान्य सिद्धांतों से परिचित कराया जाना चाहिए। यह प्रशिक्षण उन्हें डिजिटल छद्मों को पहचानने में सक्षम बनाएगा और उनकी इंद्रिय-बोध आधारित साक्ष्यों पर अत्यधिक निर्भरता को कम करेगा।

लोकतांत्रिक संवाद का प्रशिक्षण मीडिया शिक्षा का वह उच्चतर साध्य है जो समाज में ध्रुवीकरण को रोकने की क्षमता रखता है। लोकतंत्र केवल मतदान तक सीमित नहीं है, बल्कि यह एक निरंतर चलने वाला संवाद है। विद्यालयों में विद्यार्थियों को यह सिखाया जाना चाहिए कि वे विपरीत मतों के प्रति सहिष्णुता कैसे रखें और तथ्यों के अभाव में किसी भी निष्कर्ष पर पहुँचने से कैसे बचें। डिजिटल मंचों पर त्वरित प्रतिक्रिया के बजाय धैर्यपूर्वक सूचना का विश्लेषण करने की संस्कृति ही भविष्य की लोकतांत्रिक मर्यादा को सुरक्षित रख सकती है। यह प्रशिक्षण विद्यार्थियों को यह समझने में मदद करेगा कि सूचना प्रौद्योगिकी का प्रभाव सभी वर्गों पर समान नहीं पड़ता और इसके प्रसार में निहित आर्थिक एवं राजनीतिक हितों को पहचानना क्यों आवश्यक है।

शिक्षक प्रशिक्षण की आवश्यकता इस समाधान का एक ऐसा केंद्र बिंदु है जिसकी अनदेखी नहीं की जा सकती। मीडिया शिक्षा को प्रभावी ढंग से लागू करने के लिए शिक्षकों का स्वयं डिजिटल रूप से साक्षर और पूर्वाग्रहों से मुक्त होना अनिवार्य है। शिक्षक केवल ज्ञान के प्रदाता नहीं हैं, बल्कि वे विद्यार्थियों के लिए 'सूचनात्मक पथप्रदर्शक' की भूमिका

निभाते हैं। यदि शिक्षक स्वयं व्हाट्सऐप विश्वविद्यालय के भ्रामक संदेशों से प्रभावित होंगे, तो वे विद्यार्थियों में आलोचनात्मक सोच विकसित करने में विफल रहेंगे। अतः, एक व्यापक शिक्षक प्रशिक्षण कार्यक्रम की आवश्यकता है जो उन्हें डिजिटल पारिस्थितिकी तंत्र की जटिलताओं और मनोवैज्ञानिक युक्तियों को समझने में सक्षम बनाए। यह प्रक्रिया केवल सरकारी निर्देशों तक सीमित न रहकर एक निरंतर चलने वाले व्यावसायिक विकास का हिस्सा होनी चाहिए।

भारतीय सामाजिक संरचना की जटिलता, विशेषकर ग्रामीण और शहरी विद्यालयों के बीच संसाधन अंतर, मीडिया शिक्षा के मार्ग में एक बड़ी बाधा है। शहरी क्षेत्रों के निजी विद्यालयों में जहाँ अत्याधुनिक तकनीक और विशेषज्ञ उपलब्ध हैं, वहीं ग्रामीण अंचलों के सरकारी विद्यालय बुनियादी संसाधनों के लिए भी संघर्ष कर रहे हैं। डिजिटल असमानता का यह स्वरूप यह सुनिश्चित करता है कि सूचना प्रौद्योगिकी का लाभ और उससे बचाव की क्षमता सभी वर्गों तक समान रूप से नहीं पहुँचती। लोक प्रशासन और शिक्षा विभाग के लिए यह एक बड़ी चुनौती है कि वे कैसे इस दूरी को कम करें। ग्रामीण विद्यालयों के लिए भाषाई विविधता को ध्यान में रखते हुए स्थानीय संदर्भों में मीडिया शिक्षा का ढांचा तैयार करना होगा, ताकि वहां के विद्यार्थी अपनी सांस्कृतिक जड़ों से जुड़े रहते हुए भी डिजिटल छल से सुरक्षित रह सकें।

मनोवैज्ञानिक विश्लेषण यह दर्शाता है कि बाल्यावस्था और किशोरावस्था में सीखे गए मूल्य जीवन भर व्यक्ति के व्यवहार को निर्देशित करते हैं। यदि इसी अवस्था में विद्यार्थियों को 'पूर्वधारणा

पुष्टिकरण' और 'समूह पहचान' जैसी मनोवैज्ञानिक प्रवृत्तियों के प्रति सचेत कर दिया जाए, तो वे भविष्य में संगठित दुष्प्रचार के शिकार होने से बच सकते हैं। शिक्षा प्रणाली को केवल 'क्या सोचना है' के स्थान पर 'कैसे सोचना है' पर ध्यान केंद्रित करना होगा। यह परिवर्तन नागरिक की जिम्मेदारी के बोध को बढ़ाएगा, जहाँ प्रत्येक व्यक्ति यह समझेगा कि अपुष्ट सूचना साझा करना एक सामाजिक अपराध के समान है। यह ज्ञानमीमांसीय परिवर्तन ही भारतीय लोकतंत्र को सूचना-अराजकता के इस दौर में स्थिरता प्रदान कर सकता है।

विद्यालयों में मीडिया शिक्षा का प्रसार केवल एक शैक्षणिक सुधार नहीं, बल्कि एक सामाजिक क्रांति की आधारशिला है। यह प्रकरण यह स्पष्ट करता है कि डिजिटल साक्षरता केवल तकनीकी कौशल नहीं, बल्कि एक उन्नत नागरिक प्रशिक्षण है जो समाज के बौद्धिक स्वास्थ्य की रक्षा करता है। समाजशास्त्र, राजनीति विज्ञान और लोक प्रशासन के विद्यार्थियों के लिए यह विश्लेषण एक दिशा-निर्देश है कि वे शिक्षा को केवल रोजगार का साधन न मानकर उसे 'सत्य के प्रति आग्रह' और 'लोकतांत्रिक संवाद' के माध्यम के रूप में देखें। जब तक हमारे विद्यालयों से निकलने वाले युवा सूचना के विश्लेषण में सक्षम नहीं होंगे, तब तक व्हाट्सऐप विश्वविद्यालय जैसे भ्रामक संस्थान हमारी सामूहिक चेतना को नियंत्रित करते रहेंगे। भविष्य की सूचनात्मक सुरक्षा हमारे कक्षाओं के भीतर ली गई तार्किक शपथों पर टिकी है।

तथ्य जाँच की आदत — एक व्यक्तिगत और नागरिक दायित्व

सूचना प्रौद्योगिकी के लोकतांत्रिक प्रसार ने जहाँ प्रत्येक व्यक्ति को एक प्रकाशक की शक्ति प्रदान की है, वहीं इसने 'सत्य' के प्रमाणीकरण के पारंपरिक ढांचे को भी अत्यंत दुर्बल कर दिया है। समाजशास्त्र और माध्यम अध्ययन के परिप्रेक्ष्य में, 'तथ्य जाँच' (फैक्ट-चेकिंग) अब केवल व्यावसायिक पत्रकारों या विशिष्ट संस्थाओं का तकनीकी उत्तरदायित्व नहीं रह गई है, बल्कि यह डिजिटल युग में एक अनिवार्य 'नागरिक धर्म' के रूप में उभरी है। सूचनात्मक अराजकता के इस दौर में, किसी भी संदेश को ग्रहण करने और उसे प्रसारित करने से पूर्व उसकी सत्यता की व्यक्तिगत स्तर पर पुष्टि करना सामाजिक व्यवस्था और शांति बनाए रखने के लिए एक मूलभूत आवश्यकता है। तथ्य जाँच की आदत का अर्थ केवल किसी सूचना को 'सही या गलत' के खांचे में बांटना नहीं है, बल्कि यह सूचना के प्रति एक 'सभ्य संशयवाद' (सभ्य स्केप्टिसिज्म) विकसित करने की प्रक्रिया है, जो नागरिक को संगठित दुष्प्रचार के विरुद्ध एक सचेत रक्षा कवच प्रदान करती है।

तथ्य जाँच की इस व्यक्तिगत प्रक्रिया का प्रस्थान बिंदु किसी भी संदेश को आगे भेजने (फॉरवर्ड करने) से पहले उसके मूल स्रोत की पहचान करना है। व्हाट्सएप विश्वविद्यालय जैसे मंचों पर सूचना का प्रवाह अक्सर अनाम और अस्पष्ट होता है, जहाँ "किसी मित्र से प्राप्त" या "अज्ञात सूत्र" को ही वैधता का आधार मान लिया जाता है। एक उत्तरदायी नागरिक के लिए यह अनिवार्य है कि वह स्वयं से प्रश्न करे कि यह सूचना किस व्यक्ति या संस्थान द्वारा सृजित की गई है। इसके साथ ही, तिथि और संदर्भ की जाँच करना इस प्रक्रिया का दूसरा महत्वपूर्ण चरण है। भ्रामक सूचनाओं के निर्माता अक्सर पुरानी घटनाओं के चित्रों या समाचारों को वर्तमान संदर्भ में प्रस्तुत करके भ्रम की स्थिति

उत्पन्न करते हैं। किसी भी उत्तेजक सामग्री को देखते समय उसकी समसामयिकता और उसके वास्तविक भौगोलिक तथा सामाजिक परिवेश की पुष्टि करना आवश्यक है, ताकि 'संदर्भ विलोपन' (डी-कॉन्टेक्स्टुअलाइजेशन) जैसी युक्तियों से बचा जा सके।

विश्वसनीय और मुख्यधारा के समाचार माध्यमों से मिलान करना तथ्य जाँच की एक प्रभावी विधा है। यद्यपि पारंपरिक मीडिया की साख पर वर्तमान में कई प्रश्नचिह्न लगे हैं, फिर भी स्थापित संस्थानों के पास सूचना के सत्यापन के लिए एक संपादकीय संरचना और विधिक उत्तरदायित्व होता है। यदि कोई 'बड़ी खबर' केवल व्हाट्सएप समूहों में घूम रही है और किसी भी प्रतिष्ठित समाचार पत्र या आधिकारिक चैनल पर उपलब्ध नहीं है, तो उसकी सत्यता संदिग्ध माननी चाहिए। इसके अतिरिक्त, छवि खोज उपकरणों (रिवर्स इमेज सर्च) का सामान्य उपयोग सीखना भी व्यक्तिगत साक्षरता का हिस्सा है। यद्यपि यह तकनीकी प्रक्रिया जटिल लग सकती है, परंतु इसके मूल सिद्धांत को समझना सरल है—किसी चित्र को इंटरनेट पर खोजकर यह देखना कि वह अतीत में कहाँ और किस संदर्भ में उपयोग किया गया था। यह सरल तकनीकी अभ्यास भ्रामक दृश्यों और विरूपित छवियों के प्रसार को रोकने में मील का पत्थर सिद्ध हो सकता है।

आधिकारिक बयानों और साक्ष्यों को देखना नागरिक की उस 'प्रमाण आधारित सोच' को पुष्ट करता है जो लोक प्रशासन और शासन व्यवस्था के लिए अनिवार्य है। किसी भी सरकारी नीति, कानूनी संशोधन या सार्वजनिक घोषणा के संदर्भ में केवल प्रसारित संदेशों पर निर्भर रहने के बजाय संबंधित विभागों की आधिकारिक वेबसाइटों या उनके प्रमाणित सोशल मीडिया खातों की जाँच करना सर्वोत्तम है। यह आदत

संस्थागत अविश्वास को कम करती है और नागरिक को सीधे 'सत्य के स्रोत' से जोड़ती है। भावनात्मक अपील वाले संदेशों पर विशेष सावधानी बरतना तथ्य जाँच का एक चिकित्सक और मनोवैज्ञानिक पक्ष है। जब भी किसी संदेश में अत्यधिक क्रोध, संशय, भय या किसी समुदाय के प्रति घृणा का भाव प्रखर हो, तो उसे साझा करने की प्रवृत्ति पर तुरंत विराम लगाना चाहिए। भावनाएँ अक्सर तार्किक विश्लेषण के द्वार बंद कर देती हैं, और दुष्प्रचार तंत्र इसी मनोवैज्ञानिक सुभेद्यता का लाभ उठाकर सूचना का 'आयुधकरण' (वेपनाइजेशन) करते हैं।

"अग्रेषित कई बार" (फॉरवर्डेड मेनी टाइम्स) के लेबल को सत्य का पर्याय न मानना आधुनिक डिजिटल संस्कृति का एक आवश्यक सुधार है। तकनीकी मंचों ने भ्रामक सूचनाओं की गति को धीमा करने के लिए ऐसे संकेतक विकसित किए हैं, परंतु कई बार उपयोगकर्ता इसे 'सूचना की लोकप्रियता' या 'सामूहिक सहमति' के रूप में देख लेते हैं। यहाँ समाजशास्त्र का 'समूह पहचान' और 'पुनरावृत्ति प्रभाव' (इल्यूजरी ट्रुथ इफेक्ट) कार्य करता है, जहाँ बार-बार देखी गई बात सच लगने लगती है। तथ्य जाँच की आदत व्यक्ति को इस भ्रम से मुक्त करती है कि यदि कोई बात लाखों लोगों द्वारा साझा की जा रही है, तो वह अनिवार्य रूप से सत्य होगी। यह समझना आवश्यक है कि डिजिटल गति और लोकप्रियता कभी भी सत्यता का विकल्प नहीं हो सकते। यह व्यक्तिगत विवेक ही है जो इस सूचनात्मक शोर के बीच सत्य की सूक्ष्म ध्वनि को पहचान सकता है।

भारतीय समाज की जटिल संरचना और डिजिटल असमानता के आलोक में, तथ्य जाँच की यह आदत ग्रामीण और शहरी क्षेत्रों के मध्य

सूचनात्मक दूरी को कम करने का कार्य करती है। शहरी और शिक्षित वर्ग के पास जहाँ सत्यापन के अधिक साधन उपलब्ध हैं, वहीं ग्रामीण अंचलों में यह जिम्मेदारी सामुदायिक नेतृत्व और शिक्षित युवाओं पर अधिक बढ़ जाती है। शिक्षा में असमानता और भाषाई विविधता के कारण भ्रामक सूचनाओं का प्रभाव अलग-अलग वर्गों पर भिन्न होता है। अतः, तथ्य जाँच को एक 'विशिष्ट कौशल' के बजाय एक 'सामान्य व्यवहार' के रूप में प्रचारित करना होगा। लोक प्रशासन के विद्यार्थियों के लिए यह अध्ययन का विषय है कि कैसे नागरिक स्तर पर बढ़ी हुई यह सतर्कता प्रशासन के ऊपर से अफवाहों के प्रबंधन का दबाव कम कर सकती है और कानून व्यवस्था को सुदृढ़ कर सकती है।

मनोवैज्ञानिक रूप से, तथ्य जाँच की आदत 'संज्ञानात्मक आलस्य' (कॉग्निटिव लेजीनेस) के विरुद्ध एक सतत संघर्ष है। हमारा मस्तिष्क स्वाभाविक रूप से उन सूचनाओं को प्राथमिकता देता है जो हमारे पूर्वग्रहों और 'पुष्टि पूर्वाग्रह' (कंफर्मेशन बायस) को पुष्ट करती हों। तथ्य जाँच की प्रक्रिया व्यक्ति को अपनी ही मान्यताओं को चुनौती देने और विपरीत तथ्यों को स्वीकार करने के लिए तैयार करती है। यह वैचारिक खुलापन ही लोकतंत्र की आत्मा है। भविष्य में जब कृत्रिम बुद्धिमत्ता और डीपफेक जैसी तकनीकें दृश्य और ध्वनि साक्ष्यों को भी संदेहास्पद बना देंगी, तब व्यक्ति की 'तार्किक संप्रभुता' और उसकी 'सत्यापन की आदत' ही सत्य की रक्षा का एकमात्र विकल्प बचेगी। तकनीक को दोष देने के बजाय तकनीकी उपकरणों का उपयोग सत्य की खोज में करना ही नागरिक जिम्मेदारी का वास्तविक अर्थ है।

तथ्य जाँच की आदत नागरिक सशक्तिकरण का वह उपकरण है जो 'व्हाट्सऐप विश्वविद्यालय' के भ्रामक विमर्शों को जमीनी हकीकत के

साथ टकराकर निष्क्रिय कर देता है। यह प्रकरण यह स्पष्ट करता है कि सत्य को पहचानना अब केवल एक बौद्धिक विलासिता नहीं, बल्कि समाज के प्रति एक नैतिक ऋण है। समाजशास्त्र, राजनीति विज्ञान और लोक प्रशासन के विद्यार्थियों के लिए यह विश्लेषण एक संदेश है कि सूचना के इस युद्ध में वे स्वयं को केवल तटस्थ दर्शक न समझें, बल्कि एक 'सूचनात्मक प्रहरी' के रूप में अपनी भूमिका को स्वीकार करें। जब प्रत्येक नागरिक किसी संदेश को साझा करने से पूर्व क्षण भर ठहरकर उसकी सत्यता का परीक्षण करना शुरू कर देगा, तभी हम इस डिजिटल अंधकार से बाहर निकलकर एक विवेकपूर्ण और समरस समाज की स्थापना कर पाएंगे। सत्य की रक्षा की शुरुआत प्रत्येक मोबाइल की स्क्रीन से होती है।

कानून और मंचों की जवाबदेही — विधिक नियमन और तकनीकी उत्तरदायित्व का संतुलन

डिजिटल युग में सूचना के अनियंत्रित प्रवाह ने जहाँ मानवीय संवाद को गति प्रदान की है, वहीं समाज में वैमनस्य और भ्रम फैलाने वाले तत्वों को भी एक अभेद्य मंच उपलब्ध कराया है। लोक प्रशासन और राजनीति विज्ञान के परिप्रेक्ष्य में, भ्रामक सूचनाओं के विरुद्ध विधिक ढांचा तैयार करना समकालीन शासन व्यवस्था की सबसे जटिल चुनौतियों में से एक है। 'कानून और मंचों की जवाबदेही' (लीगल एंड प्लेटफॉर्म एकाउंटेबिलिटी) का विषय केवल दंडात्मक प्रावधानों तक सीमित नहीं है, बल्कि यह उस व्यापक विमर्श से जुड़ा है जहाँ राज्य को अपने नागरिकों की 'अभिव्यक्ति की स्वतंत्रता' और 'सामाजिक सुरक्षा' के मध्य एक अत्यंत सूक्ष्म संतुलन स्थापित करना होता है। भारतीय

सामाजिक-राजनीतिक वातावरण में, जहाँ डिजिटल मंचों का उपयोग चुनावी विमर्श और सामुदायिक विनिमय के लिए व्यापक स्तर पर किया जा रहा है, वहां इन मंचों की उत्तरदेहिता सुनिश्चित करना लोकतांत्रिक स्थिरता के लिए अनिवार्य हो गया है। यह विधिक हस्तक्षेप न केवल भ्रामक सूचनाओं के स्रोत को लक्षित करता है, बल्कि यह उन तकनीकी कंपनियों को भी उत्तरदायी बनाता है जो इस सूचना तंत्र का प्रबंधन करती हैं।

अभिव्यक्ति की स्वतंत्रता और नियंत्रण का संतुलन इस विधिक विमर्श का केंद्र बिंदु है। भारतीय संविधान के अनुच्छेद 19(1)(ए) के अंतर्गत प्रत्येक नागरिक को अपनी बात कहने का अधिकार प्राप्त है, परंतु अनुच्छेद 19(2) के तहत राज्य को सार्वजनिक व्यवस्था, नैतिकता और राष्ट्र की संप्रभुता के आधार पर उचित प्रतिबंध लगाने की शक्ति भी दी गई है। झूठी खबरों के विरुद्ध कानूनी प्रावधानों को इसी संवैधानिक ढांचे के भीतर विकसित किया जाना चाहिए। वर्तमान में, भारतीय दंड संहिता और सूचना प्रौद्योगिकी अधिनियम के विभिन्न प्रावधानों के माध्यम से घृणास्पद भाषण और भ्रामक प्रचार को नियंत्रित करने का प्रयास किया जाता है। परंतु, डिजिटल माध्यमों की तात्कालिकता और सीमाहीन प्रकृति के कारण ये पारंपरिक कानून अक्सर पर्याप्त सिद्ध नहीं होते। चुनौती यह है कि कानून इतना कठोर न हो कि वह असहमति की लोकतांत्रिक आवाज़ों को कुचलने का साधन बन जाए, और न ही इतना लचीला हो कि भ्रामक सूचनाएँ धरातल पर हिंसा और अराजकता का कारण बनती रहें।

मंचों की पारदर्शिता और संदेश अग्रेषण सीमा (फॉरवर्डिंग लिमिट) जैसे उपाय तकनीकी उत्तरदायित्व के वे साधन हैं जो सूचना की गति को

नियंत्रित करने में सहायक होते हैं। सूचना प्रौद्योगिकी कंपनियों को 'मध्यस्थ' (इंटरमीडियरी) के रूप में अपनी भूमिका का निर्वहन करते हुए यह सुनिश्चित करना चाहिए कि उनके मंचों का उपयोग संगठित दुष्प्रचार के लिए न किया जाए। व्हाट्सएप जैसे मंचों ने संदेशों को अग्रेषित करने की सीमा तय करके और 'अग्रेषित' का लेबल लगाकर सूचना की गति को धीमा करने का प्रयास किया है, परंतु ये उपाय तब तक प्रभावी नहीं हो सकते जब तक कि इन मंचों के भीतर एक सशक्त 'शिकायत निवारण तंत्र' (ग्रिएवेंस रिड्रेसल मैकेनिज्म) सक्रिय न हो। प्रत्येक डिजिटल मंच के लिए यह अनिवार्य होना चाहिए कि वह स्थानीय कानूनों के प्रति जवाबदेह हो और भ्रामक सूचनाओं की रिपोर्ट प्राप्त होने पर त्वरित विधिक कार्रवाई सुनिश्चित करे। यहाँ मंच की तटस्थता का प्रश्न उठता है—क्या एक कंपनी को सूचना की सामग्री का न्यायाधीश होना चाहिए? इस द्वंद्व का समाधान केवल स्पष्ट विधिक दिशा-निर्देशों और न्यायिक निरीक्षण से ही संभव है।

गोपनीयता और निगरानी के बीच संतुलन इस विमर्श का सबसे संवेदनशील तकनीकी पक्ष है। व्हाट्सएप जैसे मंचों की 'अंत से अंत तक सुरक्षित संदेश प्रणाली' (एंड-टू-एंड एन्क्रिप्शन) जहाँ नागरिक की निजता को सुरक्षित करती है, वहीं वह भ्रामक सूचनाओं के मूल प्रेषक (ओरिजिनेटर) की पहचान करने में प्रशासनिक बाधा भी उत्पन्न करती है। लोक प्रशासन के दृष्टिकोण से, गंभीर अपराधों या राष्ट्रीय सुरक्षा के मामलों में सूचना के स्रोत का पता लगाना अनिवार्य हो जाता है, परंतु यह माँग निजता के अधिकार के विरुद्ध मानी जाती है। समाधान यहाँ 'सीमित और न्यायपालिका द्वारा समर्थित पहुँच' में निहित हो सकता है, जहाँ निजता के मूल ढांचे को नष्ट किए बिना केवल गंभीर परिस्थितियों

में ही सूचना के उद्गम की पहचान की अनुमति दी जाए। यह संतुलन ही तकनीक और कानून के मध्य विश्वास को पुनः स्थापित कर सकता है, जिससे नागरिक को यह बोध हो कि उसकी निजता सुरक्षित है परंतु उसका दुरुपयोग दंडनीय है।

गलत उपयोग रोकने के तकनीकी प्रयासों के साथ-साथ 'कानून के दुरुपयोग की संभावना' पर भी गंभीरता से विचार किया जाना चाहिए। अक्सर यह देखा गया है कि झूठी खबरों को रोकने के लिए बनाए गए कानूनों का उपयोग सत्ता संरचनाओं द्वारा राजनीतिक विरोधियों या आलोचनात्मक पत्रकारों को दबाने के लिए किया जाता है। यदि कानून की परिभाषाएँ अस्पष्ट और व्यापक होंगी, तो वे प्रशासनिक अतिरेक का कारण बन सकती हैं। उदाहरण के तौर पर, 'भ्रामक सूचना' की परिभाषा इतनी स्पष्ट होनी चाहिए कि वह 'सद्भावनापूर्ण आलोचना' या 'व्यंग्य' के साथ न घुल-मिल जाए। अति नियंत्रण न केवल नागरिक की रचनात्मकता को प्रभावित करता है, बल्कि वह समाज में एक 'भय की संस्कृति' उत्पन्न करता है, जो लोकतंत्र के लिए दुष्प्रचार से भी अधिक घातक हो सकता है। अतः, विधिक नियमन में 'न्यायिक समीक्षा' और 'पारदर्शिता' के तत्व अनिवार्य रूप से समाहित होने चाहिए ताकि कानून स्वयं दमन का औजार न बन जाए।

भारतीय समाज की जटिल संरचना, डिजिटल असमानता और भाषाई विविधता विधिक नियमन के क्रियान्वयन को और अधिक चुनौतीपूर्ण बनाती है। क्षेत्रीय भाषाओं में प्रवाहित होने वाले दुष्प्रचार की निगरानी करना वर्तमान प्रशासनिक तंत्र के लिए अत्यंत कठिन है। सूचना प्रौद्योगिकी का प्रभाव सभी वर्गों पर समान नहीं पड़ता, इसलिए कानून को हाशिए के समुदायों और कम शिक्षित वर्गों की सुरक्षा को प्राथमिकता

देनी चाहिए। लोक प्रशासन के विद्यार्थियों के लिए यह अध्ययन का विषय है कि कैसे विधिक साक्षरता और सामुदायिक पुलिसिंग के माध्यम से डिजिटल अफवाहों के विरुद्ध एक जमीनी सुरक्षा तंत्र विकसित किया जा सकता है। संस्थाओं के प्रति बढ़ते अविश्वास को कम करने के लिए यह आवश्यक है कि कानून का क्रियान्वयन पक्षपातपूर्ण न हो और वह समाज के प्रत्येक वर्ग में न्याय की भावना जाग्रत करे।

मनोवैज्ञानिक आयाम से देखें तो, केवल विधिक दंड का भय पर्याप्त नहीं है। दुष्प्रचार तंत्र अक्सर 'भय-आधारित संदेशों' और 'समूह पहचान' की भावनाओं का लाभ उठाकर लोगों को कानून तोड़ने के लिए उकसाता है। बार-बार दोहराई गई भ्रामक सूचनाएँ नागरिक को यह विश्वास दिलाती हैं कि वह किसी 'महान उद्देश्य' के लिए कानून की अवज्ञा कर रहा है। ऐसे में, कानून के साथ-साथ 'सामाजिक नैतिकता' और 'डिजिटल नागरिकता' के मूल्यों को बढ़ावा देना अनिवार्य है। भविष्य में कृत्रिम बुद्धिमत्ता और डीपफेक जैसी चुनौतियों के लिए हमें ऐसे नवीन कानूनों की आवश्यकता होगी जो केवल मनुष्य को ही नहीं, बल्कि उन 'एल्गोरिदम' को भी जवाबदेह बना सकें जो इन सूचनाओं का सृजन और प्रसार करते हैं। यह तकनीकी अंध-गौरव के विरुद्ध एक यथार्थवादी और नैतिक विधिक संघर्ष है।

कानून और मंचों की जवाबदेही का प्रश्न 'व्हाट्सऐप विश्वविद्यालय' की समस्या का एक अनिवार्य परंतु संतुलित समाधान है। यह प्रकरण यह स्पष्ट करता है कि अति नियंत्रण और पूर्ण स्वतंत्रता दोनों ही लोकतांत्रिक स्थिरता के लिए खतरनाक हो सकते हैं। समाजशास्त्र, राजनीति विज्ञान और लोक प्रशासन के विद्यार्थियों के लिए यह

विश्लेषण एक संदेश है कि भविष्य की सूचनात्मक सुरक्षा एक 'सहयोगी नियमन' (को-रेगुलेशन) मॉडल पर टिकी होगी, जहाँ राज्य, तकनीकी कंपनियाँ और नागरिक समाज मिलकर सत्य की रक्षा करेंगे। सत्य की पहचान के लिए विधिक ढांचे की मजबूती उतनी ही आवश्यक है जितनी कि नागरिक का अपना विवेक। जब तक हम तकनीक को विधिक मर्यादा और नैतिक उत्तरदायित्व के साथ नहीं जोड़ेंगे, तब तक डिजिटल मंच हमारे सामाजिक सद्भाव को खंडित करने का साधन बने रहेंगे। न्याय और सत्य का समन्वय ही इस सूचना-अराजकता का वास्तविक प्रतिकार है।

संदेश भेजने से पहले सत्यापन — सूचनात्मक नैतिकता और व्यवहारिक परिवर्तन

सूचना क्रांति के इस दौर में डिजिटल संवाद की गति ने मानवीय विवेक के समक्ष एक अभूतपूर्व चुनौती प्रस्तुत की है। समाजशास्त्र और माध्यम अध्ययन के शोधार्थियों के लिए यह समझना अनिवार्य है कि भ्रामक सूचनाओं के विरुद्ध सबसे प्रभावी रक्षा तंत्र तकनीकी नियमन या कानूनी प्रतिबंध नहीं, बल्कि व्यक्तिगत स्तर पर 'सूचनात्मक नैतिकता' का विकास है। 'संदेश भेजने से पहले सत्यापन' (वेरिफिकेशन बिफोर शेयरिंग) का विचार केवल एक तकनीकी निर्देश नहीं है, बल्कि यह एक गहरा व्यवहारिक और मनोवैज्ञानिक परिवर्तन है, जो डिजिटल नागरिकता के मूल स्वरूप को पुनर्परिभाषित करता है। जब सूचना का प्रसार एक उंगली के स्पर्श मात्र से संभव हो, तो प्रेषक की नैतिक जिम्मेदारी कई गुना बढ़ जाती है। यह व्यवहारिक परिवर्तन उस 'तात्कालिकता की संस्कृति' को चुनौती देता है जिसने सत्य की

वस्तुनिष्ठता को 'साझा करने के आवेग' के अधीन कर दिया है। डिजिटल संस्कृति का वास्तविक रूपांतरण इसी व्यक्तिगत उत्तरदायित्व से प्रारंभ होता है, जहाँ प्रत्येक नागरिक स्वयं को सूचना के एक उत्तरदायी द्वारपाल के रूप में देखने लगता है।

ठहरकर सोचने की आदत इस व्यवहारिक परिवर्तन की आधारशिला है। मनोवैज्ञानिक रूप से, डिजिटल मंचों का अभिकल्प (डिजाइन) उपयोगकर्ता को त्वरित प्रतिक्रिया के लिए प्रोत्साहित करता है, जिससे मस्तिष्क का तार्किक हिस्सा शिथिल पड़ जाता है और संवेगात्मक हिस्सा सक्रिय हो जाता है। "तुरंत साझा करें" या "इतना फैलाएं कि सब तक पहुँच जाए" जैसे संदेशों के प्रति विशेष सावधानी बरतना आवश्यक है, क्योंकि ये संदेश अक्सर तार्किक विश्लेषण को बाधित करने के लिए ही गढ़े जाते हैं। जब कोई नागरिक किसी उत्तेजक सूचना को साझा करने से पूर्व क्षण भर के लिए ठहरता है, तो वह वास्तव में उस 'संज्ञानात्मक आलस्य' को भंग करता है जो भ्रामक सूचनाओं का प्राथमिक ईन्धन है। यह ठहराव व्यक्ति को सूचना के स्रोत, उसके उद्देश्य और समाज पर पड़ने वाले उसके संभावित प्रभाव का मूल्यांकन करने का अवसर प्रदान करता है। यह एक सचेत अभ्यास है जो धीरे-धीरे एक 'सूचनात्मक संस्कार' में परिवर्तित हो जाता है, जिससे डिजिटल विमर्श में गंभीरता और प्रामाणिकता का समावेश होता है।

पारिवारिक समूहों में जिम्मेदार संवाद की संस्कृति विकसित करना सामाजिक समरसता की दृष्टि से अत्यंत महत्वपूर्ण है। भारतीय सामाजिक संरचना में परिवार वह प्राथमिक केंद्र है जहाँ सूचना न केवल प्राप्त की जाती है, बल्कि उसे भावनात्मक वैधता भी प्रदान की जाती है।

अक्सर पारिवारिक समूहों में भ्रामक सामग्री 'शुभकामनाओं' या 'सांस्कृतिक गौरव' के आवरण में प्रवाहित होती है। ऐसे में, समूह के सदस्यों के बीच एक ऐसी शिष्ट शैली का होना अनिवार्य है जहाँ असहमति को अनादर न माना जाए। यदि कोई सदस्य भ्रामक सूचना साझा करता है, तो अन्य सदस्यों द्वारा प्रमाण के साथ उसका विनम्र खंडन करना एक स्वस्थ डिजिटल वातावरण का निर्माण करता है। यह व्यवहारिक सुधार परिवारों के भीतर बढ़ते वैचारिक ध्रुवीकरण को रोकने में सहायक सिद्ध होता है। निजी समूहों में तथ्य-आधारित चर्चा को बढ़ावा देने से न केवल अफवाहों का प्रसार रुकता है, बल्कि यह परिवार के बुजुर्गों और बच्चों के बीच एक 'सूचनात्मक सेतु' का कार्य करता है, जहाँ अनुभव और आधुनिक तकनीकी बोध का सामंजस्य स्थापित होता है।

गलत संदेश मिलने पर सुधार करना (करेक्शन) और अपनी त्रुटि स्वीकार करना एक उच्च स्तरीय नागरिक गरिमा का परिचय है। डिजिटल विमर्श में अक्सर 'अहंकार' और 'समूह पहचान' के कारण लोग गलत सिद्ध होने पर भी अपने पक्ष पर अड़े रहते हैं। इसके विपरीत, यदि किसी नागरिक को यह ज्ञात हो जाए कि उसके द्वारा साझा की गई सूचना असत्य थी, तो उसे तुरंत उसी समूह में सुधार और स्पष्टीकरण प्रस्तुत करना चाहिए। यह क्रिया न केवल भ्रम को फैलने से रोकती है, बल्कि दूसरों के लिए एक अनुकरणीय मानक भी स्थापित करती है। भावनात्मक उकसावे से बचना इस प्रक्रिया का सबसे चुनौतीपूर्ण आयाम है। भ्रामक सूचनाएँ अक्सर क्रोध, भय या अगाध श्रद्धा जैसे संवेगों का उपयोग करती हैं। इन आवेगों को पहचानना और उनके प्रभाव में आकर कोई भी डिजिटल क्रिया न करना एक परिपक्व नागरिक का लक्षण है।

यह समझना आवश्यक है कि सूचना का उद्देश्य उत्तेजित करना नहीं, बल्कि सूचित करना होना चाहिए।

भारतीय समाज की जटिल संरचना और डिजिटल असमानता के आलोक में, व्यक्तिगत स्तर पर किया गया यह व्यवहारिक परिवर्तन भाषाई और क्षेत्रीय सीमाओं को पार करने की क्षमता रखता है। ग्रामीण अंचलों में, जहाँ सूचना के स्रोत सीमित हैं और समूह पहचान का प्रभाव अधिक गहरा है, वहां एक भी जागरूक व्यक्ति पूरे समुदाय के लिए 'सूचनात्मक रक्षक' की भूमिका निभा सकता है। शिक्षा में असमानता के कारण जो वर्ग तकनीकी सत्यापन में सक्षम नहीं है, वह अपने आचरण में केवल 'ठहराव' लाकर भी दुष्प्रचार की श्रृंखला को तोड़ सकता है। लोक प्रशासन और शासन व्यवस्था के लिए नागरिकों का यह व्यवहारिक परिवर्तन एक बड़ी राहत है, क्योंकि इससे अफवाहों के कारण उत्पन्न होने वाले कानून-व्यवस्था के संकटों में स्वतः ही कमी आती है। यह नागरिक भागीदारी का वह स्वरूप है जो लोकतंत्र को आंतरिक रूप से सुदृढ़ करता है, जहाँ प्रत्येक व्यक्ति सत्य की रक्षा का एक सक्रिय प्रहरी बन जाता है।

मनोवैज्ञानिक आयामों का गंभीर विश्लेषण यह दर्शाता है कि 'पूर्वधारणा पुष्टिकरण' और 'समूह निष्ठा' जैसी प्रवृत्तियाँ हमें अनजाने में झूठ का संवाहक बना देती हैं। संदेश भेजने से पहले सत्यापन की आदत व्यक्ति को इन अवचेतन प्रभावों से मुक्त करने का अभ्यास है। यह अभ्यास उसे सिखाता है कि सत्य उसकी व्यक्तिगत पसंद या सामूहिक गौरव से अधिक महत्वपूर्ण है। भविष्य में जब कृत्रिम बुद्धिमत्ता और डीपफेक जैसी तकनीकें यथार्थ को और अधिक संदेहास्पद बना देंगी, तब व्यक्ति की

यही 'व्यवहारिक सावधानी' ही समाज को पूर्ण अराजकता से बचाएगी। तकनीक और कानून अपनी सीमाओं में रहकर कार्य करते हैं, परंतु मानवीय विवेक की कोई सीमा नहीं होती। इसलिए, डिजिटल संस्कृति का परिवर्तन व्यक्तिगत स्तर से शुरू होना ही इस संकट का एकमात्र स्थायी और शोधपरक समाधान है।

संदेश भेजने से पहले सत्यापन की यह व्यक्तिगत जिम्मेदारी 'व्हाट्सऐप विश्वविद्यालय' के भ्रामक साम्राज्य को चुनौती देने का सबसे सशक्त माध्यम है। यह प्रकरण यह स्पष्ट करता है कि डिजिटल युग में 'मौन' और 'ठहराव' भी सक्रिय भागीदारी के उतने ही महत्वपूर्ण रूप हैं जितना कि 'प्रसार'। समाजशास्त्र, राजनीति विज्ञान और लोक प्रशासन के विद्यार्थियों के लिए यह विश्लेषण एक दिशा-निर्देश है कि वे सूचना प्रौद्योगिकी को केवल उपकरणों के संदर्भ में न देखें, बल्कि उसे मानवीय व्यवहार और नैतिकता के एक नवीन क्षेत्र के रूप में समझें। सत्य की रक्षा अब केवल संस्थानों का कार्य नहीं है, बल्कि यह हर उस व्यक्ति का उत्तरदायित्व है जिसके हाथ में स्मार्टफोन है। जब हम अपनी उंगलियों की गति को अपने विवेक के नियंत्रण में ले आएंगे, तभी हम एक वास्तव में सूचित और समरस समाज की स्थापना कर पाएंगे।

नागरिक की भूमिका — डिजिटल लोकतंत्र में नैतिक उत्तरदायित्व

सूचना प्रौद्योगिकी के इस युग में, जहाँ संचार के साधन अभूतपूर्व रूप से सुलभ हुए हैं, वहाँ 'डिजिटल नागरिकता' (डिजिटल सिटीजनशिप) की अवधारणा लोकतांत्रिक स्थिरता के लिए एक अपरिहार्य नैतिक और सामाजिक केंद्र के रूप में उभरी है। समाजशास्त्र और राजनीति विज्ञान

के परिप्रेक्ष्य में, डिजिटल नागरिकता केवल इंटरनेट और संचार उपकरणों के उपयोग का अधिकार नहीं है, बल्कि यह उन कर्तव्यों और उत्तरदायित्वों का समुच्चय है जो एक व्यक्ति को आभासी जगत में एक मर्यादित और विवेकशील नागरिक के रूप में स्थापित करते हैं। 'व्हाट्सऐप विश्वविद्यालय' के माध्यम से प्रसारित होने वाली भ्रामक सूचनाओं के विरुद्ध सबसे सशक्त रक्षा तंत्र स्वयं नागरिक का आत्म-नियंत्रण और उसकी सामाजिक चेतना है। यह समझना अनिवार्य है कि एक नागरिक केवल सूचनाओं का निष्क्रिय उपभोक्ता या ग्राहक नहीं है, बल्कि वह लोकतंत्र का एक अत्यंत सक्रिय और प्रभावशाली घटक है, जिसकी प्रत्येक डिजिटल क्रिया समाज के वैचारिक ताने-बाने को निर्मित या खंडित करने की सामर्थ्य रखती है।

सूचना के प्रति जिम्मेदारी नागरिक की वह प्राथमिक प्रतिबद्धता है, जो किसी भी विधिक प्रावधान से अधिक प्रभावी होती है। डिजिटल मंचों पर सूचना का प्रवाह जिस तीव्रता से होता है, वह नागरिक से एक उच्च स्तरीय 'सूचनात्मक शुचिता' की अपेक्षा करता है। इसका अर्थ यह है कि नागरिक किसी भी संदेश को साझा करने से पूर्व स्वयं को उस सूचना के परिणामों के लिए उत्तरदायी माने। यह जिम्मेदारी केवल तथ्यों के सत्यापन तक सीमित नहीं है, बल्कि इसमें यह बोध भी सम्मिलित है कि सूचना का प्रसार किन उद्देश्यों के लिए किया जा रहा है। जब नागरिक यह समझने लगता है कि उसकी एक 'अग्रसारण' (फॉरवर्ड) की क्रिया किसी व्यक्ति की प्रतिष्ठा, किसी समुदाय की शांति या राष्ट्र की अखंडता को प्रभावित कर सकती है, तब वह डिजिटल संवाद में अधिक गंभीर और तर्कसंगत हो जाता है। यह उत्तरदायित्व बोध ही डिजिटल

लोकतंत्र को भीड़तंत्र (मोबक्रेसी) में बदलने से रोकता है और सूचना के लोकतंत्रीकरण को उसके वास्तविक अर्थों में सफल बनाता है।

सामाजिक समरसता की रक्षा करना नागरिक का वह संवैधानिक और नैतिक दायित्व है, जो डिजिटल युग में सर्वाधिक चुनौतीपूर्ण हो गया है। संगठित दुष्प्रचार अक्सर समुदायों के बीच अविश्वास और विद्वेष पैदा करने के लिए 'भय' और 'धार्मिक ध्रुवीकरण' का सहारा लेते हैं। ऐसे में, एक प्रबुद्ध नागरिक की भूमिका यह है कि वह ऐसे किसी भी नैरेटिव का हिस्सा न बने जो समाज की विविधतापूर्ण पहचान को संकट में डालता हो। सामाजिक समरसता केवल संघर्षों की अनुपस्थिति नहीं है, बल्कि यह एक सक्रिय प्रयास है जहाँ नागरिक उन सूचनाओं का प्रतिवाद करे जो नफरत फैलाती हैं। डिजिटल नागरिकता यहाँ एक रक्षक की भूमिका में आती है, जहाँ व्यक्ति समूह पहचान की संकीर्णता से ऊपर उठकर मानवता और राष्ट्रीय एकता के व्यापक हितों को प्राथमिकता देता है। यह भूमिका नागरिक को एक 'शांति दूत' के रूप में स्थापित करती है, जो डिजिटल अफवाहों के तूफ़ान के बीच सामाजिक धैर्य और सामंजस्य को बनाए रखता है।

लोकतांत्रिक संवाद में भागीदारी और विविध विचारों को सुनने की क्षमता एक स्वस्थ और विमर्शी लोकतंत्र की आधारशिला है। 'व्हाट्सऐप विश्वविद्यालय' के बंद समूहों (इको चैम्बर्स) ने नागरिकों को केवल अपनी ही मान्यताओं की गूँज सुनने का अभ्यस्त बना दिया है, जिससे असहमति के प्रति असहिष्णुता बढ़ी है। एक सक्रिय नागरिक वह है जो जानबूझकर अपने वैचारिक बुलबुले से बाहर निकलता है और विरोधी दृष्टिकोणों को सुनने एवं समझने का धैर्य प्रदर्शित करता है। लोकतांत्रिक संवाद का अर्थ केवल अपनी बात कहना नहीं, बल्कि तथ्यों

के आधार पर दूसरों के तर्कों का सम्मान करना भी है। जब नागरिक विविध सूचना स्रोतों से जुड़ता है, तो उसकी 'वैचारिक कठोरता' समाप्त होती है और वह जटिल सामाजिक समस्याओं के बहुआयामी समाधानों के प्रति अधिक संवेदनशील हो जाता है। यह संवादपरक नागरिकता ही समाज में उस 'साझा सत्य' को पुनर्जीवित कर सकती है, जो दुष्प्रचार के कारण विलुप्त होता जा रहा है।

समूह पहचान से ऊपर संवैधानिक मूल्यों को स्थापित करना नागरिक की वैचारिक संप्रभुता का सर्वोच्च प्रमाण है। अक्सर देखा गया है कि डिजिटल संदेश व्यक्ति की धार्मिक, जातीय या राजनीतिक निष्ठाओं को उकसाकर उसे संवैधानिक मर्यादाओं को तोड़ने के लिए प्रेरित करते हैं। यहाँ 'डिजिटल प्रबोधन' की आवश्यकता है, जहाँ नागरिक यह समझे कि उसकी प्राथमिक निष्ठा भारतीय संविधान के उन मूल्यों—जैसे न्याय, स्वतंत्रता, समता और बंधुत्व—के प्रति होनी चाहिए जो किसी भी सामूहिक पहचान से उच्चतर हैं। जब नागरिक अपनी पहचान को 'सत्य' का मापदंड बनाना छोड़ देता है और संवैधानिक नैतिकता के आधार पर सूचनाओं का विश्लेषण करता है, तो वह संगठित दुष्प्रचार के लिए एक अभेद्य लक्ष्य बन जाता है। यह मूल्य-आधारित नागरिकता ही वह औषधि है जो समाज को 'पोस्ट-ट्रुथ' (सत्य-पश्चात) के दौर की बीमारियों से बचा सकती है, जहाँ भावनाएं तथ्यों पर हावी होने का प्रयास करती हैं।

अफवाह रोकने में सक्रिय भूमिका निभाना डिजिटल नागरिकता का वह व्यवहारिक क्रियान्वयन है, जो प्रशासनिक संस्थानों के भार को कम करता है। एक जागरूक नागरिक केवल स्वयं को अफवाहों से दूर नहीं

रखता, बल्कि वह अपने डिजिटल परिवेश में फैल रहे झूठ का प्रमाणिक खंडन करने का साहस भी दिखाता है। जब परिवार या मित्र समूहों में कोई भ्रामक संदेश आता है, तो एक शांत परंतु स्पष्ट प्रतिवाद (काउंटर-स्पीच) उस झूठ की श्रृंखला को तोड़ देता है। यह 'सक्रिय हस्तक्षेप' नागरिक की उस शक्ति का प्रकटीकरण है, जहाँ वह सूचना की शुद्धता के लिए स्वयं एक नियामक (रेगुलेटर) की भूमिका निभाता है। लोक प्रशासन और विधि प्रवर्तन एजेंसियों के लिए नागरिकों का यह सहयोग अमूल्य है, क्योंकि डिजिटल अफवाहों की निगरानी केवल तकनीकी माध्यमों से संभव नहीं है; इसके लिए प्रत्येक नागरिक को एक 'डिजिटल प्रहरी' बनना होगा। सूचना प्रौद्योगिकी का सकारात्मक प्रभाव तभी संभव है जब नागरिक अपनी इस सक्रियता को एक सामाजिक सेवा के रूप में स्वीकार करें।

भारतीय समाज की जटिल संरचना और डिजिटल असमानता के संदर्भ में, शिक्षित और तकनीकी रूप से सक्षम नागरिकों की जिम्मेदारी और भी अधिक बढ़ जाती है। ग्रामीण अंचलों और उन वर्गों में जहाँ डिजिटल साक्षरता की कमी है, वहां ये प्रबुद्ध नागरिक 'सूचना के विश्वसनीय सेतु' के रूप में कार्य कर सकते हैं। उन्हें न केवल स्वयं को बचाना है, बल्कि अपने आसपास के उन लोगों को भी दिशा दिखानी है जो अनजाने में दुष्प्रचार के शिकार हो रहे हैं। शिक्षा में असमानता के कारण जो सामाजिक खाई पैदा हुई है, उसे पाटने के लिए 'सामुदायिक डिजिटल साक्षरता' के प्रयासों में नागरिक की भागीदारी अनिवार्य है। यह स्पष्ट है कि तकनीक ने हमें केवल अधिकार नहीं दिए हैं, बल्कि उसने हमें एक ऐसे चौराहे पर खड़ा कर दिया है जहाँ हमारा एक गलत कदम समाज

को अराजकता की ओर धकेल सकता है और एक सही कदम लोकतंत्र को और अधिक परिपक्व बना सकता है।

मनोवैज्ञानिक रूप से, नागरिक की यह भूमिका 'संज्ञानात्मक आलस्य' और 'पुष्टि पूर्वाग्रह' के विरुद्ध एक व्यक्तिगत क्रांति है। यह एक सचेत निर्णय है कि हम अपनी भावनाओं को तकनीक द्वारा संचालित नहीं होने देंगे। भविष्य में जब कृत्रिम बुद्धिमत्ता और डीपफेक जैसी तकनीकें यथार्थ को और अधिक संदेहास्पद बना देंगी, तब व्यक्ति का यह 'नैतिक विवेक' ही एकमात्र कसौटी होगा। यह तकनीकी अंध-गौरव के स्थान पर मानवीय गरिमा और तार्किक स्वायत्तता की पुनर्स्थापना है। सत्य की पहचान अब केवल एक बौद्धिक व्यायाम नहीं है, बल्कि यह एक 'नागरिक कर्तव्य' है जो समाज की अखंडता को सुनिश्चित करता है। नागरिक केवल एक मतदाता नहीं है जो पाँच वर्ष में एक बार सक्रिय होता है, बल्कि वह डिजिटल मंचों पर प्रति क्षण अपने निर्णयों और अपनी प्रतिक्रियाओं के माध्यम से लोकतंत्र का निर्माण करता है।

नागरिक की भूमिका 'व्हाट्सऐप विश्वविद्यालय' की भ्रामक लहरों के विरुद्ध वह अंतिम अवरोध है, जो सत्य की मर्यादा को सुरक्षित रखता है। यह प्रकरण यह स्पष्ट करता है कि डिजिटल संस्कृति का वास्तविक परिवर्तन किसी कानून या एल्गोरिदम से नहीं, बल्कि नागरिक के हृदय और मस्तिष्क के परिवर्तन से होगा। समाजशास्त्र, राजनीति विज्ञान और लोक प्रशासन के विद्यार्थियों के लिए यह विश्लेषण एक आह्वान है कि वे डिजिटल नागरिकता को एक 'नैतिक साधना' के रूप में देखें। सत्य की रक्षा के लिए नागरिक का सक्रिय होना अब ऐच्छिक नहीं, बल्कि अनिवार्य है। जब प्रत्येक व्यक्ति यह स्वीकार कर लेगा कि वह सूचना के

इस महायुद्ध में एक जिम्मेदार सैनिक है, तभी हम सूचनात्मक प्रबोधन के एक नए युग में प्रवेश कर पाएंगे। सत्य के प्रति नागरिक की यह अटूट निष्ठा ही डिजिटल लोकतंत्र का भविष्य सुरक्षित करेगी।

लोकतंत्र का भविष्य — सूचनात्मक अखंडता और वैचारिक सह-अस्तित्व

आधुनिक शासन प्रणालियों में लोकतंत्र केवल एक राजनीतिक ढांचे का नाम नहीं है, बल्कि यह एक ऐसी सामाजिक संविदा है जो सूचना की सत्यता और नागरिकों के पारस्परिक विश्वास पर टिकी होती है। 'व्हाट्सऐप विश्वविद्यालय' और डिजिटल दुष्प्रचार के इस युग में लोकतंत्र का भविष्य इस प्रश्न पर निर्भर है कि समाज सूचनात्मक अराजकता के मध्य अपनी तार्किक संप्रभुता को किस प्रकार सुरक्षित रखता है। समाजशास्त्र और राजनीति विज्ञान के परिप्रेक्ष्य में, सूचना आधारित लोकतंत्र की आवश्यकता आज पहले से कहीं अधिक प्रखर हुई है, क्योंकि तथ्यहीन विमर्श अंततः लोकतांत्रिक संस्थाओं के पतन का मार्ग प्रशस्त करता है। लोकतंत्र का भविष्य न तो पूर्णतः अंधकारमय है और न ही स्वतः ही उज्ज्वल; यह एक निरंतर चलने वाला वह संघर्ष है जहाँ तकनीक, नैतिकता और नागरिक चेतना के मध्य एक नवीन संतुलन की खोज अनिवार्य हो गई है। सत्य और विश्वास का संबंध ही वह आधारभूत तत्व है जो भविष्य के डिजिटल लोकतंत्र की दिशा निर्धारित करेगा।

सत्य और विश्वास का संकट समकालीन लोकतंत्र की सबसे बड़ी ज्ञानमीमांसीय चुनौती है। जब नागरिकों के बीच साझा तथ्यों पर सहमति समाप्त हो जाती है, तो सार्वजनिक संवाद की गुणवत्ता में तीव्र गिरावट

आती है। लोकतंत्र में संवाद का अर्थ केवल अपनी बात कहना नहीं, बल्कि तथ्यों के एक साझा धरातल पर विरोधी दृष्टिकोणों के साथ तर्क करना होता है। दुष्प्रचार इस साझा धरातल को ही नष्ट कर देता है, जिससे संवाद का स्थान केवल आरोप-प्रत्यारोप और भावनात्मक उन्माद ले लेता है। ध्रुवीकरण का दीर्घकालिक प्रभाव समाज को ऐसे बंद वैचारिक समूहों में विभाजित कर देता है जहाँ एक समूह का सत्य दूसरे समूह के लिए झूठ बन जाता है। यदि यह प्रवृत्ति अनियंत्रित रहती है, तो भविष्य का लोकतंत्र केवल एक 'धारणाओं का युद्ध' बनकर रह जाएगा, जहाँ नीतियों और शासन की गुणवत्ता के स्थान पर केवल पहचान और संवेगों का वर्चस्व होगा। सामाजिक समरसता के लिए यह आवश्यक है कि हम 'सत्य' को अपनी राजनीतिक सुविधा के दायरे से बाहर निकालकर एक सार्वजनिक मूल्य के रूप में पुनः स्थापित करें।

तकनीक और नैतिकता का संतुलन भविष्य के लोकतांत्रिक विमर्श की रूपरेखा तैयार करेगा। कृत्रिम बुद्धिमत्ता, गहन कूट (डीपफेक) और एल्गोरिद्मिक हेरफेर जैसे तकनीकी नवाचारों ने सत्य को पहचानने की प्रक्रिया को अत्यंत जटिल बना दिया है। तकनीक स्वयं में तटस्थ हो सकती है, परंतु उसका उपयोग करने वाली सत्ता संरचनाएँ और आर्थिक हित समूह अक्सर उसे दुष्प्रचार के अस्त्र में बदल देते हैं। लोकतंत्र का भविष्य इस बात पर निर्भर करेगा कि हम इन तकनीकी शक्तियों को विधिक और नैतिक मर्यादाओं के भीतर कितना प्रबंधित कर पाते हैं। यह तकनीकी अंध-गौरव के विरुद्ध एक यथार्थवादी संघर्ष है, जहाँ समाज को यह तय करना होगा कि वह अपनी सोचने की स्वायत्तता को मशीनी संकेतों के हाथों में सौंपेगा या फिर तकनीकी विकास को मानवीय मूल्यों और लोकतांत्रिक जवाबदेही के अधीन

रखेगा। तकनीकी उत्तरदायित्व और पारदर्शी विमर्श ही सूचना-अराजकता के विरुद्ध एक विश्वसनीय ढाल बन सकते हैं।

युवा पीढ़ी की भूमिका इस संक्रमण काल में अत्यंत निर्णायक है, क्योंकि वे डिजिटल पारिस्थितिकी तंत्र के प्राथमिक प्रयोक्ता और निर्माता दोनों हैं। जहाँ एक ओर युवा पीढ़ी संगठित दुष्प्रचार का आसान लक्ष्य है, वहीं दूसरी ओर उनके पास तकनीक को समझने और उसे चुनौती देने का स्वाभाविक कौशल भी है। भविष्य का लोकतंत्र इस बात से प्रभावित होगा कि युवा पीढ़ी सूचना के प्रति कितनी आलोचनात्मक दृष्टि विकसित करती है। यदि युवाओं को केवल 'उपभोक्ता' के स्थान पर 'सूचनात्मक प्रहरी' के रूप में प्रशिक्षित किया जाए, तो वे डिजिटल साक्षरता के संवाहक बनकर समाज के अन्य वर्गों, विशेषकर बुजुर्गों और डिजिटल रूप से नए उपयोगकर्ताओं को दिशा दिखा सकते हैं। युवाओं द्वारा विकसित 'डिजिटल नैतिकता' ही वह आधार होगी जिस पर भविष्य के सामाजिक और राजनीतिक संबंधों की नींव रखी जाएगी। उनकी वैचारिक लचीलापन और सूचना के बहु-स्रोतीय सत्यापन की आदत ध्रुवीकरण की जड़ों को कमजोर करने में सहायक सिद्ध हो सकती है।

संस्थागत सुधार की आवश्यकता लोकतंत्र के भविष्य के लिए एक अपरिहार्य संरचनात्मक समाधान है। निर्वाचन आयोग, न्यायपालिका और प्रशासनिक निकायों को डिजिटल युग की चुनौतियों के अनुसार स्वयं को पुनर्गठित करना होगा। संस्थाओं के प्रति बढ़ता अविश्वास केवल दुष्प्रचार का परिणाम नहीं है, बल्कि यह उनकी कार्यप्रणाली में पारदर्शिता की कमी और बढ़ते राजनीतिक हस्तक्षेप का भी परिणाम है। जब तक लोकतांत्रिक संस्थाएँ अपनी तटस्थता और साख को पुनः स्थापित नहीं करतीं, तब तक नागरिक वैकल्पिक और भ्रामक सूचना

स्रोतों की ओर झुकते रहेंगे। लोक प्रशासन के विद्यार्थियों के लिए यह समझना अनिवार्य है कि भविष्य में शासन की सफलता केवल नीतियों के क्रियान्वयन पर नहीं, बल्कि सूचना के प्रभावी और विश्वसनीय प्रबंधन पर भी टिकी होगी। संस्थागत सुधारों में विधिक स्पष्टता, तकनीकी जवाबदेही और नागरिक भागीदारी का समन्वय होना चाहिए, ताकि लोकतंत्र अपनी आंतरिक सुदृढ़ता को बनाए रख सके।

भारतीय समाज की जटिल संरचना और डिजिटल असमानता के आलोक में, लोकतंत्र का भविष्य इस बात पर टिका है कि हम सूचना के अधिकार को 'सत्य की रक्षा' के साथ कैसे जोड़ते हैं। ग्रामीण और शहरी क्षेत्रों के बीच का सूचनात्मक अंतर यदि बना रहता है, तो यह लोकतंत्र में दो प्रकार के नागरिकों का निर्माण करेगा—एक वे जो सूचना के विश्लेषण में सक्षम हैं और दूसरे वे जो केवल दुष्प्रचार के शिकार हैं। यह असमानता लोकतांत्रिक समानता के सिद्धांत पर प्रहार करती है। अतः, डिजिटल साक्षरता को एक राष्ट्रीय मिशन के रूप में स्वीकार करना होगा जो भाषाई और क्षेत्रीय सीमाओं से परे हो। लोकतंत्र का भविष्य केवल मतदान की तकनीक तक सीमित नहीं है, बल्कि यह उस व्यापक सामाजिक प्रबोधन पर निर्भर है जो नागरिकों को सूचनात्मक अराजकता के बीच भी अपने विवेक और तार्किक स्वायत्तता को बनाए रखने की शक्ति प्रदान करता है।

मनोवैज्ञानिक रूप से, लोकतंत्र का भविष्य 'पूर्वधारणा पुष्टिकरण' और 'समूह पहचान' की प्रवृत्तियों पर मानवीय विवेक की विजय की कहानी होगी। यह एक यथार्थवादी दृष्टिकोण है जो स्वीकार करता है कि मनुष्य अपनी भावनाओं और पहचान से प्रेरित होता है, परंतु साथ ही यह भी

मानता है कि शिक्षा और निरंतर अभ्यास के माध्यम से वह अपने इन सहज पूर्वाग्रहों से ऊपर उठ सकता है। भविष्य का नागरिक वह नहीं होगा जिसके पास सर्वाधिक सूचना है, बल्कि वह होगा जिसके पास सूचना को 'छानने' और 'परखने' का धैर्य है। तकनीक चाहे जितनी उन्नत हो जाए, वह लोकतंत्र की उस 'मानवीय संवेदना' का विकल्प नहीं हो सकती जो संवाद और सहानुभूति पर आधारित है। सत्य की रक्षा अब केवल विशेषज्ञों का कार्य नहीं, बल्कि प्रत्येक नागरिक का अपना अस्तित्वगत संघर्ष है जो समाज को संकीर्णताओं के कारागार से मुक्त रखने के लिए अनिवार्य है।

लोकतंत्र का भविष्य अनिश्चितताओं और चुनौतियों से भरा है, परंतु यह पूर्णतः अंधकारमय नहीं है। यह प्रकरण यह स्पष्ट करता है कि सूचना आधारित लोकतंत्र की पुनर्स्थापना के लिए हमें तकनीक, कानून और नागरिक नैतिकता के त्रिकोणीय सामंजस्य की आवश्यकता है। समाजशास्त्र, राजनीति विज्ञान और लोक प्रशासन के विद्यार्थियों के लिए यह विश्लेषण एक आह्वान है कि वे लोकतंत्र को केवल एक राजनीतिक प्रक्रिया न मानकर उसे एक 'सूचनात्मक संस्कृति' के रूप में समझें। सत्य की पहचान अब एक कठिन साधना बन चुकी है, परंतु यही वह साधना है जो भविष्य के लोकतंत्र को अराजकता और ध्रुवीकरण के तूफानों से बचाकर एक स्थिर और समरस समाज की ओर ले जाएगी। जब तक सूचना के प्रति हमारा आग्रह और सत्य के प्रति हमारी निष्ठा बनी रहेगी, तब तक लोकतंत्र का भविष्य इन डिजिटल चुनौतियों के बावजूद सुरक्षित रहेगा।

उपसंहार और निष्कर्षः सूचनात्मक प्रबोधन से डिजिटल लोकतंत्र की पुनर्स्थापना

"व्हाट्सऐप विश्वविद्यालयः झूठी खबरें और बदलता सामाजिक विचार" विषय पर आधारित यह विस्तृत अध्ययन उस जटिल सूचनात्मक पारिस्थितिकी तंत्र का विश्लेषण प्रस्तुत करता है, जिसने न केवल हमारे संवाद के माध्यमों को बदला है, बल्कि हमारे सामाजिक ताने-बाने और लोकतांत्रिक चरित्र को भी गहराई से प्रभावित किया है। इस शोधपरक यात्रा का निष्कर्ष हमें यह समझने की दिशा में ले जाता है कि 'व्हाट्सऐप विश्वविद्यालय' मात्र एक तकनीकी मंच नहीं, बल्कि एक ऐसी सामाजिक-मनोवैज्ञानिक परिघटना है, जो सूचना प्रौद्योगिकी, सत्ता संरचनाओं और मानवीय प्रवृत्तियों के चौराहे पर खड़ी है। इस पुस्तक के विभिन्न अध्यायों ने स्पष्ट किया है कि भ्रामक सूचनाओं की समस्या केवल तकनीकी त्रुटि या व्यक्तिगत नैतिकता का प्रश्न नहीं है, बल्कि यह एक व्यापक संरचनात्मक विफलता है, जहाँ डिजिटल साक्षरता की कमी और मनोवैज्ञानिक असुरक्षाओं का उपयोग संगठित दुष्प्रचार के लिए किया जा रहा है।

समाजशास्त्रीय दृष्टिकोण से, इस अध्ययन का सबसे महत्वपूर्ण निष्कर्ष यह है कि डिजिटल अफवाहें समाज में मौजूद पूर्व-स्थापित दरारों—जैसे धार्मिक ध्रुवीकरण, जातीय श्रेष्ठता और क्षेत्रीय अस्मिता—को तीव्र करने वाले उत्प्रेरक का कार्य करती हैं। हमने देखा कि कैसे 'बंद समूहों' (क्लोज्ड ग्रुप्स) के भीतर निर्मित 'सूचनात्मक बुलबुले' नागरिकों को एक ऐसे वैचारिक एकांत में धकेल देते हैं, जहाँ विरोधी विचारों के प्रति सहिष्णुता समाप्त हो जाती है। भारतीय सामाजिक संरचना में डिजिटल

असमानता ने इस संकट को और अधिक गंभीर बना दिया है, जहाँ समाज का एक बड़ा हिस्सा सूचना के बहु-स्रोतीय सत्यापन में सक्षम नहीं है। परिवारों के भीतर बढ़ता वैचारिक टकराव और समुदायों के मध्य पनपता अविश्वास इस बात का प्रमाण है कि डिजिटल संवाद ने हमारे निजी और सार्वजनिक जीवन के मध्य की गरिमापूर्ण दूरी को समाप्त कर 'संवादहीनता' की एक नई संस्कृति को जन्म दिया है।

राजनीति विज्ञान और लोक प्रशासन के परिप्रेक्ष्य में, भ्रामक सूचनाओं ने 'जनमत निर्माण' की प्रक्रिया को एक 'धारणाओं के युद्ध' में बदल दिया है। संगठित संदेश प्रसार तंत्र और चुनावी कथानक निर्माण की रणनीतियों ने लोकतांत्रिक संस्थाओं, जैसे निर्वाचन आयोग और न्यायपालिका, की साख पर निरंतर प्रहार किया है। जब नागरिक संस्थानों के बजाय अप्रमाणित डिजिटल संदेशों पर अधिक विश्वास करने लगता है, तो लोकतंत्र की नैतिक और विधिक शक्ति क्षीण होने लगती है। इस अध्ययन ने यह रेखांकित किया है कि लोकतंत्र केवल मतदान तक सीमित नहीं है, बल्कि यह तथ्यों की वस्तुनिष्ठता पर आधारित एक निरंतर संवाद है। दुष्प्रचार इस संवाद को विकृत कर 'निर्मित सहमति' (मैनुफैक्चर्ड कन्सेंट) का मार्ग प्रशस्त करता है, जो दीर्घकाल में लोकतांत्रिक स्थिरता के लिए एक अस्तित्वगत खतरा है।

मनोवैज्ञानिक स्तर पर, यह स्पष्ट हुआ है कि मानवीय मस्तिष्क 'संज्ञानात्मक आलस्य' और 'पुष्टि पूर्वाग्रह' के कारण सरल और भावनात्मक रूप से उत्तेजित करने वाली सूचनाओं की ओर सहजता से आकर्षित होता है। 'पुनरावृत्ति प्रभाव' और 'हम बनाम वे' की मानसिकता ने तार्किक विश्लेषण की क्षमता को समूह-निष्ठा के अधीन कर दिया है। तकनीक ने इन मानवीय कमजोरियों का मुद्रीकरण किया है, जहाँ

एल्गोरिदम केवल वही दिखाते हैं जो हमारे पूर्वाग्रहों को पुष्ट करे। कृत्रिम बुद्धिमत्ता, डीपफेक और आवाज़ की नकल जैसी उन्नत तकनीकों ने 'सत्य' की पहचान को एक ज्ञानमीमांसीय चुनौती बना दिया है, जहाँ अब दृश्य और ध्वनि साक्ष्य भी अपनी निर्विवाद साख खो चुके हैं। यह 'उत्तर-सत्य' (पोस्ट-ट्रुथ) का वह दौर है जहाँ भावनाएँ तथ्यों पर हावी होने का प्रयास कर रही हैं।

समाधान की दिशा में, यह पुस्तक केवल विधिक नियमन या तकनीकी अवरोधों को पर्याप्त नहीं मानती। वास्तविक समाधान 'सूचनात्मक प्रबोधन' में निहित है, जिसका आधार डिजिटल साक्षरता और आलोचनात्मक सोच (क्रिटिकल थिंकिंग) का विकास है। विद्यालयों में मीडिया शिक्षा का समावेश, व्यक्तिगत स्तर पर तथ्य-जाँच की आदत और 'डिजिटल नागरिकता' के नैतिक मूल्यों को अपनाना ही वह मार्ग है, जो हमें इस सूचनात्मक अंधकार से बाहर निकाल सकता है। तकनीक, कानून और नागरिक जिम्मेदारी का संतुलित समन्वय ही एक ऐसे समाज का निर्माण कर सकता है, जहाँ सूचना का उपयोग सशक्तिकरण के लिए हो, न कि ध्रुवीकरण के लिए। नागरिक को केवल एक 'उपभोक्ता' से बढ़कर लोकतंत्र का एक 'सक्रिय और उत्तरदायी घटक' बनना होगा, जो सूचना को साझा करने से पहले उसके सामाजिक प्रभावों का मूल्यांकन करना सीखे।

अंतिम निष्कर्ष के रूप में, यह पुस्तक एक चेतावनी के साथ-साथ एक आशावादी दृष्टिकोण भी प्रस्तुत करती है। यद्यपि सूचना-अराजकता का संकट गहरा है, परंतु मानवीय विवेक और तार्किक स्वायत्तता की पुनर्स्थापना अभी भी संभव है। सत्य की रक्षा अब केवल संस्थानों का कार्य

नहीं, बल्कि प्रत्येक उस व्यक्ति का नागरिक धर्म है जिसके हाथ में स्मार्टफोन है। भविष्य का लोकतंत्र इस बात पर निर्भर करेगा कि हम अपनी तकनीकी शक्तियों को अपनी नैतिक मर्यादाओं के अधीन कितना रख पाते हैं। यदि हम 'व्हाट्सऐप विश्वविद्यालय' के भ्रामक विमर्शों को तर्क और तथ्यों की कसौटी पर कसना शुरू कर दें, तो हम न केवल अपने सामाजिक सद्भाव को बचा पाएंगे, बल्कि एक अधिक परिपक्व और प्रबुद्ध डिजिटल लोकतंत्र की स्थापना भी कर सकेंगे। सत्य की खोज ही वह अंतिम अस्त्र है जो हमें संकीर्णताओं के इस डिजिटल कारागार से मुक्त कर सकता है।

परिशिष्ट: महत्वपूर्ण शब्दावली एवं संकल्पनात्मक आधार

प्रस्तुत शोधपरक पुस्तक के अध्ययन हेतु उन तकनीकी और समाजशास्त्रीय शब्दावलियों को समझना अनिवार्य है, जो सूचनात्मक विमर्श के वर्तमान स्वरूप को परिभाषित करती हैं। यह शब्दावली केवल शब्दों की सूची नहीं है, बल्कि उस वैचारिक ढांचे की नींव है जिसके माध्यम से हम 'व्हाट्सऐप विश्वविद्यालय' की कार्यप्रणाली का विश्लेषण करते हैं। समाजशास्त्र, राजनीति विज्ञान और लोक प्रशासन के विद्यार्थियों के लिए इन संकल्पनाओं की स्पष्टता इसलिए आवश्यक है ताकि वे डिजिटल माध्यमों द्वारा उत्पन्न सामाजिक परिवर्तनों को वैज्ञानिक दृष्टि से देख सकें।

झूठी सूचना अथवा 'फेक न्यूज' का तात्पर्य उन पूर्णतः मनगढ़ंत तथ्यों से है जो जानबूझकर किसी को धोखा देने या समाज में अराजकता फैलाने के उद्देश्य से रचे जाते हैं। इनका कोई वास्तविक आधार नहीं होता और ये प्रायः सनसनीखेज शैली में प्रस्तुत किए जाते हैं। इसके

विपरीत, भ्रामक सूचना या 'मिसइन्फॉर्मेशन' वह स्थिति है जहाँ सूचना आंशिक रूप से सत्य हो सकती है, परंतु उसे संदर्भ से काटकर या गलत तरीके से प्रस्तुत किया जाता है ताकि पाठक एक विशिष्ट और गलत निष्कर्ष पर पहुँचे। इन दोनों से भिन्न, योजनाबद्ध दुष्प्रचार या 'प्रोपेगेंडा' एक अत्यंत परिष्कृत और संगठित प्रक्रिया है, जिसमें सत्ता संरचनाओं या राजनीतिक तंत्रों द्वारा जनमानस के मनोविज्ञान को नियंत्रित करने हेतु सूचना का रणनीतिक उपयोग किया जाता है।

अग्रेषित संदेश संस्कृति या 'फॉरवर्डेड मैसेज कल्चर' उस व्यवहारिक प्रवृत्ति को रेखांकित करती है जहाँ व्यक्ति किसी सूचना की सत्यता की जाँच किए बिना उसे केवल एक यांत्रिक क्रिया के रूप में साझा करता है। यह संस्कृति सूचना की गुणवत्ता से अधिक उसकी गति को महत्व देती है। सूचना बुलबुला या 'फिल्टर बबल' वह तकनीकी अवस्था है जहाँ डिजिटल मंचों के एल्गोरिदम उपयोगकर्ता को केवल उसकी पसंद और पूर्वग्रहों के अनुकूल सामग्री दिखाते हैं, जिससे वह अन्य दृष्टिकोणों से पूरी तरह कट जाता है। डिजिटल दरी अथवा 'डिजिटल डिवाइड' वह सामाजिक-आर्थिक असमानता है जो तकनीक तक पहुँच और उसके प्रभावी उपयोग की क्षमता के आधार पर समाज को विभाजित करती है, जिससे सूचना का प्रभाव विभिन्न वर्गों पर असमान होता है।

आलोचनात्मक सोच या 'क्रिटिकल थिंकिंग' वह बौद्धिक क्षमता है जो सूचना के स्त्रोत, संदर्भ और उद्देश्य का तार्किक विश्लेषण करना सिखाती है। यह डिजिटल युग में नागरिक सुरक्षा का प्राथमिक उपकरण है। कृत्रिम बुद्धिमत्ता आधारित दृश्य निर्माण या 'डीपफ़ेक' तकनीक वह प्रक्रिया है जिसमें उन्नत कंप्यूटर प्रोग्रामों के माध्यम से अत्यंत

यथार्थवादी दिखने वाले नकली वीडियो, चित्र या आवाज़ें तैयार की जाती हैं, जिससे दृश्य प्रमाणों की विश्वसनीयता समाप्त हो जाती है। ध्रुवीकरण उस सामाजिक परिघटना को कहते हैं जहाँ समाज परस्पर विरोधी और कट्टर वैचारिक समूहों में विभाजित हो जाता है, जिससे संवाद की संभावनाएँ क्षीण होने लगती हैं।

लोकतांत्रिक संवाद उस निरंतर चलने वाली प्रक्रिया का नाम है जहाँ विविध विचारों के मध्य तर्कसंगत और मर्यादित चर्चा के माध्यम से साझा सहमति बनाई जाती है। जनमत निर्माण या 'पब्लिक ओपिनियन फॉर्मेशन' वह प्रक्रिया है जिसमें सूचना माध्यमों, सामाजिक विमर्श और अनुभवों के मेल से समाज किसी नीति या मुद्दे पर अपना दृष्टिकोण विकसित करता है। अंततः, भावनात्मक कथानक या 'इमोशनल नैरेटिव' वह सूचनात्मक ढांचा है जो तथ्यों के स्थान पर मानवीय संवेदनाओं, जैसे भय, क्रोध या गौरव, को उत्तेजित करके किसी विशेष विचार को स्थापित करने का प्रयास करता है।

संदर्भ ग्रंथसूची (Bibliography)

1. दार्शनिक और वैचारिक आधार (Philosophical and Ideological Foundations)

- **गांधी, मोहनदास करमचंद (2019):** *मेरे सपनों का भारत (India of My Dreams)*, नवजीवन प्रकाशन मंदिर, अहमदाबाद। (सत्य के प्रति आग्रह, अहिंसक संवाद और सामूहिक शुचिता के सिद्धांतों को समझने हेतु)।
- **अंबेडकर, भीमराव (2014):** *जाति का विनाश (Annihilation of Caste)*, सम्यक प्रकाशन। (भारतीय सामाजिक संरचना की जटिलताओं, सामाजिक स्तरभेद और ध्रुवीकरण के मूल कारणों के विश्लेषण हेतु)।
- **गांधी, मोहनदास करमचंद (1927):** *सत्य के प्रयोग (My Experiments with Truth)*, नवजीवन प्रकाशन मंदिर। (सूचना और विचार की सत्यता के प्रति व्यक्तिगत उत्तरदायित्व को समझने हेतु)।
- **अंबेडकर, भीमरावः** *भारत का संविधान (प्रस्तावना और मौलिक अधिकार)*। (संवैधानिक नैतिकता और अभिव्यक्ति की स्वतंत्रता की सीमाओं के विधिक आधार हेतु)।

2. समाजशास्त्र और माध्यम अध्ययन (Sociology and Media Studies)

- **अग्रवाल, वीरबाला (2012):** *सूचना प्रौद्योगिकी और जनसंचार*, राजस्थान हिंदी ग्रंथ अकादमी, जयपुर। (डिजिटल दरी और सूचना तकनीक के सामाजिक प्रभाव हेतु)।
- **कास्टेल्स, मैनुअल (2009):** *कम्युनिकेशन पावर (Communication Power)*, ऑक्सफोर्ड यूनिवर्सिटी प्रेस। (नेटवर्क सोसाइटी और सूचना के माध्यम से सत्ता संरचना के विश्लेषण हेतु)।
- **मैककुएल, डेनिस (2010):** *मास कम्युनिकेशन थ्योरी (Mass Communication Theory)*, सेज पब्लिकेशन्स। (माध्यम प्रभाव और जनमत निर्माण की प्रक्रिया हेतु)।
- **वर्दिया, सुनीता (2015):** *जनसंचार के सिद्धांत और माध्यम*, साहित्य भवन पब्लिकेशन्स। (पारंपरिक और आधुनिक मीडिया के तुलनात्मक अध्ययन हेतु)।

3. राजनीति विज्ञान और लोकतंत्र (Political Science and Democracy)

- **कौटिल्य (संपा. रंगाचारी):** *अर्थशास्त्र*, पेंग्विन क्लासिक्स। (सूचना तंत्र, राज्य की सुरक्षा और जनमत प्रबंधन के ऐतिहासिक संदर्भ हेतु)।
- **दहल, रॉबर्ट ए. (1989):** *डेमोक्रेसी एंड इट्स क्रिटिक्स (Democracy and Its Critics)*, येल यूनिवर्सिटी प्रेस। (लोकतांत्रिक संस्थाओं और नागरिक भागीदारी के सिद्धांतों हेतु)।
- **फुकुयामा, फ्रांसिस (2018):** *आइडेंटिटी (Identity: The Demand for Dignity and the Politics of Resentment)*, फरार, स्ट्रास और गिरौक्स। (समूह पहचान, ध्रुवीकरण और डिजिटल राजनीति के विश्लेषण हेतु)।
- **यादव, योगेंद्र (2020):** *मेकिंग सेंस ऑफ इंडियन डेमोक्रेसी (Making Sense of Indian Democracy)*, कूनटम बुक्स। (भारतीय चुनावी राजनीति और मतदाताओं के व्यवहार में परिवर्तन हेतु)।

4. मनोविज्ञान और व्यवहार विज्ञान (Psychology and Behavioral Science)

- **काहनेमन, डैनियल (2011):** *थिंकिंग, फास्ट एंड स्लो (Thinking, Fast and Slow)*, फरार, स्ट्रास और गिरौक्स। (संज्ञानात्मक आलस्य, पुष्टि पूर्वाग्रह और निर्णय प्रक्रिया के मनोवैज्ञानिक आधार हेतु)।
- **अरonson, एलियट (2011):** *द सोशल एनीमल (The Social Animal)*, वर्थ पब्लिकेशन्स। (समूह प्रभाव, सामाजिक व्यवहार और दुष्प्रचार के प्रति मानवीय सुभेद्यता हेतु)।
- **फेस्टिंगर, लियोन (1957):** *अ थ्योरी ऑफ कॉग्निटिव डिसोनेंस (A Theory of Cognitive Dissonance)*, स्टैनफोर्ड यूनिवर्सिटी प्रेस। (वैचारिक कठोरता और विरोधाभासी सूचनाओं के प्रति मानसिक प्रतिक्रिया हेतु)।

5. डिजिटल तकनीक और विधिक संदर्भ (Digital Technology and Legal Framework)

- **पैरिसर, एली (2011):** *द फिल्टर बबल (The Filter Bubble)*, पेंग्विन प्रेस। (सूचना के सीमित दायरे और वैचारिक बुलबुले की अवधारणा हेतु)।
- **सूचना प्रौद्योगिकी अधिनियम, 2000 (तथा संशोधित नियम 2021):** भारत सरकार। (मंचों की जवाबदेही और विधिक नियमन के संदर्भ हेतु)।

- **भारत का निर्वाचन आयोग (ECI):** *सोशल मीडिया के उपयोग हेतु मार्गदर्शिका एवं रिपोर्ट।*
- **इंटरनेट एंड मोबाइल एसोसिएशन ऑफ इंडिया (IAMAI):** *भारत में डिजिटल साक्षरता और इंटरनेट प्रसार की वार्षिक रिपोर्ट।*

www.ingramcontent.com/pod-product-compliance
Lightning Source LLC
LaVergne TN
LVHW100301210926
848480LV00003B/992